Jeremy Rifkin, 1945 geboren, Gründer und Vorsitzender der in Washington ansässigen »Foundation on Economic Trends«, ist Sprachrohr der amerikanischen Bewegung gegen den Mißbrauch der Gentechnik. Der Wirtschaftswissenschaftler und Völkerrechtler hat zahlreiche Bücher veröffentlicht, von denen »Entropie – ein neues Weltbild« und »Genesis zwei« die erfolgreichsten sind.

Vollständige Taschenbuchausgabe September 1990
Droemersche Verlagsanstalt Th. Knaur Nachf., München

Titel der Originalausgabe »Time Wars – The Primary Conflict In Human History«

Originalverlag Henry Holt and Company, New York

Umschlaggestaltung Manfred Waller
Umschlagabbildung: Gemälde von Salvador Dalí »Die Beständigkeit der Erinnerung« auch genannt »Die zerrinnende Zeit«.
Museum of Modern Art, New York

Druck und Bindung brodard & taupin
Printed in France 5 4 3 2 1
ISBN 3-426-04081-6

Jeremy Rifkin

Uhrwerk Universum

Die Zeit als Grundkonflikt des Menschen

Aus dem Amerikanischen von
Mara Huber

Inge u. Udo Tilgenkamp
Celle - Göttingen XII, 91
—> Capri
—> Leukerbad V. IX. 93

Knaur

Inhaltsverzeichnis

Teil IV – Kosmische Zeitmesser und politische Legitimität

Für meine Eltern
Vivette und Milton
und meine Schwestern
Martyl
Dovie
Jerelyn

Einführung

Zeit ist etwas Grundlegendes. Sie ist das Prinzip, das unserem physisch-biologischen System zugrunde liegt und es durchdringt. Sie ist die Sprache des Geistes, formt unser Verhalten und definiert unsere Persönlichkeit. Zeit ist das Instrument, das Gruppeninteraktion und die Schaffung von Kultur ermöglicht.

Der zeitliche Bereich erstreckt sich in die Weiten des Universums und dringt in die kleinsten Strukturen subatomaren Lebens ein. Von allen symbolischen Formen, die die menschliche Familie erfunden hat, ist Zeit die allumfassendste. Die Zeit ist unser Fenster zur Welt. Mit der Zeit schaffen wir Ordnung und gestalten die Art Welt, in der wir leben. Doch wir nehmen unsere Zeitwerte als selbstverständlich hin, ohne jemals innezuhalten und zu bedenken, welche entscheidende Rolle sie in der Definition der sozialen Ordnung spielen.

Jede Kultur hat ihre eigenen, einmaligen zeitlichen Fingerabdrücke. Ein Volk kennen heißt die Zeitwerte kennen, mit denen es lebt. Um uns selbst zu erkennen, warum wir so und nicht anders aufeinander und die Welt einwirken, müssen wir zuerst die zeitliche Dynamik verstehen, die die Reise des Menschen durch die Geschichte bestimmt.

Homo sapiens ist, mit dem Wissenschaftler Alfred Korzybski gesprochen, das einzige »zeitbindende« Lebewesen. All unsere Wahrnehmungen von uns und der Welt werden über die Art vermittelt, wie wir uns Zeit vorstellen, wie wir sie erklären, benutzen, erfüllen. Die Zeit ist gleichzeitig blendend und vielseitig, rätselhaft und irritierend. Wir können vorausschauen, wir können uns zurückstehlen in die Vergangenheit, wir können uns vom Augenblick lösen und uns aus der Distanz betrachten. Unsere Uhren und Zeitpläne, unsere Wissenschaft und Technik erlauben es uns, uns über die undifferenzierten Tempi der biologisch-physischen Welt zu schwingen. Wir beherrschen die Periodizitäten der Natur. Wir zähmen, zügeln und dressieren. Wir brennen den alten Rhythmen des Universums unsere zeitlichen Vorstellungen auf, in der Hoffnung, die Zeit in unsere Gewalt zu bringen – das unfaßbare Phänomen, das sich unserem Zugriff immer zu entziehen scheint.

Viele der größten Denker in der Geschichte haben mit dem Begriff Zeit gerungen. Der hl. Augustinus, ein hochverehrter Gelehrter und Wegweiser für einen großen Teil des abendländischen Denkens, dachte einmal über die Frage nach: »Was ist Zeit? Wenn niemand mich fragt, weiß ich es. Will ich es einem Fragenden erklären, so weiß ich es nicht.« Siebzehn Jahrhunderte später konnte der Philosoph und Naturwissenschaftler Alfred North Whitehead Augustinus' Verwirrung nur seine eigene Frustration hinzufügen: »Es ist unmöglich, über die Zeit nachzudenken, ... ohne von der Empfindung der Begrenztheit menschlicher Intelligenz überwältigt zu werden.«

Wie kommt es, daß etwas so Grundlegendes wie Zeit so wenig verstanden wird und so schwer zu erklären ist? Der Psychologe John Cohen meint: »Wir haben es hier mit einem tiefen Mysterium zu tun, im besten Sinne des Wortes – es liegt einerseits im Herzen menschlicher Erfahrung und andererseits in der Natur der Dinge.« Doch es ist wichtig, die verborgenen Dimensionen dieses Mysteriums zu ergründen, denn wir können nicht wirklich beginnen, uns selbst, unser Bewußtsein, unsere Kultur zu verstehen, solange wir nicht einen Weg gefunden haben, Zeit in all ihren mannigfaltigen Formen zu verstehen. Weil Zeit uns definiert, müssen wir Zeit definieren.

Über die Politik der Zeit ist eine Schlacht im Gange. Ihr Ausgang könnte den künftigen Kurs der Politik für die ganze Welt im kommenden Jahrhundert bestimmen. Der neue Zeitkrieg ist ein direkter Abkömmling eines anderen, früheren Krieges – einer wirtschaftlichen und politischen Auseinandersetzung um die lang verehrte räumliche Metapher »Größer ist besser«. Dieser Leitsatz, der unser Denken nach dem Zweiten Weltkrieg so beherrschte, kam zuerst in den sechziger und siebziger Jahren unseres Jahrhunderts von vielen Seiten unter Beschuß. Die Industrienationen des Westens hatten mit der Idee der Größe im Kopf die Zukunft organisiert. Zentralisation, Konzentration und Akkumulation wurden zu Parolen der Modernität. Überall wurde wie verrückt gewühlt, um zu entwickeln und zu vergrößern. Die Zusammenballung wurde zur Leidenschaft und Mission, die die treibenden Kräfte des Industriezeitalters band. Die räumliche Vorstellung wurde am besten ausgedrückt in dem vielverwendeten Etikett: »Unter einem Dach«.

Aufbauen, Ausdehnen, Ausfüllen – eine Welt des Gigantismus hatte einen bedrohlichen Schatten über die irdischen Geschäfte geworfen. Die Größe wurde weitgehend nicht hinterfragt und konnte in allen Kulturbereichen nach Belieben um sich greifen, sowohl öffentlich wie privat, bis schließlich kleine Grüppchen von Davids hier und da in der politischen Landschaft aufzutreten begannen, ihre individuellen Salven abschossen und hofften, das Denken des Zeitalters neu auszurichten.

Big Government wurde angegriffen – es sei verschwenderisch und fahrlässig. Big Business wurde angegriffen – es sei unpersönlich und gierig. Große Städte wurden angegriffen – sie seien anonym und gefühllos. Eine räumliche Häresie begann sich auszubreiten und gewann Legionen von Bekehrten für eine neue Vision. »Small is beautiful« (klein ist schön) wurde zur Herausforderung für den einst mächtigen Mythos, daß größer besser sei. Neue räumliche Metaphern gelangten in das politische Vokabular, als die Menschen begannen, nach Dezentralisierung der Regierung, Demokratisierung der Wirtschaft und Verteilung der Bevölkerung zu rufen. Raumpolitik beherrschte die politische Landschaft, und die Frage nach dem Maß trennte die Menschen durch das ganze politische Spektrum. Das richtige Maß an Regierung, Wirtschaft und Gemeinschaft, an Wissenschaft, Technik und militärischer Stärke wurde zum Gegenstand intensiver Auseinandersetzung.

Doch während der Kampf um den Raum noch nicht entschieden ist und weitertobt, beginnt sich ein ebenso tiefgreifender Kampf um die Zeit auszubreiten. Wenn Zentralisation, Konzentration und Zusammenballung das Größer-ist-besser-Thema der Raumpolitik zusammenfaßte, dann charakterisieren Effizienz und Geschwindigkeit die Zeitwerte des modernen Zeitalters. Lange Zeit wurde der Vorstellung von Effizienz und Geschwindigkeit der gleiche, unqualifizierte Enthusiasmus entgegengebracht wie der Vorstellung des Gigantismus. Wenn größer besser war, dann war schneller und effizienter wirksamer.

Die Idee, Zeit zu sparen und zu komprimieren, ist der westlichen Zivilisation und nun einem Großteil der Welt in die Seele gebrannt. Zeit gilt wie Raum als ein besonders wertvoller und knapper Rohstoff, der gebraucht wird, um das soziale Leben der Nation auf immer verfeinertere Weise zu gestalten und zu formen. Der moderne Mensch sieht mittlerweile die Zeit als ein Werkzeug zur Steigerung des Allgemeinwohls der Kultur. »Zeit ist Geld« drückt den Zeitgeist in bezug auf die Zeit am besten aus.

Während die Gesellschaft insgesamt zur Hochgeschwindigkeitskultur des einundzwanzigsten Jahrhunderts hin umkippt, haben sich auf verstreuten Vorposten am Wege kleine Enklaven des Protests gebildet und bekämpfen den beschleunigten Zeitrahmen der modernen Zeit. Die neuen Zeitrebellen sind für einen radikal anderen Zugang zur Zeitlichkeit. Diese Häretiker stellen die Vorstellung in Frage, daß gesteigerte Effizienz und Geschwindigkeit die besten Zeitwerte bringen, um das Wohlergehen der Spezies zu fördern. Sie sagen, die künstlichen Zeitwelten, die wir geschaffen haben, steigerten nur unsere Trennung von den Rhythmen der Natur. Sie wollen von uns verlangen, daß wir aufhören, uns mit der Beschleunigung der Zeit zu befassen, und beginnen, uns wieder in die periodischen Abläufe zu integrieren, aus denen die vielen physiologischen Zeitwelten des Organismus Erde bestehen.

Die Anwälte der neuen Zeitpolitik vermeiden die Vorstellung von der Machtausübung über die Zeit. Sie sind daran interessiert, das menschliche Bewußtsein zu einer mehr empathischen Einheit mit den Rhythmen der Natur zurückzulenken. Sie glauben, wenn wir das Leben »resakralisieren« wollen, müssen wir zuvor die Zeit »resakralisieren«. Wir können unserer Spezies die besten Hoffnungen für die Zukunft bieten, wenn wir die Zeit der Menschen neu werten und die innere Geschwindigkeit, das Zeitmaß und die Dauer der natürlichen Welt akzeptieren.

Schon zeigt sich eine Vielzahl neuer Bewegungen und Gruppen, die jeweils Elemente einer neuen, radikalen Zeitlichkeit beinhalten. Die Ökologiebewegung, die Bewegung ganzheitlicher Medizin, die Bewegung der biologischen Landwirtschaft, die Tierschutzbewegung, die Bewegung der sanften Technik, die Bewegung des jüdisch-christlichen Schöpfungsauftrags, die ökologisch-feministische Bewegung, die Bewegung des Bio-Regionalismus, die Bewegung ökonomische Demokratie, die alternative Erziehungsbewegung, die Abrüstungsbewegung und die Selbstversorgungsbewegung: Sie alle suchen nach einer neuen Sichtweise der Zeit.

Die neuen Zeitrebellen anerkennen zwar, daß gesteigerte Effizienz zu kurzfristigen Verbesserungen geführt hat, doch nach ihrer Auffassung hat der langfristige psychische und ökologische Schaden alle zeitweiligen Verbesserungen zunichte gemacht, die die fanatische Besessenheit von der Geschwindigkeit um jeden Preis gebracht haben mag. Diese Zeithäretiker meinen, das Tempo von Produktion und Verbrauch sollte nicht weit über die Fähigkeit der Natur hinausgehen, Abfälle wiederzuverwerten und wichtige Rohstoffe zu erneuern. Sie meinen, das Tempo sozialen und wirtschaftlichen Lebens sollte dem Zeitrahmen der Natur besser angepaßt werden. In den kommenden Jahren werden diese neuen Zeithäretiker eine politische Kraft werden, mit der es zu rechnen gilt, wenn Zeit landesweit und weltweit zu einem zentralen politischen Feld der Auseinandersetzung wird. Die lang als räumliche Wissenschaft angesehene Politik wird nun zunehmend als Zeitkunst gesehen. Die territoriale Politik wird durch die Zeitpolitik erweitert.

Jahrhundertelang wurde der Räumlichkeit der Politik soviel Aufmerksamkeit gewidmet, daß die zeitlichen Aspekte praktisch ignoriert wurden. Dies Buch soll die Einseitigkeit ausgleichen, indem es sich auf die unentdeckten zeitlichen Dimensionen des politischen Prozesses konzentriert. Ein besseres Verständnis der Politik der Zeit kann eine sehr notwendige Grundlage für die spätere Synthese der Raum-Zeit-Politik liefern.

Während wir die mannigfaltigen zeitlichen Dimensionen der Wirklichkeit entdecken, werden wir ein Verständnis dafür entwickeln, wie Zeitwerte dazu beigetragen haben, die ökologische, ökonomische, soziale und geistige Krise zu beschleunigen, die heute alles Leben auf der Erde in seiner Existenz selbst bedroht. Wenn wir unsere Generation retten und unsere Enkel von dem Gespenst der Vernichtung befreien wollen, müssen wir ein sehr viel feineres Verständnis der Zeitpolitik entwickeln.

In Teil I wollen wir den zeitlichen Kontext für den kommenden Kampf um Zeitwerte darstellen. Wir werden mit der Untersuchung der beschleunigten Nanosekunden-Kultur beginnen (1 Nanosekunde = 10^{-9} sec), die das Aufkommen der Computertechnologien mit sich gebracht hat. Dann werden wir den künstlichen Rhythmen unserer Hochgeschwindigkeitskultur die organischen Rhythmen der Natur in einem Überblick über das neue Wissensgebiet Chronobiologie entgegenstellen. Schließlich werden wir die schnellebige Computerkultur mit traditionellen Kulturen vergleichen, die den biologisch-physischen Rhythmen der Erde besser angepaßt sind.

In Teil II werden wir sehen, wie die westliche Zivilisation sich durch die Einführung einer Reihe neuer Zeitbestimmungsmittel immer weiter vom Rhythmus der Natur entfernt hat. Biotische Rituale, astronomische Kalender, Zeitpläne nach der Uhr und nun Computerprogramme wurden alle dazu benutzt, die Zeit der Gesellschaft von der Zeit der Natur zu trennen und die menschliche Gemeinschaft an die Diktate derer zu binden, die an der Spitze der sozialen Leiter stehen. Wir werden untersuchen, wie diese aufeinanderfolgenden Zeitwerkzeuge der Effizienz als do-

minierendem Zeitwert der Moderne den Weg geebnet haben.
In Teil III werden wir darstellen, wie die Machthaber die Menschen dazu bringen, die ihnen auferlegten Zeitbeschränkungen zu akzeptieren, indem sie ihnen versichern, sie würden in der Zukunft ihren Opfern entsprechend belohnt. Den Menschen wird gesagt, als Gegenleistung für das Opfer ihrer Zeit wäre ihnen in der nahen oder fernen Zukunft der Zugang zu einem idyllischen, »zeitlosen« Reich sicher. Die meisten Staaten konstruieren ein paradiesisches Bild der Zukunft, um das die Menschen sich sammeln und nach dem sie streben sollen.
In Teil IV werden wir sehen, wie die Machthaber die Art legitimieren, in der sie die soziale Zeit manipulieren und regulieren, indem sie behaupten, ein ähnlicher Prozeß halte die natürliche Ordnung in Gang. Jede große Kultur projiziert ihre eigenen Zeitwerte auf das Universum und behauptet, die Art, wie sie die zeitlichen Angelegenheiten der Gesellschaft organisiert, spiegele die Organisation des Universums selbst wider.
Im letzten Teil werden wir die herrschende zeitliche Orthodoxie mit einem Ruf nach Demokratisierung der Zeit herausfordern. Dabei werden wir den »zeitlosen« Illusionen und dem kosmologischen Reduktionismus entgegentreten, die über einen Großteil der bekannten Menschheitsgeschichte Zeithierarchien am Leben erhalten haben. Bei einem Blick in die Zukunft werden wir die hypereffiziente Nanosekundenzeitwelt, die im Aufkommen ist, kritisch hinterfragen und für ein radikal anderes Vorgehen bei der Organisation sozialer Zeit plädieren, das besser zur zeitlichen Orientierung der natürlichen Welt paßt. Schließlich werden wir untersuchen, wie sich das politische Spektrum von den traditionellen räumlichen Metaphern »rechts« und »links«

fort und zu einem neuen zeitlichen Spektrum hin verschiebt, mit ökologischen Rhythmen an einem Pol und künstlichen Rhythmen am anderen. Die, die sich beim ökologischen Zeitrahmen einordnen, streben die Entwicklung einer ökonomischen und technologischen Infrastruktur an, die der natürlichen Produktion und den Wiederverwertungsrhythmen der Ökosysteme der Erde angepaßt sind. Die Fürsprecher des Kunst-Zeitrahmens ziehen eine High-Tech-Vision der Zukunft vor, wo die Rhythmen der Natur von den beschleunigten Rhythmen einer vollständig simulierten Welt ganz aufgesogen werden.

Zeitkriege werden mehr und mehr die Politik von morgen bestimmen. Deshalb ist es wichtig, daß wir imstande sind, die Künste der Politik, Wirtschaft und Kultur in zeitlichen Begriffen neu zu erfassen, um erfolgreich mit den vielen neuen Themen zu ringen, die sich in den kommenden Jahren zeigen werden, während die Menschheit darum kämpft, ihre Beziehung zur Zeit neu zu definieren.

J. T. Fraser hat gesagt: »Die Weltanschauung eines Individuums und einer Ära, d. h. die bevorzugte Wahrnehmung des Lebens und der Dinge, ist im wesentlichen eine Anschauung der Zeit.« Um uns selbst zu ändern und einer neuen Zeitenordnung den Weg zu bereiten, müssen wir zuerst willens sein, unser Denken über die Natur der Zeit sowie unsere persönliche und politische Beziehung zu ihr neu zu definieren.

TEIL I

Der zeitliche Kontext

1. Die neue Nanosekunden-Kultur

Es ist eine Ironie, daß wir uns in einer der Zeitersparnis so verpflichteten Kultur immer mehr gerade dessen beraubt fühlen, was uns kostbar ist. Die moderne Welt stromlinienförmiger Verkehrsmittel, sofortiger Kommunikation und Zeitspartechnologien sollte uns von den Diktaten der Uhr befreien und für mehr Muße sorgen. Statt dessen scheint die Zeit nie zu reichen. Die Zeit, die wir haben, ist in kleinste Abschnitte zerstückelt, jeder im voraus mit Verpflichtungen und Plänen angefüllt. Unser Morgen ist immer schon reserviert, im voraus gebucht. Wir haben selten einen Moment frei. Nicht zielgerichtete oder verplante Zeit, einst eine Hauptstütze, eine Annehmlichkeit des Lebens, ist heute ein Luxus.

Trotz unserer angeblichen Effizienz haben wir im Vergleich mit fast jeder anderen Periode der Geschichte anscheinend weniger Zeit für uns selbst und viel weniger Zeit füreinander. Selbst die Idee, eine Erfahrung auszukosten, ist zum Anachronismus geworden in einer Welt, wo »Sein« weniger wichtig ist als »Werden« und wo Zweckdienlichkeit ein Ersatz für Teilnahme ist.

Wir haben für unsere effiziente Gesellschaft eindeutig einen hohen Preis zahlen müssen. Wir haben unser Leben beschleunigt, nur um weniger geduldig zu werden. Wir sind organisierter geworden, aber weniger spontan, weniger freudig. Wir sind besser gerüstet, auf die Zukunft zu reagieren, aber weniger fähig, die Gegenwart zu genießen und über die Vergangenheit nachzudenken. Wir haben gelernt, wie man Dinge schneller gewinnt und herstellt, aber letzten Endes beuten wir am Arbeitsplatz unsere Zeit und die der anderen aus und entwerten sie, um die Produktivität zu steigern. Die effiziente Gesellschaft hat die Befriedigung unserer oberflächlichen Bedürfnisse verbessert, aber sie hat uns gezwungen, distanzierter, selbstversunkener und in Beziehungen mit anderen manipulativer zu werden.

Der Wunsch besonders der westlichen Welt, in rasendem Tempo zu produzieren und zu konsumieren, hat zur Erschöpfung unserer natürlichen Schätze und zur Verschmutzung unserer Biosphäre geführt. Der Reproduktions- und Recyclingrhythmus der Natur selbst ist durch das Doppeldiktat von wirtschaftlicher Effizienz und Geschwindigkeit so völlig überfordert, daß die irdischen Ökosysteme nicht länger imstande sind, Rohstoffe so schnell zu regenerieren, wie sie erschöpft werden, oder Abfall so schnell wiederzuverwerten, wie wir ihn produzieren.

Die Statistik erzählt die düstere Geschichte, die auf der einen Seite wild entschlossen Zeit spart und auf der anderen die Zukunft zerstört. Die meisten von uns haben die Warnungen der Unheilspropheten abgetan, weil wir von Natur optimistisch sind oder unsere Zügellosigkeit nicht aufgeben wollen. Doch das Wuchern der Atomrüstung, die Massenvernichtung von Pflanzen- und Tierarten, vergiftetes Wasser, verpestete Luft und erodiertes Land dienen als ständige, gefährliche Erinnerung daran, daß im Namen des Fortschritts von heute der Zukunft Tribut abgefordert wird.

Während das Tempo des modernen Lebens immer schneller geworden ist, haben wir immer mehr das Gespür für die biologischen Rhythmen der Erde verloren und können keine enge Verbindung mit der natürlichen Umwelt erleben. Die menschliche Zeitwelt ist nicht länger verbunden mit Ebbe und Flut, der aufgehenden und untergehenden Sonne, dem Wechsel der Jahreszeiten. Statt dessen hat die Menschheit eine künstliche Zeitumgebung geschaffen, interpunktiert durch mechanische Apparate und elektronische Impulse: eine Zeitebene, die quantitativ, schnell, effizient und vorhersehbar ist.

Die Moderne ist gekennzeichnet durch einen prometheischen Geist, eine rastlose Energie, die sich auf Geschwindigkeitsrekorde und Abkürzungen stürzt; sie denkt nicht an die Vergangenheit, kümmert sich nicht um die Zukunft, existiert nur für den Augenblick und auf die schnelle. Die irdischen Rhythmen, die einen mehr pastoralen Lebensstil kennzeichneten, sind beiseite gefegt, um Raum zu machen für das Überholgleis einer urbanisierten Existenz. Verloren in einem Meer ständigen technischen Wandels, finden sich moderne Männer und Frauen immer stärker der ökologischen Choreographie der Erde entfremdet.

Wir haben uns heute mit zeitsparendem technischem Schnickschnack umgeben, nur um von Plänen überwältigt zu werden, die nicht ausgeführt werden können, Verabredungen, die nicht einzuhalten, Stundenplänen, die nicht zu erfüllen, Fristen, die nicht zu bewältigen sind.

Gerade da die Gesellschaft sich außerstande sieht, die Zeitanforderungen der Moderne einzuholen, wird seltsamerweise eine neue, schnellere Technik in die populäre Kultur eingeführt – eine Technik, die unser Zeitgefühl über alles hinaus zu beschleunigen droht, was wir in der kurzen Zeit der Moderne erlebt haben.

Wahrscheinlich wird der Computer im nächsten halben Jahrhundert einen revolutionären Wandel in der Zeitorientierung mit ermöglichen, so, wie die Uhren dies vor mehreren hundert Jahren taten, als sie den Prozeß einleiteten, in dem nichtautomatische Zeitanzeiger als wichtigste Werkzeuge der Gesellschaft zur Zeiteinteilung abgelöst wurden. Die neue Computertechnik ist schon im Begriff, unsere Begriffe von Zeit zu verändern, und dabei verändert sie unser Denken über uns selbst und die Welt um uns. Wir treten in eine neue Zeitzone ein, die radikal anders ist als alles, was wir in der Vergangenheit erlebt haben. So anders ist die neue Computer-Zeittechnik, daß sie den Kontext für das Aufkommen einer neuen Sprache des Geistes und eines veränderten Bewußtseinszustandes schafft, so, wie die automatische Uhr es im dreizehnten Jahrhundert tat, als sie dem Zeitalter des Mechanismus und dem Gespenst des Uhrwerk-Universums Tor und Tür öffnete.

Wenn es schwerfällt, den Computer als etwas zu sehen, das eine neue Zeitorientierung einführt und von gleicher historischer Bedeutung ist wie die Uhr, so vielleicht deshalb, weil Futuristen, Wirtschaftsführer und Technologen das neue Werkzeug bisher in rein materiellen Begriffen definiert haben. Es ist nicht ungewöhnlich, zu hören, daß der Computer mit dem Aufkommen der Dampfmaschine verglichen wird. Die Dampfmaschine ersetzte die Muskelkraft durch eine unbelebte Form der Energie und führte zur industriellen Produktion. In ähnlicher Weise wird argumentiert, der Computer vervollständige den menschlichen Geist mit Hilfe einer künstlichen Intelligenz und führe zu dem, was Futuristen das postindustrielle oder das Zeitalter der Information nennen. In ihrer Eile, die ökonomischen Vorzüge der neuen Computertechnik zu preisen, haben es die Futuristen versäumt, einen tiefgreifenderen, wichtigeren Zweck zu erkennen, den die Funktionsprinzipien des neuesten menschlichen Kunstprodukts implizieren. Die Bedeutung des Computers geht weit hinaus über das riesige

Ausmaß materieller Vorteile, die er zu bewirken verspricht. Unter all den materiellen Projektionen lauert eine neue zeitliche Projektion, und hier, in diesem zeitlichen Bereich, wird die Zivilisation die langfristige Wirkung des Computers am deutlichsten zu spüren bekommen.

In nur zwei Jahrzehnten ist der Computer in jeden Aspekt unserer Kultur eingedrungen und hat unseren Lebensstil gewandelt. Man schätzt, daß bis 1990 fast 50% aller amerikanischen Arbeiter einen elektronischen Terminal benutzen werden. Außerdem werden etwa achtunddreißig Millionen Terminals an Arbeitsplätzen in Büros, Fabriken und Schulen im Einsatz sein. Fast vierunddreißig Millionen Haushalte werden, so wird erwartet, im nächsten Jahrzehnt Heimcomputer haben, und weitere sieben Millionen transportable Terminals werden in Gebrauch sein.[1] Computer werden rasch zur Massenware; sie halten Einzug in jeder Ecke und Ritze des modernen Lebens. Sie verändern die Art, wie wir arbeiten, spielen, uns verständigen und gesellig sind. Sie verändern unsere Umwelt und unsere Beziehung zu ihr. Und das Wichtigste: Sie verändern unsere Beziehung zur Zeit.

Der Computer führt eine neue Zeitperspektive ein, und mit ihr eine neue Sicht der Zukunft. Wir sind so daran gewöhnt, die Zeit an der Uhr abzulesen, daß unser Geist bei der Aussicht rebelliert, eine ganz andere Form der Zeitbestimmung anzunehmen. In diesem Anfangsstadium ist es schwierig, sich die volle Bedeutung einer Verschiebung der Zeitmessung von Uhr zu Computer klarzumachen oder auch nur vorzustellen, doch eine Untersuchung der unterscheidenden Merkmale dieses neuen Zeitmessers ergibt einen Schlüssel zu den Veränderungen des Zeitbewußtseins, die auf uns zukommen.

Zunächst einmal mißt die Uhr Zeit in bezug auf menschliche

Wahrnehmbarkeit. Es ist möglich, eine Stunde, eine Minute, eine Sekunde, sogar eine Zehntelsekunde zu erleben. Der Computer hingegen arbeitet in einem Zeitrahmen, in dem die Nanosekunde die hauptsächliche Zeiteinheit ist. Die Nanosekunde ist eine Milliardstelsekunde, und obwohl eine Nanosekunde theoretisch denkbar ist und obwohl Zeit für diese Dauer manipuliert werden kann, *ist es nicht möglich, sie zu erleben.* Dies markiert einen radikalen Wendepunkt in der Art, wie Menschen sich auf Zeit beziehen. Nie zuvor ist Zeit in einer Geschwindigkeit jenseits der bewußten Wahrnehmung organisiert worden.

Der Autor Tracy Kidder beschreibt, wie sich ein Computer-Ingenieur auf Nanosekunden bezieht:

Ich fühle mich sehr wohl dabei, über Nanosekunden zu sprechen. Ich sitze an einem von diesen Analysatoren, und Nanosekunden sind lang. Ich meine, man kann sie vorbeigehen sehen. Jesus, sag ich, dies Signal braucht zwölf Nanosekunden, um von da nach da zu kommen. Das ist was richtig Großes für mich, wenn ich einen Computer baue. Aber wenn ich es bedenke, wieviel länger es dauert, mit den Fingern zu schnippen, dann weiß ich nicht mehr, was eine Nanosekunde wirklich bedeutet (das Schnippen eines Fingers entspricht dem Vorbeigehen von 500 Millionen Nanosekunden).[2]

Wenn wir nun mit den Computern der fünften und sechsten Generation zu tun bekommen, wird dieser neue Zeitbegriff eine Vielzahl neuer Probleme schaffen. Computer des einundzwanzigsten Jahrhunderts werden wahrscheinlich in der Lage sein, in Nanosekundenzeit über eine breite Palette von Tätigkeiten zu entscheiden. Wenn viel von der Entscheidungsarbeit der Gesellschaft unter der Schwelle menschlichen Bewußtseins stattfindet, so wird soziale Zeit, wie die Uhr sie mißt, bedeutungslos. Die im Computer bearbeiteten Ereignisse existieren in einem Zeitbereich, den wir niemals werden erfahren können. Die neue »Rechenzeit« (Anm. d. Ü.: engl. »computime«) stellt die endgültige Abstraktion der Zeit und ihre völlige Trennung von menschlicher Erfahrung und den Rhythmen der Natur dar. Viele Menschen erleben den Unterschied zwischen der Welt der Rechenzeit und der Uhrzeit zum erstenmal, wenn sie Videospiele spielen. Der Soziologe Sherry Turkle hat Videospieler befragt und gefunden, daß das Gefühl der Zeitintensivierung und Gedrängtheit von den Benutzern oft als fesselnde Eigenschaft der Computerspiele genannt wurde. »Das Spiel ist unnachgiebig in seiner Forderung, daß jede andere Zeit stillsteht und daß der Spieler volle Verantwortung für jede Handlung übernimmt...«.[3] Computerspiele ziehen den Benutzer in den ausschließlichen Zeitrahmen hinein, den das Programm aufstellt. Die Geschwindigkeit wird vom Spiel bestimmt. Wie Turkle ausführt, gehört »der Rhythmus des Spiels zur Maschine; das Programm entscheidet«.[4] Anders als Flipperspiele oder gar eher statische Spiele wie Monopoly, bei denen der Spieler die verschiedenen Zeitelemente beeinflussen oder manchmal sogar beherrschen kann, muß sich der Benutzer bei Computerspielen total dem Tempo des Programms unterwerfen. Wie ein Zwölfjähriger in einem Interview mit Turkle bemerkte, muß man dem »Herzschlag« des Computers zuspielen, um beim Spiel erfolgreich zu sein.[5] Das Endziel bei den meisten Computerspielen besteht darin, mehr Zeit zu bekommen. Jeder hoffnungsvolle Videospieler träumt vom vollkommenen Spiel, dem Spiel, das ewig dauert.[6] Zeit ist bei Computerspielen ein Hintergrund, ein Rohstoff und ein Preis, alles in einer und derselben Verpackung.

Die wirklich guten Videospieler können die Uhrzeit und ihre eigene, subjektive Zeit ausblenden und sich völlig in die

Zeitwelt des Spiels versenken. Bei Videospielsüchtigen ist es eine normale Erfahrung, daß sie Stunden vor dem Apparat verbringen, ohne das geringste Gefühl für das Vergehen der Uhrzeit. Laut Craig Brod, einem der zahlreicher werdenden Psychologen, die sich auf computerbezogene Krankheiten spezialisiert haben, klagen »Leute, die mit Computeranwendern leben, ohne Unterschied, daß Auseinandersetzungen über Zeit eine Hauptquelle für Reibereien sind«.[7]

Langzeit-Computeranwender leiden oft unter dem ständigen Hin und Her zwischen zwei Zeitwelten. Je mehr sie in die neue Zeitwelt des Computers verstrickt werden, desto weniger können sie sich den zeitlichen Normen und Standards der traditionellen Kultur der Uhr anpassen. Sie werden zu Opfern einer neuen Form von Zeitschizophrenie, weil sie zwischen zwei deutlich unterschiedenen Zeitorientierungen steckenbleiben.

Psychologen und Soziologen haben begonnen, die Wirkungen des neuen Computer-Zeitbegriffs auf die Einzelperson wie auf die Gesellschaft als Ganzes zu untersuchen. Ihre Befunde sind zwar bislang noch Vorergebnisse, doch sie zeigen an, daß der Kampf um sich wandelnde Zeitorientierungen durchaus zu einem zentralen sozialen Thema des nächsten Jahrhunderts werden kann.

In seinem neuen Buch mit dem passenden Titel *Silicon Shock* zieht der Informatiker Geoff Simons eine interessante Analogie, die die enorme Geschwindigkeit der Computerzeit faßbar macht:

Stellen Sie sich vor… zwei Computer sprechen eine Zeitlang miteinander. Dann werden sie von einem Menschen gefragt, worüber sie sprechen, und in der Zeit, die er braucht, um diese Frage zu stellen, haben die beiden Computer mehr Wörter ausgetauscht als alle Menschen insgesamt, seit der *Homo sapiens* vor zwei oder drei Millionen Jahren zuerst auf der Erde erschien.[8]

Laut Craig Brod und anderen Psychologen haben sich viele Menschen so an den neuen, beschleunigten Zeitrahmen des Computers gewöhnt, daß sie ungeduldig mit den langsameren Geschwindigkeiten geworden sind, mit denen sie sich in der alltäglichen Uhrenkultur auseinandersetzen müssen. In klinischen Fallstudien haben Psychologen beobachtet, daß Computer-Zwangsneurotiker wesentlich intoleranter gegenüber Verhaltensweisen sind, die irgendwie uneindeutig, abweichend oder sprunghaft sind. In ihrer Interaktion mit Ehepartnern, Familie und Bekannten sind sie oft kurz angebunden und ziehen einfache ja-nein-Antworten vor. Sie sind ungeduldig gegenüber Gesprächen mit offenem Ende und fühlen sich unwohl mit Menschen, die nachdenklich oder meditativ sind. Computer-Zwangsneurotiker verlangen Kürze und sehen soziale Kontakte als Mittel zum Zweck; sie interagieren mit anderen nur, um nützliche Informationen zu sammeln und auszutauschen. Vor allem legen sie hohen Wert auf effiziente Kommunikation. Deshalb, sagt Brod, »ziehen sie es vor, mit Menschen zu kommunizieren, die ›systemgebildet‹ sind, um Information rasch zu vermitteln. Menschen, die langsam sprechen oder sich allgemein ausdrücken, werden gemieden oder ignoriert«.[9]

In Arbeitssituationen finden Computer-Zwangsneurotiker es ausnehmend schwierig, zwischen der Welt der Computerzeit und der langsameren Welt der Uhrzeit hin- und herzuschalten. In Zulieferbetrieben beginnen Experten der Qualitätskontrolle festzustellen, daß die computerbeschleunigte Interaktion zwischen Personal und Kunden ihre Wirkungen zeigt. Die ersteren klagen, die mündlichen Antworten der Kunden seien zu stockend und ungenau, es dauere oft Minuten, bis man von Kunden die notwendige Information bekomme, die in Sekunden vom Computer verarbeitet werden könne. Die Kunden werden gehetzt, sollen kurz und genau sein, damit die zur Transaktion nötige Information rasch vom Computer verarbeitet werden kann.

Computer-Zwangsneurotiker ertragen nicht leicht Unterbrechungen, wenn sie mit dem Computer im »Interface« sind. Jedes Eindringen droht ihre Konzentration und ihr umgeformtes Zeitbewußtsein zu unterbrechen. In ihrer neuen Zeitwelt sind sie in Programme verstrickt, die in Nanosekunden gemessen werden, während die Außenwelt versucht, sie an die Oberfläche der »Realität« und ihre traditionellen Zeitpläne von Minuten und Stunden zurückzuziehen. Diese Zeitpioniere werden unruhig – ihr Wunsch ist es, in das neue Zeitreich vorzudringen und Versuchen, sie in den konventionellen Zeitrahmen zurückzuzwingen, zu widerstehen.

Im Büroalltag fühlen sich Computer-Zwangsneurotiker oft unwohl bei ausgedehnter Interaktion mit Menschen und meinen oft, Versammlungen, Konferenzen und Verabredungen unterbrächen »ihre Mission, Code zu generieren und intensiv mit einem Programm zu arbeiten«.[10] Ein Programmierer in einer großen Software-Firma sagt, seiner Meinung nach seien Personalversammlungen und Geselligkeit mit anderen Angestellten lästig, und ist oft ärgerlich über Unterbrechungen seiner Arbeit. Er erklärt seine Empfindungen mit Hilfe eines vielsagenden Vergleichs. »Es ist, wie wenn man mit jemandem schläft«, sagt er über das Programmieren. »Wenn man mit jemandem schläft, möchte man nicht unterbrochen werden.«[11]

Computerzeit ist noch in einer anderen Hinsicht von der

Uhrzeit verschieden. Die Anthropologie der Zeit ist reich und mannigfaltig, doch in jeder uns bekannten Kultur war das Zentrum der zeitlichen Ordnung in menschlichen Beziehungen die Interaktion von Angesicht zu Angesicht. Natürlich ist es wahr, daß die menschliche Familie im Lauf der letzten viertausend Jahre immer raffiniertere Hilfsmittel entwickelt hat, um Kommunikation aus der Entfernung zu ermöglichen. Schrift, Buchdruck und Fernmeldetechnik haben die Notwendigkeit der Kommunikation von Angesicht zu Angesicht gemindert. Jede dieser Revolutionen in der Kommunikation hat unser Zeitgefühl radikal verändert. Doch in jeder Kultur bis heute war die zeitliche Ordnung vor allem um die Interaktion von Angesicht zu Angesicht zentriert, wobei andere Kommunikationsformen als Ausweitungen dieser Interaktion existierten. Jetzt droht die Computertechnik diese Prioritäten zu ändern, indem sie Kommunikation und Zeitorganisation in einem Gerät zusammenlegt.

Der Computer ist eine Kommunikationsform wie Schrift, Druck und Telefon, doch er ist auch ein Zeitwerkzeug, wie die Wanduhr. Als Kommunikationsform ermöglicht er es, daß Menschen in eine Vielfalt täglicher Aktivität treten, ohne jemals in engen Kontakt zu kommen. Mit Konferenzschaltungen, elektronischem Briefkasten und Terminals im Büro, für zu Hause und unterwegs besteht weniger Bedarf an persönlicher Interaktion, um die Zeitenfolge, Dauer, Rhythmik und Geschwindigkeit des modernen Lebens zu ordnen. Als Zeitmesser bildet der Computer auch neue, beschleunigte Anforderungen an menschliches Verhalten. Weil er größere Kontrolle über den Fluß der Kommunikation zwischen Menschen beansprucht und die zeitlichen Dimensionen dieses Kommunikationsflusses gewaltig beschleunigt, kann der Computer persönliche Interaktionen ersetzen. In der Gesellschaft der Zukunft werden die Menschen immer mehr »durch« den Computer miteinander kommunizieren und über ihn die verschiedenen Zeitdimensionen gesellschaftlichen und wirtschaftlichen Lebens ordnen.

Das Gefühl der Isolation, das das Aufkommen des Computers mit sich gebracht hat, macht sich schon bemerkbar. Die Menschen brauchen den Computer sowohl als Kommunikationsform wie als Zeitrahmen, in dem sie mit ihren Mitmenschen in Beziehung treten, und dabei finden sie es immer schwieriger, sich wieder von Person zu Person zu verständigen. Psychologen warnen, daß die Menschen die traditionellen zeitlichen Fähigkeiten verlieren, die ihnen enge Beziehungen zueinander ermöglicht haben. Die Fähigkeit, die richtigen Zeitfolgen des Verhaltens zu erspüren, zu wissen, wie lange Dinge dauern sollten, imstande zu sein, die eigenen Rhythmen denen der Gruppe anzupassen und das individuelle Verhalten mit dem Gruppenverhalten zu synchronisieren, ist erschwert und belastet. Die Psychologen berichten, daß Computer-zwangsneurotische Patienten sich mit Menschen nicht wohl in ihrer Haut fühlen. Es ist, als hätten sie die Fähigkeit eingebüßt, ihr Verhalten anderen Menschen anzupassen. Sie sind nach den zeitlichen Dimensionen der Computerwelt geformt worden; sie treten mit und durch ihr neues Werkzeug in Beziehung zu ihren Mitmenschen.

Der Computer-»Freak« ist jüngst zu einem bekannten Archetyp der populären Kultur geworden. Er wird als ein Individuum porträtiert, das zu schnell spricht, andere unterbricht, in kurzen, abgehackten Sätzen redet, Trugschlüsse zieht und den Kontakt mit seiner physischen Umwelt verloren hat. Hinter dieser Parodie vom zwanghaften Computeradepten liegt das Problem des neuen Zeitbewußtseins. Der Computerfreak hat den Zeitrahmen der Computerwelt so gründlich in seine Psyche und Persönlichkeit integriert, daß er unfähig ist, mit dem sequentiellen Verhalten, den Normen der Zeitdauer, Rhythmen, Zeitplänen und Koordinationsmustern der noch dominierenden Uhrenkultur effektiv zu interagieren.

Craig Brod gibt einen Bericht vom Verhalten eines Spitzen-Computerexperten an einer Universität der amerikanischen Westküste, den er Dr. McCarthy nennt und der gewöhnlich abrupte Gespräche mit Kollegen führt:

Ein Forscher hatte einen Satz beendet und drehte sich zu McCarthy um, um seine Antwort zu hören. Aber McCarthy war verschwunden. Zwei Tage später stand der Forscher in der Nähe der gleichen Stelle. McCarthy kam ohne Gruß auf ihn zu und nahm das Gespräch mitten im Gedankengang wieder auf.[12]

Brod sagt, daß McCarthys Gefühl für sequentielles und duratives Verhalten immer gängiger unter Computerleuten wird, die »mit anderen ausschließlich in Begriffen des Informationsaustausches kommunizieren« und sich dabei wenig um traditionelle Höflichkeitsnormen scheren.[13] Die Art Verhalten, die McCarthy seinem Kollegen gegenüber zeigte, ist nicht viel anders als die Art, wie viele Computerexperten mit ihrer Maschine kommunizieren.

Die folgende Darstellung des »wait state« und des »timesharing« (Wartezustand und Zeitteilen) gibt einen Einblick in die Art, wie McCarthy und andere mit Zeitfolge und Zeitdauer umgehen. Im Computerjargon bezieht sich »wait state« auf die Zeit, in der der Zentralprozessor keine nützliche Arbeit leistet. Weder erhält noch vermittelt er Daten, er »faulenzt« einfach und wartet auf eine neue Aufgabe. Computerexperten ist die bloße Idee des Faulenzens zuwider, und deshalb sorgen sie dafür, daß der Prozessor »gleichzeitig an mehreren Programmen arbeitet und jedem nach Bedarf für den Bruchteil einer Sekunde ungeteilte Aufmerksamkeit widmet«.[14] Diese Technik heißt »time-sharing«:

Wenn einem Programm zeitweilig die Daten ausgehen oder wenn es die Antwort eines menschlichen Anwenders an einer Tastatur benötigt, wartet der Prozessor nicht auf die möglicherweise langsame Antwort. Schließlich bedeuten die zehn Sekunden, die ein menschlicher Anwender vielleicht zum Antworten braucht, selbst für einen Minicomputer Millionen von Additionen. Statt dessen geht er weiter zum nächsten Programm und kommt periodisch zum ersten zurück, um zu sehen, ob dort nun wieder etwas zu tun ist.[15]

McCarthy wandte bei seinem Kollegen das Prinzip des wait state und des time-sharing an; dabei suspendierte er sein »interface« achtundvierzig Stunden lang, um seinem Gegenüber Zeit zu geben, die neue Information zu verarbeiten. Dann kehrte er genau zu der Stelle zurück, an der er den Kontakt abgebrochen hatte, um die inzwischen gesammelte, neue Information einzuholen und zu verarbeiten. Auf seine Art war die Zeit auf die wirtschaftlichste mögliche Weise genützt, ohne daß beim Prozeß des Austauschs Zeit verloren worden war.
Da die Menschen ihre täglichen Geschäfte zunehmend mit dem Computer erledigen, geht die Menge der persönlichen Interaktionen radikal zurück, und die Geschwindigkeit sozialen Handelns wird sehr beschleunigt. Das Ergebnis, so sagt Geoff Simons in *Silicon Shock*, ist »die schrittweise Zerstörung des zwischenmenschlichen Kontakts, das Verschwinden des traditionellen sozialen Umgangs, die Projektion eines neuen Modells für menschliches Leben, in dem der einzelne statt mit Menschen mit Computerterminals arbeitet und spielt«.[16]

Eine Studie des amerikanischen Instituts für Arbeitssicherheit und Arbeitsmedizin von 1981 berichtet: »Büroangestellte, die mit dem Computer arbeiten, leiden mehr an Streß als jede andere Berufsgruppe, einschließlich der Fluglotsen.«[17] An Uhr und Stundenplan gewöhnte Arbeitnehmer stellen sich nicht leicht auf die neue Zeitwelt von Computern und Programmen um. Der Widerstand der Arbeitnehmer war weit verbreitet, doch er hat nicht die explosive Stärke erreicht wie zu Beginn des industriellen Zeitalters, als an Landwirtschaft gewöhnte Arbeiter auf die zeitliche Starrheit der Fabrik-Uhrzeit umgeschult wurden. Hin und wieder taucht in den Schlagzeilen eine Story von Computer-motivierter Gewalt auf – ein Arbeiter sabotiert ein raffiniertes Computerprogramm oder zerstört Computeranlagen, die Millionen wert sind. Zumeist aber ist der Widerstand gegen Computer bislang eher psychisch als physisch gewesen, eher passiv als aktiv. Dennoch machen die Arbeitgeber sich Sorgen. Ein Großteil der heutigen Arbeitnehmer fühlt sich nicht wohl mit der neuen Technik und zögert – abgesehen von den Computer-Zwangsneurotikern –, sie mit der grenzenlosen Begeisterung aufzugreifen, die ihre Urheber erwartet hatten.
In dem Bemühen, das Problem anzugehen, haben Arbeitgeber und Softwarehersteller begonnen, der Beschwichtigung der öffentlichen Sorge eine Menge Zeit und Geld zu widmen. Eine Lawine von Büchern hat den Markt überrollt und versucht, Arbeitnehmer und Verbraucher zu überzeugen, daß die neue Technik »benutzerfreundlich« sei. Großfirmen stellen immer mehr hausinterne Programme auf, die den Übergang in die neue Computerwelt gezielt erleichtern sollen. Wenn alles andere nicht fruchtet, werden die Arbeitnehmer gewarnt, wenn sie sich weigerten, sich auf die neue Technik einzustellen, würden sie wahrscheinlich ihren Ar-

beitsplatz verlieren. »Computerkenntnisse«, sagt man ihnen, seien wesentlich für die Sicherheit des Arbeitsplatzes und der Beförderung in der Informationsgesellschaft.

Selbst bei all den sorgfältig geplanten Umschulungskursen, den hilfreichen, inspirierenden Anleitungsbüchern, den Hochglanz-Werbekampagnen, den wohldurchdachten Marketingstrategien, den unterschwelligen und weniger unterschwelligen Drohungen mit dem Verlust des Arbeitsplatzes bleiben viele Arbeitnehmer ängstlich, verschlossen und skeptisch gegenüber den Segnungen des Computers. Sie finden es schwierig, den Computer in ihr Leben zu integrieren – oder genauer: ihr Leben in den Computer zu integrieren.

Wie in der Frühzeit der industriellen Revolution wenden Arbeitgeber und Amtsträger ihre Aufmerksamkeit wieder der Kindererziehung zu, weil sie begreifen, daß sie ihre Hoffnung auf eine effektive Arbeitnehmerschaft auf die nächste Generation setzen müssen. Computerunterricht wird mit missionarischem Eifer in das Schulsystem eingeführt. In Amerika waren 1980 nur eine Handvoll Grund- und Sekundarschulen mit Computern und Computerunterricht ausgestattet. Bis 1990 ist zu erwarten, daß praktisch jede Schule im Land mit der neuen Technik ausgerüstet ist. Das gesamte Bildungssystem wird umgemodelt, um diese neueste Technik zu integrieren. Die langfristige Wirkung auf die Lern- und Denkweise der Kinder, so sagen Bildungsfachleute, wird wahrhaft revolutionär sein.

Die ersten Kinder des Computerzeitalters werden bald willige, eifrige Arbeitskräfte für die Informationsgesellschaft abgeben – eine Arbeitnehmerschaft, die mit dem Computer aufgewachsen sein wird und seine Sprache als ihre erste Sprache versteht. Für diese Arbeitnehmer des einundzwanzigsten Jahrhunderts wird der Computer kein lästiges Anhängsel sein. Vielmehr wird er ein notwendiger und wichtiger Bestandteil ihres Lebens sein. Diese Arbeitnehmer werden sich erfolgreich in die Zeitwelt der Computer und Programme integriert haben, und dies so sehr, daß der neue Zeitrahmen nicht hinterfragt wird. Er wird für sie so natürlich scheinen wie uns heute die Uhren- und Stundenplankultur.

Hersteller von Informationstechnik wissen um das große Potential des Schulsystems, sowohl als Markt zum Verkaufen wie als Übungsgelände zum Rekrutieren der nächsten Generation von Arbeitnehmern, und so haben sie enorme Mittel in die Entwicklung von Schul-Software investiert. Jerry Mander vom Public Media Center erläutert die Wirkung dieser Entwicklung:

> Wenn... [die Firmen] die Computerprogramme liefern können, mit denen jeder Jugendliche interagiert, speziell in Abwesenheit von Menschen, die diesen Prozeß mildern könnten, werden wir einem gleichgemachten Wissensfeld weit näher kommen, das enger ist als das heutige und zu den Werten der Firmen paßt.[18]

Erziehungswissenschaftler erforschen jetzt die Wirkung des Computers auf die zeitbezogene Entwicklung von Kindern; ihre Befunde legen bereits nahe, daß die nächste Generation begonnen hat, nach einem ganz anderen Takt zu marschieren. Zunächst einmal neigen Computerkinder dazu, auf neue und andere Weise das Gefühl für die Uhrzeit zu verlieren. Ein Zwölfjähriger erklärt seinen Verlust normalen Zeitgefühls in einem Vergleich mit einem Traumzustand. Er sagt, im Computer drinzustecken sei wie »Einschlafen und denken, man hätte nur eine Viertelstunde geschlafen, aber wirklich hat man die ganze Nacht geschlafen. Man versucht, herauszufinden, wo die Zeit geblieben ist. Sie ist im Computer geblieben.«[19] Craig Brod sagt, die meisten Eltern und Lehrer hielten die intensive Beziehung zum Computer irrtümlich für eine psychische »Sucht«, doch tatsächlich sei es gar keine Sucht, sondern eine Zeitverwerfung. Laut Brod »hat das Kind seine Zeitmessung umgestellt« auf den Zeitrahmen des Computers.[20]

Wenn Kinder vor allem mit dem Computer kommunizieren, rasen Sequenzen, Zeitlängen und Rhythmen vorbei und erfordern ein ständiges Konzentrationsniveau, das weit über das hinausgeht, was Kinder normalerweise erleben, wenn sie in konventionellen Anordnungen Fähigkeiten erlernen. Das Kind wird auf die Zeitorientierung seines künstlichen Kameraden trainiert statt auf die organischere Zeitorientierung der anderen Kinder und Lehrer.

Man betrachte zum Beispiel das Programm LOGO, vielleicht das bekannteste Lernprogramm für kleine Kinder. Mit LOGO kann ein Kind einen Schwarm Vögel programmieren und ihn dann auf dem Bildschirm in Bewegung setzen. Das Kind folgt der Bewegung der Vögel, betrachtet aufmerksam die Art, wie sie mit den Flügeln schlagen, wie sie sich bewegen. Doch wie John Davy in seiner Kritik des LOGO-Programms anmerkt, ist dies nicht die gleiche Erfahrung, die das Kind bekäme, wenn es einen Schwarm Vögel in der Natur beobachtete. Auf dem Bildschirm ist die zeitliche Orientierung der Vögel vom Programm festgelegt. Das Kind verschmilzt mit einem Satz künstlicher Sequenzen, Zeitlängen, Rhythmen und synchronisierter Aktivitäten und Muster. Wie Davy bemerkt, sind dabei »keine Gerüche, kein Geschmack, kein Wind oder Gesang von Vögeln, keine Verbindung mit Erde, Wasser, Sonnenlicht, Wärme, keine echte Umwelt...«.[21] Alle Signale der Umwelt, die für die Bildung alltäglicher Zeitfähigkeiten so wesentlich sind, fehlen völlig.

Harriet Cuffaro gibt eine weitere Illustration des anderen Zeittrainings beim Lernen mit Computer, im Gegensatz zu experimentellem Lernen in einer nichtsimulierten Umgebung. Sie verwendet das Beispiel eines parkenden Autos. Wenn ein Kind Klötzchen als Spielzeug verwendet, um ein Auto zu parken, werden seine zeitlichen Fähigkeiten sich ganz anders entwickeln, als wenn es Computersymbole benutzt. Bei den Klötzchen »muß die Augen-Hand-Koordination des Kindes es auch mit dem Qualitativen aufnehmen, mit der Struktur der Oberfläche, auf der das Auto bewegt wird, und mit der Entsprechung von Garagentor und Breite des Autos«.[22] Cuffaro merkt an, daß »solche Komplexitäten auf zweidimensionalen Bildschirmen nicht existieren«.[23] Einen Wagen auf dem Computerbildschirm parken ist reines Agieren in einem Vakuum, »Bewegung ohne Kontext...«. Bei der Kind-Monitor-Interaktion fehlen die »räumlichen Bewegungen, die typisch für Kinder sind, wenn sie direkt mit der Umwelt interagieren«.[24] Diese räumlichen Bewegungen bei der Interaktion mit anderen Phänomenen der lebensgroßen, wirklichen Welt haben traditionell die zeitlichen Fähigkeiten von Kindern geformt.

In der Vergangenheit hat symbolisches oder abstraktes Lernen in der Kindererziehung immer im Vordergrund gestanden. Der Unterschied durch das Aufkommen der neuen Computertechnik besteht darin, daß die Symbole nun belebt sind und den Anschein von Wirklichkeit erwecken. Das Computerlernen beginnt, indem es simulierte Natur, elektronische Vögel und Blumen an Stelle der tatsächlichen Dinge setzt, experimentellem Lernen vorauszugehen und es zu ersetzen.

Kinder, die einmal in die Zeitwelt des Computers eingetaucht sind, sind oft unfähig, sich wieder auf die langsamere Zeitwelt der Uhrenkultur umzustellen. Dies ist nirgends offensichtlicher, als wenn gelernt werden soll, wie man nachdenkt – eine der wesentlichen Zeitfähigkeiten, die in der Kultur der Uhr gelehrt werden. Nachdenken ist zu langsam und einengend, zu statisch und fad; es paßt zur alten Zeitwelt, wo das Gedächtnis wichtig war. In der Computerwelt ist das Nachdenken so kurz wie ein Tastendruck. Für lange Zeitspannen zu reflektieren wirkt unökonomisch und unnötig auf ein Kind, das sich daran gewöhnt hat, die Vergangenheit als einen Code anzusehen, der im Handumdrehen abgefragt werden kann, wenn vergangene Information zur Erfüllung eines augenblicklichen Bedürfnisses nötig ist.

Aus diesem Grund ist Bücherlesen für das begeisterte Computerkind besonders unattraktiv. Beim Lesen muß sich das Kind Zeit nehmen, um über die Geschichte nachzudenken. Es muß sich in Charakter und Handlung hineinversetzen und sich dann periodisch distanzieren, um zu bedenken, was geschehen ist, wie es die laufende Handlung beeinflußt und was daraus wahrscheinlich wird. Bücherlesen verlangt Momente aktiven Engagements, verwoben mit nachdenklichen Pausen. Computer hingegen erfordern konstantes Engagement. Die Aufmerksamkeit des Kindes darf niemals von der unmittelbaren Handlung abschweifen, die sich auf dem Bildschirm entfaltet. Ein Dreizehnjähriger drückte es so aus: »In einem Computer macht man es tatsächlich selbst, statt über etwas zu lesen, das geschieht.«[25] Natürlich ist dies eine seltsame Art aktiver Beteiligung, weil die Welt, in der das Kind engagiert ist, eine totale Kunstwelt ist, in der Zeitfolgen, Zeitdauern und Rhythmen rein geistige Konstrukte sind, fern vom Geschehen der Außenwelt.

Bücher sind nicht die einzige Komponente der traditionellen Schulumgebung, die der neuen Computer-Zeitwelt zum Opfer fällt. Kinder klagen auch, die Lehrer seien zu langsam und umständlich im Vergleich zu ihren Computer-Lernbegleitern. So sagt ein neunjähriger Junge:

Atari-Programme sind dufte! Sie kommen auf den Monitor und sagen, was du tun sollst. Sie machen es einfach. Lehrer reden langsamer als Atari, manchmal machen sie mich wütend. Ich denke: »Na los, ich will zu Atari zurück. Es sagt mir die Sachen schneller als du.«[26]

Je tiefer das Kind in die Mikrowelt der elektronischen Schaltkreise und Programme eintaucht, desto mehr entfremdet es sich von der Zeitdimension der natürlichen Ordnung; es zieht es vor, innerhalb des künstlichen Zeitrahmens zu leben, den der Silikonchip vorgibt. Jerry Mander erfaßt die enorme Tragweite des Verlustes für künftige Generationen:

»Die Natur bewegt sich fast gar nicht« im Vergleich zur Computer-Zeitwelt. Es braucht ein Höchstmaß an Ruhe, um Dinge wahrzunehmen, die in der Natur vor sich gehen, und ich fürchte, wir bringen vielleicht eine Generation von Leuten hervor, die zu schnell sind, um sich auf die langsameren, natürlichen Rhythmen einzustellen.[27]

Diese stark beschleunigte Zeitorientierung wird im kommenden Jahrhundert jeden Aspekt unserer Kultur tiefgreifend beeinflussen. Zehntausende von Jahren bewahrte sich die Menschheit eine organische Verbindung mit dem Puls der natürlichen Welt. Obwohl schon die frühesten Gesellschaften dem biotischen und astronomischen Zeitrahmen, der die Welt und das Universum ordnet, ein soziales Zeitgefühl aufzupfropfen suchten, ist die menschliche Familie niemals weit von den Periodizitäten der Natur oder des Kosmos abgeirrt.
Bis zur Moderne anerkannte jede Zeitauffassung eine innige

Beziehung zwischen den Rhythmen des gesellschaftlichen Lebens und den Rhythmen der irdischen Ökosysteme. Unsere Vorfahren verließen sich auf die wichtigen zeitlichen Ereignisse in der Natur, beobachteten aufmerksam die wechselnden Jahreszeiten und die wechselnden Konstellationen der Sterne am Himmel. Die Menschen maßen Zeit in bezug auf natürliche Phänomene: die Zeit des Hahnenschreis, die Zeit der wandernden Sonne, die Zeit der Mondphasen, die Zeit von Ebbe und Flut, die Zeit, in der die Schlange sich häutet, die Zeit, in der der Saft in den Bäumen steigt, die Zeit, in der die Bienen den Nektar sammeln, die Zeit, in der die Vögel fortziehen, und die Zeit, wenn sie wiederkommen.

Während unser biologisches Leben weiterhin auf die unveränderten Rhythmen der natürlichen Welt eingestellt ist, ist unser gesellschaftliches Leben immer mehr an den Nanosekunden-Zeitrahmen des Computers angepaßt worden. Die immer weiter werdende Kluft zwischen natürlicher und sozialer Zeit bereitet eine dramatische Auseinandersetzung um zeitliche Entscheidungen und Prioritäten in den kommenden Jahren vor. Um die Elemente dieses aufkommenden Konflikts besser zu verstehen, ist es wesentlich, daß wir der Biologie der Zeit unsere Aufmerksamkeit zuwenden. Die Natur hat ihre eigene Zeitorientierung, ein mannigfaltiges Labyrinth von Rhythmen und Tempi, das die physische und die biologische Welt zu einem synchronisierten Zeitgewebe integriert. Es ist unmöglich, das volle Ausmaß unserer zeitlichen Entfremdung in der neuen Nanosekunden-Kultur zu begreifen, ohne zuvor die uralten biologischen Rhythmen zu untersuchen, die das Zentrum unserer Existenz selbst beleben.

2. Chronobiologie: Die Uhr, nach der wir gehen

Um die Zeit wiederzuentdecken, ist es wesentlich, in die Mikrowelt weit unterhalb der Oberflächen zu reisen. Bei der Durchdringung jedes materiellen Substrats wird unser Wirklichkeitsgefühl von der Lebhaftigkeit dessen erschüttert, was wir für harte physikalische Wirklichkeit hielten. Organe lösen sich auf in Gewebe, Gewebe in Moleküle, Moleküle in Atome. Könnten wir den winzigsten Aspekt unserer physikalischen Welt genügend vergrößern, so würden wir feststellen, daß selbst die Atome sich auflösen. Wir entdecken auf dieser elementarsten Stufe der materiellen Wirklichkeit nicht harte, materielle Dinge, sondern oszillierende Felder und Wellen von Rhythmen. Unterhalb der materiellen Welt, die wir lange als Muttergestein der Wirklichkeit hingenommen haben, liegt eine andere Welt, die die Physik des zwanzigsten Jahrhunderts entdeckt hat: eine nichtmaterielle Welt reiner Zeitlichkeit, eine Welt vibrierender Kräfte, eine Welt pulsierender Energien, die rhythmisch in einem ausgeklügelt choreographierten Tanz interagieren, der das ganze Universum auszubreiten, ihm Ordnung und Sinn zu geben scheint.

Hier in diesem stillen, unberührbaren Reich entdecken wir eine tiefere Ordnung; sie ist vom menschlichen Verstand wenig erklärt und wenig verstanden, doch nun fordert sie immer mehr unsere Aufmerksamkeit.

So lange wir uns erinnern mögen, klassifizieren und reklassifizieren, ordnen und neuordnen wir die Welt schon, als bestünde sie allein aus räumlich gebundenen, materiellen Stücken Wirklichkeit. Nun beginnen wir eine neue Reise, ein Ausloten der zeitlichen Ordnung, die der physischen Dimension zugrunde liegt, Form und Sinn gibt.
Die Idee der Zeit ist seit langem interessant für Philosophen, aber für wenig andere in der intellektuellen Gemeinschaft. Heute erfährt die Zeit eine Renaissance. Sie ist zu einem heiß diskutierten Thema unter Psychologen, Anthropologen und Soziologen geworden. Nirgends jedoch wird ihr mehr Aufmerksamkeit zuteil als in der Biologie, wo Hunderte von wissenschaftlichen Aufsätzen jedes Jahr unter der Rubrik einer neuen Disziplin namens *Chronobiologie* veröffentlicht werden. Die Biologen sind dabei, den Begriff Zeit von dem erhabenen philosophischen Thron herunterzustoßen, auf dem er lange Zeit als letzter Gegenstand abstrakten, theoretischen Nachdenkens residiert hat, und untersuchen ihn als ein beobachtbares Phänomen in der physisch-biologischen Welt. Mit jeder neuen Entdeckung in der Chronobiologie kommen wir näher daran, uns in zeitlichen wie auch materiellen Begriffen neu zu definieren. Die gesellschaftlichen Implikationen dieses Wandels im Denken sind wahrscheinlich enorm und weitreichend.
Wie die meisten großen Verschiebungen im menschlichen Bewußtsein war der Anfang dieses speziellen Besuchs bei der Erforschung der Zeit unauffällig. Ein Schweizer Arzt, Auguste Forel, frühstückte gern auf seiner Terrasse. 1906 machte Forel eine Beobachtung, die den Lauf der Wissenschaftsgeschichte ändern sollte. Jeden Morgen kamen genau zur gleichen Zeit Bienen von einem nahen Bienenstock, um von der Marmelade auf seinem Frühstückstisch zu kosten. Selbst nachdem Forel begann, im Haus zu frühstücken,

bemerkte er, daß die Bienen weiterhin wie ein Uhrwerk, genau zur gewohnten Zeit, auf die Terrasse kamen und nach der Marmelade suchten. Forel schloß daraus, daß die Bienen, weil sie nur zu der Stunde jeden Morgen kamen, in der sie das erstemal die Marmelade gefunden hatten, irgendein eingebautes Zeitgedächtnis haben mußten.[1]

In den dreißiger Jahren unseres Jahrhunderts bemerkten die deutschen Wissenschaftler L. Beling und O. Wahl das verblüffende Zeitgefühl der Bienen in einer Versuchsreihe mit Orientierungspunkten. Die Forscher beobachteten, daß eine Biene jedesmal, wenn sie eine Nektarquelle entdeckt hatte, am nächsten Tag zu exakt der gleichen Sonnenzeit wiederkam.

Damit wir nicht voreilig schließen, die Biene hätte die Zeit an der Stellung der Sonne gemessen, sei darauf hingewiesen, daß die Biene sogar ihr Verhalten beibehielt, wenn sie in einen Keller oder eine Salzmine gesetzt wurde und keinerlei äußere Bezugsgrößen mehr hatte.[2]

Um etwa die gleiche Zeit entdeckte ein weiterer deutscher Wissenschaftler, E. Kleber, einen interessanten Rhythmus bei bestimmten nektarbildenden Pflanzen. Die Nektarsekretion geschah nur zu bestimmten Zeiten an jedem Tag. Die Bienen ihrerseits entdeckten, zu welcher Zeit diese blühenden Pflanzen sekretierten, und stellten sich genau zur richtigen Fütterungszeit ein.[3] Mehrere Jahrzehnte später versuchten Wissenschaftler erfolglos, die Bienen zu überlisten, indem sie sie per Flugzeug über die Zeitzonen hinwegtransportierten, um die biologische Uhr der Bienen abzustellen. Bienen, die darauf trainiert waren, zwischen 10 Uhr vormittags und zwölf Uhr mittags mitteleuropäischer Zeit Nektar zu sammeln, wurden nach New York geflogen. Dort fuhren sie mit dem Sammeln phasengleich zur mitteleuropäischen Zeit fort.[4]

Die Bienenforschung eröffnete langverschüttete Dimensionen der Wirklichkeit. Es war nicht länger möglich, die recht elitäre Idee aufrechtzuerhalten, daß nur der Mensch sich erinnern, vorausschauen und Termine einhalten könne. In der Tat beschämt eine Spezies wie die Schwalbe selbst den organisiertesten menschlichen Reisenden, wenn es um das Einhalten von Terminen geht. In einem kleinen Dorf südöstlich von Los Angeles verlassen die Schwalben eine winzige Missionsstation jedes Jahr am 23. Oktober, um Tausende von Kilometern weit im Süden den Winter zu verbringen, und jeden Frühling kommen sie genau am 19. März zurück. Nur zweimal in den letzten zweihundert Jahren haben sie sich um einen Tag verspätet.[5]
Während die Wissenschaftler beginnen, in die geheimnisvolle Welt biologischer Uhren einzudringen, beginnen sie auch, zu sehen, wie perfekt die biologischen Rhythmen zu den Rhythmen, Tempi und Periodizitäten der weiteren physischen Umwelt passen. Die Lebewesen scheinen aus Myriaden interner biologischer Uhren zu bestehen, die so eingestellt sind, daß sie in genauer Koordination mit den Rhythmen der physikalischen Außenwelt gehen. Die Lebewesen passen ihre internen und externen Funktionen dem Sonnentag, dem Mondmonat und der jährlichen Umdrehung der Erde um die Sonne an. Die täglichen Zyklen sind als circadian bekannt, die monatlichen Zyklen als lunar und die jährlichen als circannual.
Das erste Zeichen für die Existenz endogener circadianer Rhythmen wurde 1729 von dem französischen Astronomen Jean de Mairan notiert. Er wußte, daß Pflanzen ihre Blätter in den Stunden des Tageslichts ausbreiten und in der Nacht zusammenfalten. Er war allerdings recht überrascht, zu finden, daß manche Pflanzen, die er in ihrer eigenen Umgebung beobachtete, ihre Blätter weiterhin pünktlich öffneten

und schlossen, selbst wenn sie in völliger Dunkelheit in einem abgeschlossenen Raum gehalten wurden.[6]

Weitere wissenschaftliche Indizien für die circadiane Natur biologischer Uhren kamen 1935. E. Bünning führte eine Versuchsreihe mit der Fruchtfliege *Drosophila* durch. Unter natürlich vorkommenden Bedingungen kam die ausgewachsene Fliege immer etwa in der Dämmerung aus ihrer Puppe. Bünning fand, daß der circadiane Rhythmus unverändert blieb, selbst wenn *Drosophila* über viele Generationen ständiger Beleuchtung und Temperatur ausgesetzt wurde. Dies zeigte, daß die biologische Uhr tatsächlich endogen und durch Manipulationen an der Umwelt nicht zugänglich war.[7]

In einer anderen Versuchsreihe versuchte Curt P. Richter von der Johns Hopkins University, den circadianen Zyklus bei Ratten zu unterbrechen, indem er ihnen Drogen spritzte, Elektroschocks gab, sie tiefgefror, ihren Herzschlag stoppte, sie blendete und sogar ganze Teile ihres Hirns entfernte – alles ohne Ergebnis. Die Ratten fuhren unbeirrt in ihrem vierundzwanzigstündigen Aktivitätszyklus fort, trotz der riesigen Hindernisse, die ihnen Richter in den Weg stellte.[8]

Seit Jahren suchen Wissenschaftler die Quelle biologischer Rhythmen. Sie haben Körperteil auf Körperteil entfernt, um den Sitz dieser Uhren zu entdecken, und immer noch ticken die Uhren weiter. Die Rhythmen spotten offenbar aller Versuche, ihre materielle Struktur zu orten. Der Psychologe John E. Orme gab vielleicht die beste Erklärung für dies offensichtliche Scheitern in einem Aufsatz mit dem Titel »Time, Rhythms, and Behavior«:

Der vierundzwanzigstündige zyklische Prozeß ist so grundlegend von einem evolutionsgeschichtlichen Gesichtspunkt aus, daß alle Pflanzen- und Tierzellen einen circadianen Stoffwechsel-Grundrhythmus besitzen. So ist der Rhythmus nicht eine Eigenschaft eines bestimmten Organs oder einer biologischen Uhr. Der ganze Organismus ist in gewisser Weise die Uhr.[9]

Am besten hat der Psychologe Leonhard Doob die Bedeutung circadianer Rhythmen in der biologischen Anlage der Dinge zusammengefaßt: »Die Anpassungsbedeutung der circadianen Rhythmik liegt darin, daß sie den Organismus in die Lage versetzt, die wechselnden Bedingungen in einer zeitlich programmierten Welt zu bewältigen – das heißt das Richtige zur richtigen Zeit zu tun.«[10]

Wie schon erwähnt, sind nicht alle biologischen Uhren circadian. Viele Geschöpfe zeigen Gezeiten-, Lunar- und auch Circannualuhren. In seinem Buch *The Natural Philosophy of Time* hat C. J. Whitrow viele solche Beispiele aufgeführt. Da ist zum Beispiel der kleine, grüne Plattwurm, bekannt als *Convoluta*, der bei Flut an die Oberfläche des Sandes aufsteigt und dann wieder in seinem Gang verschwindet, wenn der Sand trocknet. Das mag nicht gerade wie ein Kunststück klingen, doch Forscher haben herausgefunden, daß derselbe Plattwurm exakt denselben Rhythmus beibehält, wenn er in ein Aquarium, fern von Ebbe und Flut eines Ozeans, gesetzt wird.[11]

Dann ist da der Fall des Palolo-Wurms. Dies spezielle Geschöpf pflanzt sich »nur in der Nippflut des letzten Mondviertels im Oktober und November« fort.[12] Die Braunalge *Dictyota* legt ihre Samen ab in der Zeit zwischen »neun und fünfzehn bis sechzehn Tagen nach Berührung mit Mondlicht«.[13] Whitrow weist darauf hin, daß viele der Geschöpfe, die bei der Einhaltung von Gezeiten- und Mondrhythmen beobachtet wurden, diese Rhythmen weiterhin an den Tag legen, wenn die äußeren Anreize fehlen.

Das Erdhörnchen der Rocky Mountains ist ein besonders gutes Beispiel für das Funktionieren von Jahresrhythmen. Im Sommer 1963 setzten K. C. Fisher und E. T. Pengelley ein Erdhörnchen in einen kleinen, fensterlosen Raum, versorgten es mit Futter und Wasser und setzten den Raum künstlich unter Frost. Von August bis Oktober fraß das Erdhörnchen normal und hielt seine Körpertemperatur konstant auf 37°C. Im Oktober stellte das Erdhörnchen das Fressen und Trinken ein und begann seine Winterruhe. Im April beendete es die Winterruhe und nahm seine normalen Freßgewohnheiten wieder an, wie es das unter natürlichen Bedingungen getan hätte.[14]

Die Biologen räumen ein, daß Zeit ein grundlegender Aspekt allen Lebens ist. Allerdings sind sie zumeist der Ansicht, Zeit sei etwas, das der materiellen Existenz aufgeprägt sei. Jüngst hat sich die Aufmerksamkeit auf die Gene konzentriert, und man versucht, die Zeitmechanismen in bestimmten Nukleinsäure-Sequenzen zu lokalisieren. So bleibt die Biologie in den Traditionen der Naturwissenschaft des 19. Jahrhunderts befangen. Besonders Molekularbiologen stehen noch unter dem Einfluß der Newtonschen Physik mit ihrer Vorstellung von fixierten Stücken solider Materie, die in einem zeitlosen, räumlichen Umfeld interagieren. Für diese Wissenschaftler ist alles Wirkliche in materiellen Begriffen aufzufassen. Dann nimmt es nicht wunder, daß sie so viel Mühe auf den Versuch verwenden, die materielle Struktur biologischer Uhren zu lokalisieren. Sie gehen von der a priori gefaßten Vorstellung aus, Zeituhren seien irgendwo in der Materie versteckt.

Wenn man sich hingegen entscheidet, von dem Verständnis der Quantenphysik des zwanzigsten Jahrhunderts auszugehen, so führt die Suche nach den ungreifbaren biologischen Uhren in eine andere Richtung. Unterhalb physischer

Oberflächen, innerhalb von dichten Kernen beginnen wir, eine neue Wirklichkeit wahrzunehmen, eine Domäne, wo Pulse, Rhythmen und Periodizitäten die Regel, die Ordnung und die Wirklichkeit sind. Statt Zeit als nur einen Bestandteil der Materie wahrzunehmen, nehmen wir die materielle Welt als bloßen Ausdruck einer grundlegenderen, zeitlichen Wirklichkeit wahr.

Zeit ist also mehr als nur ein Faktor der Wirklichkeit; es könnte sehr wohl die Grundlage der Wirklichkeit sein. Was wir als feste, materielle Formen wahrnehmen, mögen Makroäußerungen von Rhythmen, Vibrationen, Pulsationen und Feldern sein, die alle physikalischen Phänomene hervorbringen und ordnen. Diese neue Wahrnehmung der Wirklichkeit ermöglicht uns ein besseres Verständnis, warum Lebewesen so fein auf die größeren Rhythmen der physischen Welt eingestellt scheinen. Jede Ebene biologischer Realität bis zu Molekülen ist nach denselben Zeitmustern gewebt, die das materielle Universum ordnen.

Seit Jahren streiten Chronobiologen über die Frage, ob biologische Uhren endogen in der Natur und ererbt sind oder exogen und von den wechselnden Rhythmen der physischen Umwelt beeinflußt. Obwohl zur Zeit die Indizien darauf hindeuten, daß die meisten Rhythmen ererbt sind, aber durch wechselnde Umweltreize leicht manipuliert werden können, schenkt eine kleine Gruppe angesehener Forscher weiterhin der exogenen Theorie mehr Glauben. Ein führender Vertreter der exogenen Schule ist Frank Brown von der Northwestern University. Seine Forschung ist über die gegenwärtige Kontroverse hinaus interessant, denn sie liefert einen Reichtum an Informationen über die subtilen Zeitkräfte, die in der materiellen Welt, die wir bewohnen, am Werk sind.

Brown glaubt, daß alles, was lebt, den vielen Feldern gegenüber, die jede Schicht physischer Wirklichkeit durchdringen, empfänglich ist und von ihnen beeinflußt wird. Dazu gehören magnetostatische, elektrostatische und elektromagnetische Felder. Er meint, alle Geschöpfe fungierten als sensitive kosmische Empfangsstationen, die ständig auf die subtilen Änderungen der Felder in ihrer Umgebung reagieren und sich auf sie einstellen.

Brown führte eine Reihe von faszinierenden Versuchen mit Würmern und Schlammschnecken durch, die zeigen sollten, wie Lebewesen die Magnetfelder der Erde spüren und von ihnen beeinflußt werden. Würmer und Schnecken bewegen sich bekanntlich zu verschiedenen Zeiten am Tag, im Monat und im Jahr in bestimmte Himmelsrichtungen. Er setzte einen Magnetstab unter einen Rost, während die Würmer und Schnecken oben auf dem Rost krochen. Die Geschöpfe änderten ihre Richtung gleichzeitig mit den Änderungen des Magnetfeldes. In einer anderen Versuchsreihe fanden Brown und seine Kollegen, daß die Würmer und Schnecken auf Stärke und Richtung kleiner Änderungen im Gammafeld reagieren konnten.[15]

Frank Brown glaubt, daß alle Organismen auf ihre Weise atmosphärische Mittel nutzen können, um eine sich verändernde Umwelt vorherzuwissen und sich auf sie einzustellen. Dies kann vielleicht erklären helfen, warum Winkerkrabben in Baue auf dem Festland verschwinden können, wenn vierundzwanzig Stunden später ein Hurrikan kommt, und warum Elche sechsunddreißig Stunden vor einem größeren Schneesturm beginnen, sich unter Bäumen zusammenzukauern.[16]

Man weiß noch nicht mit Sicherheit, ob Lebewesen durch den langen Prozeß biologischer Geschichte biologische Uhren entwickelt haben, die parallel zu den geophysischen Frequenzen der physikalischen Welt laufen, oder ob die

Organismen ihre inneren Rhythmen ständig den entsprechenden geophysischen Frequenzen anpassen. Wahrscheinlich haben Lebewesen zum Teil endogene und zum Teil exogene Uhren. Das bedeutet, sie erben einen Satz endogener Rhythmen, die parallel zu den physikalischen Rhythmen der Umgebung laufen, und sind auch imstande, ihre inneren Rhythmen an Veränderungen in den physischen Feldern ihrer Umwelt anzupassen.
Was auch immer der Fall ist – wir beginnen zu vermuten, daß unterhalb der materiellen Welt eine zeitliche Wirklichkeit liegt, die in geordneter, rhythmischer Aktivität pulsiert, und daß diese geordnete Aktivität durchaus den materiellen Bereich mit bestimmen kann, in dem wir interagieren. John E. Orme schreibt:

Das physische Universum ist grundlegend rhythmischer Natur. Der Mond umkreist die Erde, die Erde die Sonne, und das Sonnensystem selbst ändert mit der Zeit seine räumliche Position. All diese Phänomene resultieren in regelmäßigen, rhythmischen Veränderungen, und das Überleben der biologischen Spezies hängt von ihrer Fähigkeit ab, diesem Rhythmus zu folgen.[17]

Der menschliche Körper übertrifft bei weitem jeden künstlichen Zeitmessungsmechanismus, den menschlicher Erfindergeist je geschaffen hat. Selbst der beste Schweizer Uhrmacher könnte unmöglich eine Kollektion von Chronometern herstellen, die der Präzision, Koordination, Synchronisation und Verläßlichkeit der vielen biochemischen Uhren, die im menschlichen Körper zusammenarbeiten, gleichkommen könnte. Unaufhörlich und haargenau verflechten sich die inneren Pulsationen in einem komplizierten, täglichen Ritual und sichern die Erhaltung der menschlichen Lebenskraft.

Die Zahl der Funktionen, die im menschlichen Körper choreographiert werden müssen, ist erstaunlich. Blutdruck, Herzschlag, Körpertemperatur, Stoffwechsel, Hormonsekretion, Wach- und Schlafzyklen sind nur einige der Systeme, die zeitlich abgestimmt und mit Präzision koordiniert werden müssen, wenn der menschliche Körper richtig funktionieren soll.

Viele unserer wichtigsten inneren Prozesse folgen einem vierundzwanzigstündigen Zyklus. Einige unserer biologischen Uhren sind auf lunare Zyklen eingestellt, und wieder andere auf jährliche. Millionen von Menschen sind aufgrund von Flugreisen über Zeitgrenzen oder Schichtarbeit mit der Idee biologischer Uhren vertraut geworden. In beiden Situationen werden die inneren Rhythmen des Körpers durch die radikalen zeitlichen Veränderungen durcheinandergebracht, an die der Körper sich gewöhnen muß.

Der Kater nach einem Zeitsprung ist zu einem echten, ständigen Problem in den Industrienationen geworden. Jederzeit fliegen die Leute über viele Zeitzonen hinweg und bringen ihre inneren biologischen Rhythmen durcheinander. Die Symptome des Zeitkaters können unterschiedlich sein, doch im allgemeinen umfassen sie Störungen des Magen-Darm-Trakts, geminderte Reaktionsfähigkeit und Aufmerksamkeitsdauer, Schlafstörungen und ein Gefühl allgemeiner Abgeschlagenheit. Sportler, die an internationalen Wettkämpfen teilnehmen, Geschäftsleute, die an Treffen teilnehmen, und Diplomaten, die politischen Konferenzen beiwohnen, kommen oft früher am Zielort an, um ihren biologischen Uhren Zeit zur Anpassung an den Zeitzonenwechsel zu geben.

Martin Moore-Ede, Frank Sulzman und Charles Fuller erzählen in ihrem Buch *The Clocks That Time Us* eine inzwischen berühmt gewordene Geschichte, in der durcheinandergeratene biologische Uhren den Lauf der Geschichte änderten. In den fünfziger Jahren unseres Jahrhunderts, als Außenminister John Foster Dulles nach Ägypten flog, um über den Vertrag zum Assuandamm zu verhandeln, begannen die Verhandlungen fast unmittelbar, nachdem sein Flugzeug gelandet war. Die biologischen Uhren des Außenministers waren schwer gestört, und deshalb reichten seine diplomatischen Fähigkeiten nicht aus für die heikle Aufgabe. Das Dammprojekt wurde der UdSSR zugeschlagen, und dies verschaffte ihr den ersten Stützpunkt im Mittleren Osten. So änderte sich das Gleichgewicht der Kräfte zwischen Ost und West für fast ein Jahrzehnt.[18]

Selbst kleinere Schwankungen in der Zeitorientierung haben erwiesenermaßen statistisch signifikante Wirkungen auf menschliche Verhaltensmuster. Untersuchungen haben zum Beispiel gezeigt, daß Verkehrsunfälle in der Woche nach der Umstellung auf Sommer- oder Winterzeit signifikant häufiger sind.[19]

Jeder sechste amerikanische Arbeitnehmer leistet Schichtarbeit, und Industrieanalytiker beginnen, deren Wirkungen auf die Störung biologischer Uhren zu erforschen. Schichtarbeiter sind zwei- bis dreimal so stark gefährdet, Magengeschwüre und andere Magenkrankheiten zu bekommen, wie der Bevölkerungsdurchschnitt. Auch ihre Produktivität ist signifikant geringer. Nach einer Flut von Studien machen sie die meisten Fehler bei der Arbeit zwischen 3 und 5 Uhr früh. Eine Studie über Fernfahrer ergab, daß das Unfallrisiko um 5 Uhr früh um 200 % steigt.[20]

C. F. Ehrets Studie über Schichtarbeit in Atomkraftwerken hat das Gespenst heraufbeschworen, daß der fast katastrophale Unfall im »Three Miles Island«-Kraftwerk möglicherweise mit den durcheinandergeratenen biologischen Uhren der Nachtschicht zu tun hatte. Die Angestellten, die für das

Kraftwerk verantwortlich waren, als der Unfall geschah, hatten seit anderthalb Monaten wöchentlich um die Uhr rotierende Wechselschichten gefahren. Ehret weist darauf hin, daß allein die Komplexität der Überwachungstätigkeit ein Niveau von Aufmerksamkeit und Wachheit erfordert, das Arbeiter, die durch Wechselschichten in ihren inneren Rhythmen bereits gestört waren, erheblich überfordern könnte.[21]

Wiewohl Zeitkater und Schichtarbeit uns die zeitliche Natur unserer biologischen Existenz bewußt machen, haben wir erst ein Bruchteil der vielen Rhythmen entdeckt, die die Physiologie des menschlichen Organismus durchdringen. Wir wissen zum Beispiel, daß der Fluß unseres Urins einem Tagesrhythmus folgt und in den Nachtstunden geringer wird, gleichgültig, wieviel Flüssigkeit wir zu bestimmten Tageszeiten zu uns nehmen.[22] Wir wissen, daß die Nieren parallel zu der täglichen Erdumdrehung funktionieren. Wir wissen, daß zwischen 10.30 Uhr vormittags und 2.30 Uhr nachmittags die Kaliumausscheidung am höchsten ist. Wir wissen, daß die Leber ihre Glykogenreserven nach einem verläßlichen Tagesrhythmus verarbeitet, der am Spätnachmittag einsetzt und zwischen 3 und 6 Uhr früh endet.[23]

Auch unsere Körpertemperatur steigt und fällt alle vierundzwanzig Stunden in einer vorhersehbaren Kurve. Das gleiche tut unsere Hauttemperatur. Wenn wir schlafen, ist die Hauttemperatur an der linken Körperseite höher, wenn wir wach sind, ist sie an der rechten Seite höher.[24]

Einige Forscher glauben, daß es eine Korrelation zwischen dem eingebauten Temperaturzyklus einer Person und der Tatsache gibt, ob sie ein »Morgenmensch« oder ein »Abendmensch« ist. Lawrence Monroe von der University of Chicago hat gefunden, daß Personen, deren Körpertemperatur beim Aufwachen zum Normalpunkt steigt, meist in ihren ersten wachen Stunden sehr munter sind; Personen, deren Temperatur erst mitten am Tag zum Normalpunkt steigt, sind dagegen im allgemeinen gegen Abend munterer und empfänglicher für ihre Umgebung.[25]

Es ist nicht überraschend, daß Forscher auch unterschiedliche Leistungskraft im Lauf des Tages feststellen, die zum Teil von dem einzigartigen Temperaturrhythmus jedes Menschen abhängt. In den National Medical Research Laboratories in Cambridge, England, haben Robert Wilkinson und Peter Colquhoun gefunden, daß in Tests bei höchster Körpertemperatur die höchsten und bei niedrigster Körpertemperatur die schlechtesten Leistungen des Tages erbracht wurden.[26]

Körpertemperatur kann also unsere Zeiteinschätzung beeinflussen. Der erste Entdecker der Beziehung zwischen Körpertemperatur und Zeitwahrnehmung war Hudson Hoagland vom Worcester Institute of Experimental Biology. Er kam zu seiner Entdeckung ganz zufällig an einem Tag, als er daheim seine kranke Frau pflegte, die 40° Fieber hatte. Frau Hoagland bat ihn, für sie zur Apotheke zu gehen. Bei seiner Rückkehr nach zwanzig Minuten behauptete sie, er sei stundenlang fort gewesen. Hoagland wollte unbedingt sehen, ob es einen Zusammenhang zwischen ihrer Temperatur und ihrer Zeitwahrnehmung gab, und so bat er sie, in einer Geschwindigkeit, die sie für etwa eine Sekunde hielt, bis sechzig zu zählen. Frau Hoagland zählte in viel weniger als einer Minute bis sechzig. Hoagland ließ es bei diesem ersten Experiment nicht bewenden, und jedesmal zählte seine Frau schneller, wenn ihre Temperatur stieg, und langsamer, wenn sie sank. Spätere Untersuchungen von anderen Wissenschaftlern haben Hoaglands Beobachtungen bestätigt.[27]

In einer anderen Studie wurde eine ähnliche Korrelation

zwischen Untertemperatur und Unterschätzung der Zeit gefunden. Ein französischer Forscher, Michel Siffre, verbrachte dreiundsechzig Tage in einer Höhle tief unter den Seealpen, ohne jeden Zugang zur richtigen Uhrzeit. Am Ende seines Aufenthaltes schätzte er die Zeit, die er in der Isolation verbracht hatte, auf nur sechsunddreißig Tage. Die Ärzte, die das Experiment überwachten, stellten die Hypothese auf, daß Siffres weite Unterschätzung der Kalenderzeit mit seiner tieferen Körpertemperatur zu tun haben könnte, während er unter der Erde war. Seine Temperatur von 36 °C war einem Vorzustand der Winterruhe gleichgekommen.[28]

Die Beziehung zwischen Körpertemperatur und Zeitwahrnehmung brachte Gay Gaer Luce zu der Frage, ob dies der Grund sein könnte, aus dem Kinder Zeit als langsam empfinden, alte Menschen hingegen als schnell. Luce entdeckte, daß der Stoffwechsel beim Heranwachsen langsamer wird – ein Indiz dafür, daß sich wandelnde Zeitwahrnehmung in verschiedenen Lebensaltern in Verbindung mit Wandlungen biochemischer Rhythmen innerhalb des Körpers stehen könnten.[29]

Forscher am Institute of Chronobiology in New York haben die Beziehung zwischen Körperrhythmen und dem Alterungsprozeß untersucht und sind zu einigen vorläufigen Schlüssen gekommen, die Luces Hypothese stützen. Daniel Wagner meint: »Es deutet einiges darauf hin, daß irgendwann und ziemlich rasch in den Mittfünfzigern eine Verschiebung in der Länge einiger innerer Rhythmen stattfindet.« Dr. Wagner glaubt, daß diese dramatische Umstellung innerer Uhren sehr wohl erklären könnte, warum ältere Menschen am Tag öfter schlafen, früher zu Bett gehen und früher aufwachen.[30]

Untersuchungen der weiblichen Menstruation haben ebenfalls interessante Daten über die Art ergeben, wie biologische Uhren ihr Verhalten aufeinander abstimmen. Vor etlichen Jahren führten Forscher ein Experiment mit Frauen durch, die in einem Studentenheim wohnten. Am Anfang des Semesters wurden die Menstruationszyklen der Frauen aufgezeichnet. Ihre Perioden begannen zu verschiedenen Zeiten, über den ganzen dreißigtägigen Zyklus verteilt. Am Ende des Semesters jedoch menstruierten viele der Frauen vollkommen synchron miteinander. Unabhängige Experimente an verschiedenen Orten und zu verschiedenen Zeiten haben zu ähnlichen Befunden geführt.

Das wachsende Interesse an biologischen Uhren hat eine Menge neuer Fragen bei den Medizinern aufkommen lassen, nicht zuletzt eine zunehmende Diskussion um die richtige Zeit zur Verabreichung von Medikamenten. Ein neues Fach, genannt *Chronopharmakologie,* ist praktisch über Nacht entstanden. Die Chronopharmakologie ist zwar noch im Anfangsstadium, doch sie deckt wichtige Kausalzusammenhänge zwischen der Zeit, in der Medikamente verabreicht werden oder operiert wird, und der biologischen Uhr des Patienten auf.

Viele Wissenschaftler sind zu der Ansicht gelangt, daß die Tageszeit der Medikamentengabe ebenso entscheidend für das Wohl des Patienten ist wie die Art des Medikaments. In der University of Arkansas injizierte Lawrence E. Sheving dreihundert Mäusen Leukämiezellen. Dann trennte er die Mäuse in zwölf Gruppen und gab jeder Gruppe zu einer anderen Tageszeit Chemotherapie. Mehr als die Hälfte der Mäuse, die um 5 Uhr früh die Chemotherapie bekamen, wurde geheilt, doch nur 16 % der Mäuse, die die gleiche Behandlung um 8 Uhr früh bekamen, überlebten.[31]

Eine andere Versuchsreihe mit verschiedenen Krebspatienten an der University of Minnesota ergab noch mehr Indizien dafür, daß die Zeit der Behandlung entscheidend ist. William Hrushesky fand, daß zehn von zwölf Patienten sich besser fühlten, nachdem ihnen die Chemotherapie an bestimmten Tageszeiten gegeben worden war. Hrushesky schloß, daß die Ergebnisse der Untersuchung »teilweise der circadianen Zeit der Behandlung« zuzuschreiben seien.[32]

Selbst unsere Stimmungen werden von biochemischen Uhren beeinflußt. Wir haben zwar immer gewußt, daß unser Befinden unser Verhalten beeinflußt, doch erst kürzlich haben Wissenschaftler eine Beziehung zwischen bestimmten Emotionen und bestimmten biologischen Uhren aufzeigen können, die in uns ticken. Joseph Bohlen von der University of Wisconsin untersuchte die sogenannte »arktische Hysterie«, ein Syndrom, das einer akuten Psychose ähnelt und Eskimos befällt. Bohlen und seine Frau sammelten Urinproben und notierten Mundtemperatur, Blutdruck und Pulsveränderungen alle zwei Stunden in einer Gruppe von zehn Eskimos. Sie fanden, daß die Eskimos einen eigenartigen Jahresrhythmus in der Kalziumausscheidung an den Tag legten: Sie schieden im Winter acht- bis zehnmal soviel aus wie im Sommer. Kalzium spielt eine Schlüsselrolle in der Vermittlung von Botschaften im Nervensystem. Dies führte Bohlen dazu, eine Korrelation zwischen periodischer Gemütskrankheit bei Eskimos und dem jährlichen Rhythmuswechsel der Kalziumausscheidung anzunehmen.[33]

Wegen der biochemischen Uhren können Wut und Angst im Lauf des Tages erheblich variieren. Beide Emotionen erfordern eine Extraportion Adrenalin, und Adrenalin ist wie andere biochemische Prozesse an ein wechselndes Sekretionsmuster in einem vierundzwanzigstündigen Zyklus gebunden. Daher ist es wahrscheinlich, daß die Äußerung von Wut und Angst zu bestimmten Tageszeiten mehr oder

weniger intensiv ist, unabhängig von dem Auslöser der Emotion, einfach weil die Adrenalinausschüttung, die zur Auslösung des Gefühls nötig ist, verschieden intensiv ist.[34]
Die vielleicht faszinierendste neue Entdeckung, die innere Uhren mit Verschiebungen von Stimmung und Verhalten verbindet, wurde 1985 von den National Institutes of Mental Health bekanntgegeben. Es stellt sich heraus, daß Frühlingsgefühle, in Lyrik und Prosa lange romantisiert, in Beziehung zu den chemischen Veränderungen stehen, die in bestimmten biologischen Uhren des menschlichen Körpers stattfinden. Laut den Wissenschaftlern der NIMH mißt das Gehirn die Länge jedes Tages und benutzt dann diese Information zur Regulierung der Sekretion bestimmter Gehirnhormone, die auf Stimmung und Verhalten wirken. Wenn die Tage im Vorfrühling länger werden, sondern die Zirbeldrüsen weniger Melatonin ab und mildern so das Gefühl der Niedergeschlagenheit, das dies spezielle Hormon bewirkt.[35] Wissenschaftler setzten schwer depressive Patienten über eine längere Zeitspanne massiven Dosen künstlichen Lichts aus und konnten so ihre Stimmung erheblich bessern. Das künstliche Licht senkt die Melatoninsekretion und lüftet dadurch den Schleier der Depression, der über dem Patienten liegt.[36]
Die Forscher haben sogar zu vermuten begonnen, daß eine Verbindung zwischen biologischen Uhren und der statistischen Tatsache besteht, daß die meisten Geburten und Tode in den frühen Morgenstunden eintreten, daß Herzinfarkte und Schlaganfälle zumeist gegen 9 Uhr früh geschehen, daß die Todesfälle durch Arteriosklerose im Januar am häufigsten sind und daß es im Mai und Juni die meisten Selbstmorde gibt.[37] Je tiefer die Forscher der Chronobiologie in die unbekannten Dimensionen biologischer Uhren eindringen, desto deutlicher wird es, daß zeitliche Faktoren eine we-

sentliche Rolle bei der Ordnung des gesamten Lebensprozesses spielen. Unter den materiellen Oberflächen ist das Leben durch eine komplexe Vielfalt fein synchronisierter Rhythmen belebt und strukturiert, die auf die Frequenzen des Makrokosmos eingestellt sind. Die Chronobiologie liefert ein reiches, neues Begriffsraster, um die Vorstellung von Zusammenhängen in der Natur neu zu denken. Im zeitlichen Rahmen der Dinge werden Leben, Erde und Universum als Partner in einem dicht synchronisierten Tanz gesehen, in dem all die Einzelbewegungen in Harmonie pulsieren und ein einziges, organisches Ganzes bilden. Die Idee der biologischen Uhren und circadianer, lunarer oder circannualer Einstellung legt eine radikale Neuinterpretation des Zusammenhanges nahe, eher als rhythmische Verbindung denn als bloße räumliche Bühne. Zwar können alle Lebewesen durch ihre ererbten biologischen Rhythmen charakterisiert werden, doch nur wir Menschen pfropfen der biologischen Zeit, mit der wir geboren werden, noch einen sozialen Sinn der Zeit auf. Seit der Morgendämmerung des abendländischen Bewußtseins haben wir alle unser Leben in einem schizophrenen Zwischenreich gelebt, wo biologische und physische Zeit frontal auf unsere kulturelle und soziale Zeit prallt. Und bei jedem Wechsel in Rhythmus, Tempo und Maß in einer der beiden Zeitordnungen sind wir gezwungen, einen Kompromiß zu ermitteln, der es uns erlaubt, weiter auf dem Hochseil zu wandern, das diese beiden verschiedenen, unvereinbaren Zeitwelten trennt. Wenn unser Leben zweifach ist, sowohl natürlich als sozial, ererbt als erlernt, dann ist seine Grundlage in der ersten großen Trennung zu finden, an dem Punkt, wo wir den Prozeß der Enteignung unserer eigenen Zeit begannen und unsere Unabhängigkeit von der großen Symphonie beanspruchten, die die anderen Welten orchestriert, nach denen wir geformt sind.

Die soziale Uhr beginnt kurz nach der Geburt zu ticken. Forscher finden gerade heraus, daß ein Säugling zu Anfang tief mit biologischen Rhythmen geprägt ist, die dann manipuliert, verfeinert und umgeordnet werden, um zu den zeitlichen Erwartungen, Standards und Normen der Kultur zu passen. Die soziale Manipulation der Zeit wird dadurch erleichtert, daß ein Baby mit der angeborenen Fähigkeit auf die Welt kommt, seine eigenen rhythmischen Bewegungen perfekt mit äußeren Rhythmen zu synchronisieren.

Vor über zehn Jahren veröffentlichte William Condon die erstaunlichen Ergebnisse einer Untersuchung, die viel dazu beigetragen hat, unser Denken über die Interaktion zwischen biologischen Rhythmen und Sozialisationsrhythmen in der Entwicklung zu verändern. Condon filmte die Wechselwirkung zwischen dem Sprechen von Erwachsenen und den Bewegungen von Säuglingen und entdeckte, indem er die Bilder isolierte, daß das Baby sich vollkommen synchron zu jeder akustischen Veränderung im Sprechen des Erwachsenen bewegte. Selbst die subtilsten Veränderungen im akustischen Rhythmus wurden praktisch gleichzeitig von einer entsprechenden Veränderung der Bewegung des Säuglings begleitet. »Der Körper des Hörenden tanzt zum Rhythmus des Sprechenden«, sagte Condon.[38] Die angeborene Fähigkeit des Babys, seine eigenen biologischen Rhythmen auf die sozialisierten, akustischen Rhythmen des Erwachsenen einzustellen, wirft neues Licht auf die Bindung zwischen Eltern und Kindern. Das orthodoxe Bild zweier Einzelwesen, die Botschaften austauschen, wurde in die Realität einer organischen Bindung eingeordnet, in der jeder Beteiligte in ein einziges rhythmisches Arrangement verschmolzen war.[39]

Eine neue Sicht des Babys hat sich aus den Zeitforschungen ergeben, und man ist weit abgekommen von John Lockes

Beschreibung des Säuglings als *tabula rasa* – einer leeren Tafel, die erst durch die Sozialisationserfahrung Identität gewinnt. Heute glauben die Forscher, daß ein Kind mit einem bereits teilweise entwickelten Erbe biologischer Rhythmen geboren wird, die dann durch die Interaktion der Eltern mit ihm auf verschiedenen Stufen der zeitlichen Sozialisation eingestellt werden. Wahrscheinlich spielen die elterlichen Zeitorientierungen eine bedeutsame Rolle in dem Zeitgefühl, das dem Kind in seinen ersten Lebensmonaten eingeprägt wird.

Die Freudsche Psychologie hat eine Art Kurzschrift für die Erklärung des Vermittlungsprozesses entwickelt, der innere Rhythmen an von außen aufgezwungene Zeitnormen anpaßt. Freud drückte eine grundlegende Dichotymie in zwei allumfassenden Metaphern aus: das Lustprinzip und das Realitätsprinzip.[40]

Das Unbewußte ist ein zeitloses Reich reiner Phantasie, wo Unsterblichkeit und Allmacht herrschen. Das Baby lebt in diesem paradiesischen Zustand nur sehr kurze Zeit. Bald kommen soziale Zeitpläne, erst nur sporadisch und dann beharrlicher, und zwingen den Säugling, seine Frustration darüber auszudrücken, daß er seine Allmacht den Diktaten der sozialen Uhr opfern muß. Hier wird das Realitätsprinzip wirksam. Das Baby kommt zu der Erkenntnis, daß es nicht immer alles sofort haben kann, was es braucht. Es muß warten, sogar Kompromisse hinnehmen. Noch schrecklicher: Es muß sich Forderungen von außen unterwerfen und den zeitlichen Ansprüchen gehorchen, die ihm von der Kultur aufgezwungen werden. Die Psychologen Edmund Bergler und Géza Roheim haben festgestellt: »Das Lustprinzip und Zeitlosigkeit sind miteinander verbunden wie Zeit und das Realitätsprinzip.«[41] Die Realität der Zeitanforderungen drängt sich in die zeitlose Welt reinen, ungeschmälerten Luststrebens und zwingt jeden einzelnen, ein Maß an Kompromiß zu akzeptieren, wenn er in die Kultur hineinwachsen will.

Sozialisation erfordert ein gewisses Maß an Verzicht. Dürfte jedes Kind jedem seiner Impulse folgen, so würde Chaos herrschen. Die Gesellschaft gründet auf Triebverzicht. Freud glaubte, daß kein anderer Einzelfaktor so wichtig als Grundlage der Gesellschaft sei. Es sei »unmöglich zu übersehen, in welchem Ausmaß die Kultur auf Triebverzicht aufgebaut ist«.[42]

Aller Verzicht ist in dem Maße erträglich, in dem er als vorübergehend aufgefaßt wird. Ein Kind ist bereit, einen unmittelbaren Trieb zu unterdrücken, wenn es überzeugt genug ist, daß es irgendwann später eine vergleichbare Entschädigung erwarten kann. Verzicht und Erwartung sind nicht nur Kennzeichen des *Homo sapiens*. Andere Tiere können darauf dressiert werden, Triebe zu verdrängen und künftige Entschädigungen zu erwarten, wie Pawlows berühmte Hundestudien klar gezeigt haben. Der Unterschied ist eher ein quantitativer als ein qualitativer. *Homo sapiens* kann künftige Zustände weit besser vorhersehen als jedes andere Tier, und gerade diese überlegene Antizipationsfähigkeit ermöglicht es unserer Spezies, kurzfristig auf mehr zu verzichten, um langfristig mehr zu bekommen.

Das Einpflanzen kulturabgeleiteter Zeitnormen ist das wichtigste Sozialisationsmittel. Jede Kultur prägt ihre jüngsten Mitglieder durch den mannigfaltigen, oft komplexen Prozeß eines zeitlichen Trainings.

Jahrelang durchgeführte Studien haben ein recht genaues Bild von den Altersstufen ergeben, in denen Kinder kritische Zeit-Wasserscheiden in ihrer sozialen Entwicklung überschreiten. Zwischen eineinhalb und zwei Jahren lebt das Kind zumeist in der Gegenwart. Zwischen zwei und drei Jahren beginnt das Kind, eine »Zeitperspektive« zu entwickeln: Es gebraucht Wörter, die sich auf Vergangenheit, Zukunft und Gegenwart beziehen. Interessanterweise kommen zukunftsorientierte Wörter in der kindlichen Zeitentwicklung immer vor vergangenheitsorientierten. Mit vier Jahren hat das Kind viel mehr Gefühl für die Zukunft und kann sich in künftige Situationen hineinprojizieren. Doch seine Vorstellung von Vergangenheit, Gegenwart und Zukunft ist noch immer zusammenhanglos; es hat Momente zeitlicher Klarheit und Perioden reiner zeitlicher Verwirrung. Die Psychologen Lawrence Stone und Joseph Church haben beobachtet:

So rasch sich die Vorstellung von Vergangenheit, Gegenwart und Zukunft, von kurzen und langen Zeitintervallen auch entwickelt, ist doch selbst am Ende der Vorschulzeit noch kein umfassender, einheitlicher Zeitrahmen vorhanden, sondern ein Flickwerk unkoordinierter Zeitbegriffe.[43]

Wenn das Kind eingeschult wird, versteht es die Wochentage. Mit sechs versteht es die Bedeutung der vier verschiedenen Jahreszeiten. Mit sieben beginnt das Kind, den Begriff Monat und die Uhrzeit zu verstehen. Zwischen acht und dreizehn weitet das Kind seine zeitliche Perspektive in die Vergangenheit und die Zukunft aus.[44]
Zwischen der späten Adoleszenz und der Pubertät beginnen die meisten Kinder, immer realistischere Vorstellungen von der Zukunft zu entwickeln. Sie beginnen, sich als Planer ihres eigenen Geschicks zu sehen. Die Zukunft, lang als Phantasiereich betrachtet, in das Wunschdenken hineinprojiziert wurde, wird in einen Platz verwandelt, an dem sie sich selbst als Erwachsene sehen. Diese spezielle Zeitschwelle wird gewöhnlich in der Phase überschritten, wenn

Kinder ihr Interesse an »Phantasieberufen« wie Filmstar, Cowboy oder Zirkusartist verlieren und beginnen, ernsthaft davon zu sprechen, daß sie Ingenieure, Ärzte oder Ärztinnen, Rechtsanwälte oder -anwältinnen sein möchten. Bei einer Untersuchung von fünfundzwanzigtausend Mädchen und Jungen war die einsetzende Pubertät meist der kritische Wendepunkt, an dem Berufswünsche der Kindheit aufgegeben wurden und realistischen Berufsrollen ernste Aufmerksamkeit zugewandt wurde. Bei Mädchen fand dieser Übergang mit zehneinhalb Jahren statt, bei Jungen mit elfeinhalb.[45]

Die Spezies Mensch ist also darin einzigartig, daß sie ihre eigene Zeit schafft. Wie wir gerade sahen, beginnen wir damit, daß wir unseren Kindern kurz nach ihrer Geburt die Zeitwerte unserer Kultur einprägen. Beim Aufwachsen werden unsere Kinder trainiert, gleichzeitig in zwei Zeitwelten zu leben: der biologischen Zeitwelt, die sie ererben, und der sozialen Zeitwelt, die sie lernen. Bis vor kurzem waren diese beiden Zeitwelten eng aufeinander abgestimmt. Der beschleunigte Zeitrahmen der Moderne beginnt aber, einen bleibenden Keil zwischen die Rhythmen der Kultur und die Rhythmen der Natur zu treiben, wodurch ein völliger Bruch der zeitlichen Bindungen zwischen den beiden Welten droht. Um richtig einzuschätzen, wie weit die Nanosekundenkultur von den Periodizitäten der Natur abgewichen ist, ist es wichtig, unsere schnellebige Computerepoche mit traditionelleren Kulturen zu kontrastieren, wo die Rhythmen des Alltagslebens den Zeitrahmen der natürlichen Welt genauer widerspiegeln. Darum wenden wir unsere Aufmerksamkeit als nächstes der Anthropologie der Zeit zu, um die Schwere der gegenwärtigen Zeitkrise besser zu begreifen.

3. Anthropologische Zeitzonen

Der Historiker Daniel J. Boorstin sagt, bei der Aufzeichnung menschlicher Leistungen nach Daten müssen wir als erstes anerkennen, daß »die erste großartige Entdeckung die Zeit war«.[1] Die Zeit war unsere wichtigste Innovation. Wir haben dies Instrument benutzt, um unsere Kulturen zu bilden. Es ist das wichtigste soziale Instrument.

Jede Kultur ist weitgehend eine Spiegelung der zeitlichen Orientierung, die sie annimmt. Keine zwei Kulturen denken genau das gleiche, denn keine zwei Kulturen haben die gleichen Zeitbegriffe. Kulturen sind zeitgebunden wie Individuen, und wie die Individuen, aus denen sie bestehen, nehmen sie ihre je eigene Persönlichkeit an, entsprechend dem Zeitbewußtsein, das sie jeweils gebildet haben.

Wissenschaftler haben sechs unterschiedliche zeitliche Dimensionen identifiziert, die ständig im Spiel sind, wenn Menschen in einem sozialen Kontext interagieren. Jeder Gedanke, jedes Ereignis, jede Situation läßt sich in Begriffen sequentieller Struktur, Dauer, Planung, Wiederholungsrate, Synchronisation und zeitlicher Perspektive definieren. Alle sechs zeitlichen Hauptdimensionen existieren in jeder Kultur. Wie eine Gesellschaft jeden dieser Zeitbausteine definieren und benutzen will, bestimmt die zeitliche Gesamtorientierung der Kultur. Darum ist es wichtig, jede Zeitkategorie in die Tiefe zu untersuchen, um besser zu

verstehen, wie die Dimension Zeit den einzelnen und die Gesellschaft betrifft.
Für den Einstieg eignet sich die Idee der Sequenz am besten. Jede Gesellschaft setzt eine zeitliche Norm für die meisten Ereignisse, eine Ordnung der Regelmäßigkeit für die Weise, in der Dinge ablaufen sollten. Sequenzen betreffen das, was vorher und was nachher kommt. Ein richtiges Verständnis sequentiellen Verhaltens ist wesentlich für eine gelungene Sozialisation.
Die Kindheitserfahrung ist mit sequentiellen Mahnungen durchsetzt. Eltern ermahnen Kinder ewig, weil sie die richtigen sequentiellen Signale nicht beachten. Welcher Heranwachsende hat nicht gehört, daß ein Elternteil sagte: »Du mußt erst aufessen, bevor du den Nachtisch bekommst«, oder »Du mußt erst deine Hausaufgaben machen, bevor du spielen gehen kannst«.[2] Um erfolgreich zu interagieren, müssen wir wissen, was zu jeder bestimmten Zeit von uns erwartet wird. Ein Großteil des Lernprozesses zielt darauf, uns die richtige Reihenfolge zu lehren, in der Dinge zu tun sind.
In der westlichen Kultur folgen Ereignisse einander in einer linearen, kausalen Ordnung. Wir setzen eine Prämie auf den Abschluß. Das heißt, wenn eine Aufgabe oder Tätigkeit einmal begonnen ist, fühlen wir uns genötigt, sie zu Ende zu führen, bevor wir etwas anderes anfangen. Wir kommen mit unfertigen Dingen nicht gut zurecht und fühlen uns unwohl beim Gedanken daran, eine Tätigkeit oder ein Ereignis lange Zeit in der Schwebe zu lassen.
Unser Denken über die richtige Ordnung, in der Dinge sich abspielen sollten, unterscheidet sich von einigen anderen Kulturen: Der Anthropologe Edward T. Hall erinnert sich an eine Konfrontation zwischen einer Gruppe von Pueblo-Indianern in New Mexico und staatlichen Behörden, die ein

Licht darauf wirft, welche Probleme aufkommen können, wenn zwei Gruppen sehr unterschiedliche Vorstellungen von der richtigen Sequenz haben, in der Ereignisse ablaufen sollten. Die Indianer informierten den Staat New Mexico, sie würden eine staatliche Straße schließen, die durch ihr Land ging, wenn die Regierung nicht geeignete Maßnahmen treffe, um sie für den öffentlichen Zugang und das Wegerecht zu entschädigen. Mehrere Jahre vergingen ohne weitere Diskussion zwischen den staatlichen Behörden und den Indianern. Dann schlugen die Indianer ohne jede Warnung zu. Eines Morgens stellten sie eine Stahlschranke über die Straße auf und brachten ein Schild darauf an, auf dem stand, sie nähmen ihr Recht wahr, die Straße zu schließen.

Die Behörden New Mexicos waren wie vom Donner gerührt. Sie konnten nicht verstehen, warum die Indianer nach so vielen Jahren des Stillschweigens plötzlich beschlossen hatten, aus ihren Forderungen Konsequenzen zu ziehen. Ein Sprecher der Pueblo-Indianer antwortete darauf: »Ich weiß nicht, warum sie überrascht waren. Schließlich waren diese Schilder, daß wir die Straße schließen, ein Jahr lang an meiner Hauswand aufgestellt, und jeder hat sie gesehen. Was haben diese Schilder ihrer Meinung nach bedeutet?«[3]

In der weißen Kultur folgt auf eine Forderung fast immer in Kürze eine Konfrontation, eine Krise, Aktion und Lösung. Die zeitliche Orientierung der Pueblos ist ganz anders. Sie fanden es völlig angemessen, die Sequenz in der Schwebe zu lassen, anderen Aktivitäten nachzugehen und dann nach Jahren das Begonnene zu Ende zu führen.

Allerdings reicht es nicht aus, die Ordnung zu kennen, in der Dinge ablaufen sollten. Wir müssen auch wissen, wie lange sie dauern sollen, wenn wir unser Handeln mit anderen abstimmen wollen. Viele der meistgehörten Fragen der

Kindheit beziehen sich auf die Dauer. »Wann kommen wir da an?«; »Wie lange dauert das?«; »Wann fängt es an?« und »Wann ist es zu Ende?« – so lernen die Kinder etwas über Zeitdauer.

Die Gesellschaft setzt durative Richtlinien für ein breites Spektrum von Tätigkeiten und Ereignissen fest, einschließlich sehr persönlicher, intimer Dinge. Die Soziologin Lois Pratt liefert im *American Sociological Review* eine bildhafte Illustration dafür, wie akzeptable Zeitdauern in der Kultur institutionalisiert werden. Pratt untersuchte den Einfluß von Normen und Praktiken der Geschäftswelt auf die Veränderungen im Verhalten von Hinterbliebenen. Sie fand, daß die Zeit, die der Trauer um einen verstorbenen Freund oder Verwandten gegeben wird, immer stärker von der Trauerfallpolitik beeinflußt wird, die amerikanische Firmen festgelegt haben. Über 90% der amerikanischen Firmen geben heute offiziellen Urlaub bei Trauerfällen. Die meisten Unternehmen haben allerdings starre Normen, die bestimmen, wie lange ein Arbeitnehmer offiziell trauern kann, bevor er wieder zur Arbeit geht. Die meisten Firmen haben drei Tage als formelle Trauerzeit festgesetzt. Arbeitnehmer sollen ihre öffentliche Trauer in diesen zweiundsiebzig Stunden hinter sich bringen und am Ende der bemessenen Zeit zum Business as usual zurückkehren.[4]

Die Firmen schreiben sogar die exakten zeitlichen Grenzen vor, die für die Dauer der Trauer einzuhalten sind. Der bezahlte Urlaub soll nicht beginnen, bevor der Todesfall eintritt. Die Arbeitnehmer dürfen ihren Urlaub nicht während der Endphase der Krankheit ihres Freundes oder Verwandten beginnen. Die American Management Association hat sogar Richtlinien für Todesfälle am Wochenende ausgearbeitet. Laut Association »wird gewöhnlich erwartet, daß der Arbeitnehmer, wenn der Tod am Samstag eintritt, am

Dienstag zur Arbeit zurückkehrt, entsprechend der normalen Zeit für das Begräbnis«.[5]

Es ist interessant, anzumerken, daß die akzeptable Zeit der Trauer im vergangenen Jahrhundert beträchtlich geschrumpft ist. 1927 berichtete Emily Post, daß die formelle Trauerzeit für eine Witwe drei Jahre betrug. 1950 war die akzeptable Trauerzeit auf bloße sechs Monate zurückgegangen. 1972 riet Amy Vanderbilt Hinterbliebenen, sie sollten »innerhalb einer Woche etwa ihr normales soziales Leben wiederaufnehmen, oder es versuchen«.[6]

Der generelle Druck zur schnellen Trauer hat wohl auch zu dramatischen Veränderungen in Amerikas Begräbnispraktiken beigetragen. Bestattungsunternehmer berichten von einem steigenden Trend fort von ausgedehnten, ausgeklügelten Begräbnisritualen. Die Bestattungsunternehmer sagen, daß gekürzte Feierlichkeiten nicht genug Zeit lassen, um die Leiche zu sehen oder Totenbesuche zu machen. Während Prozessionen zum Friedhof früher zu jedem Begräbnis gehörten, wird heute oft ein einziger Gottesdienst in der Kapelle abgehalten, und die Leiche wird zum Begräbnis transportiert, ohne daß am Grab eine weitere Feier stattfindet.

Bestattung durch Kremation statt durch Beerdigung ist auch immer beliebter geworden, weil sie die Zeit verkürzt, die zur Vervollständigung des Trauerrituals nötig ist. Jede Beerdigung bedeutet eine weitergehende Verpflichtung der Lebenden, das Grab zu pflegen, und so verlängert sie die Trauerzeit. Die Kremation hingegen hilft, »abrupt die Bindung an den Toten zu durchtrennen und den Hinterbliebenen sofort wieder am Arbeitsplatz zu integrieren«.[7]

Laut Lois Pratt besagen diese Daten:

Die Zeiteinteilung und die Richtung der Trends bei Begräbnisritualen passen zur Zeiteinteilung und Richtung der Trauermaßnahmen in der Wirtschaft. Dadurch wird es plausibel, eine Wechselbeziehung zwischen Geschäftspolitik und den Änderungen im Begräbnisritual anzunehmen.[8]

Die Trauerpolitik der Wirtschaft hat sogar begonnen, Trauerprioritäten innerhalb der Familie zu beeinflussen. Die meisten Firmen beschränken Hinterbliebenenurlaub auf die nächsten Familienangehörigen – das umfaßt Ehepartner, Kinder und Eltern. Großeltern, Enkel, Schwager und Schwägerinnen sowie Onkel und Tanten sind generell ausgeschlossen, ebenso wie enge Freunde. Indem die amerikanische Wirtschaft die Trauer auf nur einige nahe Familienangehörige beschränkt, trägt sie dazu bei, daß die Gemeinschaft sich immer weniger an den Pflichten und Ritualen der Trauer beteiligt. Sowohl Bestattungsunternehmer als auch Geistliche berichten, in den letzten Jahrzehnten sei allgemein die Anwesenheit bei Begräbnisriten zurückgegangen.[9]
Wie das Trauerritual illustriert, geht ein geeigneter Zeitraum mit fast allem einher, was wir innerhalb eines sozialen Kontexts tun, vom Essen und Schlafen bis zum Arbeiten und Spielen. Eine gewisse Abweichung von akzeptablen Normen ist zwar tolerierbar, doch wir verhängen oft Sanktionen, wenn jemand von uns zuviel oder zuwenig Zeit für eine bestimmte Tätigkeit einsetzt. Das Wissen, wie lange wir für eine bestimmte Tätigkeit brauchen sollen, kann den Unterschied ausmachen, ob wir mit den vielen zeitlichen Anforderungen, die die Gesellschaft an uns alle stellt, fertig werden oder sie mit uns.
Die Kulturen unterscheiden sich erheblich in der Art, wie sie die Dauer für verschiedene Aktivitäten festsetzen. Unser westlicher Zeitbegriff ist abstrakt, äußerlich, linear und

quantitativ; er ist wenig sinnvoll in den Augen von Angehörigen anderer Kulturen, wo Zeitdauer nicht am Ticken der Uhr gemessen wird, sondern an den Abläufen der Umwelt oder der Ordnung heiliger Rituale. Wie es ein Wissenschaftler glücklich formulierte, wird in vielen nichtwestlichen Kulturen »nicht gesagt, was die Uhrzeit ist; es wird gesagt, welcher Art die Zeit ist«.[10]

In einer Studie über afrikanische Schulkinder fand P. M. Bell, daß seine Schüler einfach nicht imstande waren, Dauer in standardisierten Zeiteinheiten zu messen. Gefragt, wie lange eine zweistündige Busfahrt gedauert habe, meinten einige, sie habe zehn Minuten gedauert, andere meinten, die Fahrt habe fünf oder sechs Stunden gedauert. Obwohl diese Kinder in anderen Tests als sehr intelligent erkannt worden waren, hatten sie kein Bewußtsein von der Uhrzeit als Mittel, die Dauer eines Ereignisses zu messen.[11]

In vielen traditionellen Kulturen wird die Dauer durch den Vergleich mit bestimmten Aufgaben gemessen statt in abstrakten Zahlen. Wenn z. B. in Madagaskar jemand fragt, wie lang etwas dauert, könnte er als Antwort hören, es dauere so lange wie »Reiskochen« (etwa eine halbe Stunde), oder so lange, wie es dauert, »eine Heuschrecke zu braten« (einen Augenblick). Die Eingeborenen am Cross River in Westafrika würden auf die Frage, wie lange ein Mensch zum Sterben gebraucht habe, sagen: »Der Mann starb in kürzerer Zeit als der, in der Mais noch nicht ganz geröstet ist« (weniger als fünfzehn Minuten).[12]

Die Nuer in Afrika unterteilen den Tag in bestimmte Zeitabstände ein, nach der Ordnung und Zeit, in der jede Aufgabe begonnen und beendet werden soll. E. E. Evans-Pritchard berichtet:

Die Tagesuhr ist die Uhr des Viehs, die Runde der Aufgaben des Hirten; und Tageszeit, das Vergehen der Zeit im Lauf des Tages, ist für einen Nuer vor allem die Abfolge dieser Aufgaben und ihre Beziehung zueinander.[13]

Wirtschaftliche Gründe spielen eine Hauptrolle bei der Festsetzung der Grenzen von Zeitdauern. Während wir etwa die siebentägige Woche für selbstverständlich halten, ist es nicht ungewöhnlich, daß eine Woche je nach Kultur von drei bis zehn Tagen variiert. Die Woche entstand als ein Mittel, die Dauer zwischen Markttagen festzusetzen. Die Länge der Woche variiert in direkter Korrelation mit den gemeinschaftlichen Bedürfnissen und Realitäten, die den Warenaustausch beherrschen. Hutton Webster, der Autor von *Rest Days*, weist darauf hin:

Die kürzeren Intervalle von drei, vier und fünf Tagen spiegeln die einfache Wirtschaft des primitiven Lebens, denn der Markt muß oft genug stattfinden, damit benachbarte Gemeinschaften, die keine großen Vorräte an Nahrung und anderem Notwendigen halten, diese voneinander bekommen können.[14]

In der ganzen Geschichte haben sich Kulturen erheblich in der Menge der Zeit unterschieden, die sie für die gleichen Ereignisse und Tätigkeiten ansetzen. Der Psychologieprofessor Robert Levine stieß auf die Probleme, die sich ergeben, wenn zwei Kulturen die Dauer einer gemeinsamen Erfahrung verschieden bewerten, als er einen Ruf an die Universität von Niteror, einer mittelgroßen brasilianischen Stadt an der Bucht gegenüber Rio de Janeiro, annahm. Sein erster Vorlesungstag war von zehn bis zwölf Uhr vormittags angesetzt. Der Unterricht begann Schlag zehn Uhr, jedenfalls für Dr. Levine. Seine Studenten freilich schlenderten in verschiedenen Abständen herein, von kurz nach zehn bis kurz nach elf. Niemand unter den Nachzüglern fühlte sich besonders unbehaglich, weil er nicht pünktlich war. Im Gegenteil, sie wirkten entspannt und nicht eilig.[15]

Ebenso überraschend für Dr. Levine war, was am Ende der zweistündigen Sitzung geschah. Nur ein paar Studenten brachen um zwölf Uhr auf. Die anderen blieben, stellten Fragen oder hörten aufmerksam zu. So ein Verhalten ist in einem amerikanischen Hörsaal schlicht unerhört. Schließlich mußte Dr. Levine gehen, weil er spürte, daß etliche Studenten stundenlang geblieben wären, wenn er die Sitzung nicht beendet hätte.

Anders als amerikanische Studenten, die streng auf die Diktate der Uhr abgerichtet sind, sind brasilianische Studenten viel »lockerer« und viel weniger zwanghaft, wenn es um die Anpassung an festgesetzte Grenzen von Zeiträumen geht. Für die brasilianischen Studenten ist die festgesetzte Dauer von zehn bis zwölf Uhr mittags eher ein genereller Bezugspunkt zur Koordination des Handelns als eine unbeugsame Regel, die unbeirrbar einzuhalten wäre. Bei einer Umfrage definierten brasilianische Studenten Zuspätkommen als 33,5 Minuten nach dem planmäßigen Beginn der Vorlesung; ihre amerikanischen Kommilitonen in einem College in Fresno, Kalifornien, hingegen sagten, 19 Minuten würde als Zuspätkommen gelten.[16]

Interessanterweise quälte es die brasilianischen Studenten nicht, zu spät zu kommen. In Nachbefragungen drückten sie ein gewisses Maß an Stolz auf ihre »Komm' ich heut' nicht, komm' ich morgen«-Orientierung aus. In ihrer Kultur legt man Wert auf Zeiträume mit offenem Ende.

Das Wissen um die Reihenfolge, in der Dinge getan werden sollten, und die Dauer, die sie in Anspruch nehmen, sind ungenügende zeitliche Kriterien, wenn das richtige Funk-

tionieren sozialer Beziehungen gesichert werden soll. Wir müssen auch lernen, unsere Aktivitäten zu planen und vorhersehbare rhythmische Muster zu entwickeln.
Unsere Kultur legt ständig Teile der Zukunft zum Gebrauch für bestimmte Tätigkeiten beiseite. Je komplexer das soziale Umfeld, desto größer der Bedarf, Stücke der Zukunft im voraus zu reservieren. Der Soziologe Eviatar Zerubavel von der Columbia University merkt an, daß Planung unverzichtbar zur sozialen Organisation gehört:

Wenn wir uns alle spontan verhielten, so hätten wir wahrscheinlich überhaupt keine Form sozialer Organisation. Leben in der Gesellschaft erfordert einige Koordination zwischen den einzelnen. Kein soziales Ereignis könnte je stattfinden, wenn jeder einzelne mitbestimmen könnte, wann es beginnen sollte... Die meisten gesellschaftlichen Unternehmungen wären unmöglich gewesen ohne die durative Festsetzung von Aufgaben in Übereinstimmung mit bestimmten Terminen.[17]

Wie im Fall der Sequenzierung und der Dauer liefert die Planung ein Mittel, um Vorhersehbarkeit zu sichern. Gemeinschaften leben durch Routinen und Gewohnheiten. Die Gesellschaft kann nicht ohne ein gewisses Maß an Sicherheit leben, die in ihr Zeitgewebe eingearbeitet ist. Planung hilft ihr, sich diese Sicherheit zu verschaffen.
Einst planten wir unsere gesellschaftlichen und wirtschaftlichen Tätigkeiten in Übereinstimmung mit dem Wandel der biotisch-physischen Umgebung, in der wir leben, doch heute planen wir unser Handeln in Übereinstimmung mit so rein gesellschaftlichen Konventionen wie dem fiskalischen Jahr, achtstündigen Arbeitstagen, zweiwöchigen bezahlten Ferien, Universitätssemestern und Steuerstichtagen. Unsere gesellschaftlichen Stundenpläne haben sich immer mehr

von den Periodizitäten der natürlichen Welt getrennt – eine Spiegelung unserer wiederholten Versuche, uns wirtschaftlich gewissermaßen unabhängig von den Produktions- und Recyclingzeiten zu machen, die die ökologischen Systeme auf dieser Erde beleben.

Das erste, was wir tun, wenn wir beschließen, etwas zu planen, ist ein Blick in unseren Terminkalender. Wenn die Bewohner des Andaman-Dschungels beschließen, etwas zu planen, riechen sie zunächst die Gerüche ihrer Umgebung. Die Andamanesen haben einen komplexen Jahreskalender entwickelt, der auf die Abfolge vorherrschender Gerüche von Blumen und Bäumen gegründet ist. Sie benutzen diese Bezugspunkte, um die passende Tätigkeit für die entsprechende Jahreszeit zu planen.[18]

Das Industriezeitalter ist darin einzigartig, daß es nur einen marginalen Bezug zu den Periodizitäten der Natur behält. Jede andere Kultur in der Geschichte war untrennbar mit den biologisch-physischen Rhythmen der weiteren Umwelt verbunden. Zum Beispiel planen die Einwohner in Labrador wie in den meisten vorindustriellen Kulturen ihre Tätigkeiten so, daß sie zu dem natürlichen Zeitplan passen, auf den sie sich zum Überleben verlassen:

Ende Juni bis Ende Juli: Kabeljaufang ... mit gelegentlichem Seehundfang mit Netzfallen. August: Kommen der kleinen Haie, Ende des Kabeljaufangs, Waschen und Dörren des Stockfisches, Reparieren der Heringsnetze, Beerensammeln. September: Heringsfang, Salzen des Stockfisches, Beginn des Holzsammelns. Oktober: Holzsammeln mit Hunden. Dezember bis März: Fallenstellen für Fuchs und Wiesel. März: Seehundfang mit Reismehl. April bis Mai: Seehundfang mit Netzfallen, Seehundfell- und Seehundlederbearbeitung.[19]

Planen ist in verschiedenen Kulturen verschieden, nicht nur in bezug auf Umwelt- und Wirtschaftsbedingungen, sondern auch in bezug auf andere kulturelle Kriterien. Im »Magisch-Universistischen Buch der Zeitbeschwörung« schreiben die Taoisten die »günstigen Tage für Hochzeiten, Umzüge oder das Zuschneiden von Kleidern« vor, »Tage, an denen man Reparaturarbeiten an Häusern, Tempeln und Schiffen beginnen kann«.[20] Der Islam bezeichnet Montag, Mittwoch, Donnerstag und Freitag als glückbringende Tage und Dienstag, Samstag, Sonntag als böse Tage. Die Griechen hatten ihre eigene Liste geeigneter und ungeeigneter Tage für die Planung verschiedener Tätigkeiten. Der vierte und der vierundzwanzigste Tag des Monats galten als gefährlich, um sich auf gewisse Unternehmungen einzulassen, der sechzehnte Tag galt als Pechtag für Hochzeiten, und der vierzehnte Tag wurde als der ideale Tag zum Zureiten von Tieren gesehen.[21]

Unsere zeitgenössische westliche Kultur ist so gänzlich besessen von Stundenplänen und Terminen, Fälligkeitsdaten und Auslaufdaten, daß wir es schwierig finden würden, wenn nicht gar unmöglich, die Planungsorientierungen anderer Kulturen zu ertragen. Man bedenke die einfache Handlung, einen Hausbau zu planen. Unsere Planung ist abhängig von Fluktuationen des Marktes, Handwerkerpreisen, Hypothekenzinsen, Bestandsverzeichnissen und Ausschreibungen von Baugrund. Das Ziel ist, bei diesen Einschränkungen das Haus so schnell wie möglich zu bauen, mit dem geringsten Aufwand an Kosten und Energie.

Die Pueblo-Indianer planen ihre Bauten mit einer ganz anderen Liste von Prioritäten. Schon vor dem ersten Spatenstich »müssen alle rechten Gedanken zugegen sein«.[22] Die Pueblos glauben, daß Gedanken etwas Lebendiges sind und »ein konstituierender Teil jedes Menschenwerks werden«.[23]

Gedanken sind so wichtig für den Bau des Hauses wie die anderen Materialien; schlechte Gedanken könnten deshalb den Bau eines schlechten Hauses bedeuten. Es ist die Pflicht der ganzen Gemeinschaft, dafür zu sorgen, daß die richtigen Gedanken zusammenkommen. Jedes Gebäude repräsentiert die Gruppe, und sein Bau darf nicht geplant werden, ehe sich ein Konsens ergibt, ob die richtigen Gedanken beisammen sind. Ein solcher Konsens kann Monate oder Jahre brauchen. Die Pueblos sind mehr als willig, zu warten, gleichgültig, wie lange der Prozeß dauert. Für sie ist das Planen von Bauten innig mit den Gefühlen und Empfindlichkeiten der Gruppe verbunden – im Gegensatz zur Planung von Marktplätzen, die mehr mit Geschwindigkeit, Effizienz, Profit und Nützlichkeit zu tun hat.[24]
Natürlich wären wir nicht imstande, unser Tun zu planen, würden sich die Dinge nicht mit einer gewissen Regelmäßigkeit wiederholen. Rhythmisches Wiederkehren ist eine wesentliche Zeitdimension. Wir sparen bestimmte Zeiten für bestimmte Aktivitäten auf und wiederholen dann die gleichen Aktivitäten nach einem festgesetzten Zeitraum. Jeden Sonntag gehen wir zur Kirche. Am 15. April zahlen wir Steuern (Gepflogenheit in den USA). Alle sechs Monate gehen wir mit unserem Kind zum Zahnarzt zur Kontrolle. Die Gesellschaften unterscheiden sich erheblich in der Art, wie sie rhythmische Regelmäßigkeiten entwickeln. In ländlichen Gesellschaften folgen die Rhythmen des Gemeinschaftslebens eng den Rhythmen der Natur. Die aufgehende und untergehende Sonne, die Zyklen und Jahreszeiten der Natur, die Periodizitäten der biologisch-physischen Umwelt konditionieren zusammen die Wiederholungsrhythmen der sozialen Ordnung. Die moderne städtische Umwelt schafft ein ganz anderes Zusammenspiel künstlicher Wiederholungsrhythmen. Morgen- und Abendstoßzeit,

Fließbandproduktion, Schichtarbeit und ähnliches bilden ein sich wiederholendes, sehr vorhersehbares rhythmisches Muster, getrennt von den Rhythmen der natürlichen Welt. Vor über einem Jahrhundert bemerkte Henry David Thoreau den dramatischen Wandel in der rhythmischen Regelmäßigkeit, der auftrat, als Amerika den Übergang von einem ländlichen zu einem industriellen Lebensstil vollzog. Thoreau dachte über die tiefgreifende zeitliche Wirkung der Eisenbahn auf das Gesellschaftsleben der Dorfgemeinschaft nach:

Ich beobachte das Vorbeifahren der Wagen am Morgen mit dem gleichen Gefühl wie den Sonnenaufgang, der kaum regelmäßiger ist ... Das Kommen und Gehen der Wagen sind nun die Epochen im Tag des Dorfes. Sie kommen und gehen mit solcher Regelmäßigkeit und Präzision, und ihre Pfeife ist so weit zu hören, daß die Farmer ihre Uhren danach stellen, und so reguliert eine gut geführte Institution ein ganzes Land.[25]

Jeder, der viel gereist ist, ist sich auch der Unterschiede in der Geschwindigkeit sehr bewußt, die es zwischen verschiedenen Kulturen gibt. Jede Gesellschaft hat ihr je eigenes Tempo, und nichts erfaßt das amerikanische Tempo so gut wie das Wort »Geschwindigkeit«. Wir sind eine in die Geschwindigkeit verliebte Nation. Wir fahren schnell, essen schnell, machen Liebe schnell. Wir sind besessen, Rekorde zu brechen und Zeitspannen zu verkürzen. Wir fassen unser Leben zusammen, verdichten unsere Erfahrungen, komprimieren unsere Gedanken. Wir sind eine Kultur, umgeben von Notizen und Reklame. Andere Kulturen mögen denken »Eile mit Weile« – wir sind überzeugt, daß Geschwindigkeit Aufmerksamkeit, Stärke und Erfolg spiegelt.

Amerikaner sind immer in Eile.
In unserem Erziehungssystem wird ein Preis darauf gesetzt, wie schnell wir eine Antwort sprechen oder eine Aufgabe lösen können. Nachdenken, reflektieren und grübeln mag in anderen Kulturen wohl ermutigt werden, spielt aber kaum eine oder gar keine Rolle als Form des Denkens im amerikanischen Schulsystem. Um mitzukommen, muß man den Stoff schnell aufnehmen und noch schneller abrufen können. Kindern wird im ganzen Land gelehrt, im Klassenzimmer mit der Uhr zu wetteifern. Prüfungen werden an Abgabetermine gebunden, und die Leistung wird daran gemessen, wie viele Antworten in der bemessenen Zeit gegeben werden können. Unsere Gesellschaft ist unbeirrt in ihrem Glauben, daß Intelligenz und Geschwindigkeit zusammengehören und daß das kluge Kind immer am schnellsten lernt.
Eine der Hauptaufgaben des Lehrers besteht darin, im Klassenzimmer eine Geschwindigkeit und einen Rhythmus einzuführen, der das Tempo in der größeren Welt nachahmt, für die die Kinder vorbereitet werden. Lehrer trainieren Studenten, »dranzubleiben« an ihrer Arbeit, aneinander, am Ball. Den Studenten wird gelehrt, ihre Bildung zu pauken, zu unterteilen und in Schubladen zu stecken, um den Diktaten von Uhren, Klingeln und Stundenplänen zu entsprechen. Selbst das Tempo in den Gängen, wenn die Studenten zu verschiedenen Stunden gehen, ähnelt mittlerweile den hastigen und oft panischen Rhythmen der größeren städtischen Umgebung.
Die Psychologen Robert Knapp und John Garbutt haben eine Studie mit siebenunddreißig jungen, männlichen Studenten durchgeführt und gefunden, daß die, die in standardisierten Tests am besten abschnitten, dem Begriff der Geschwindigkeit einen hohen Wert beimaßen. Die Studen-

ten wurden gebeten, eine Reihe von Sätzen zu lesen und in der Ordnung ihrer Vorliebe die fünf Ausdrücke aufzuführen, die die angenehmsten Bilder für Zeit evozierten, dann die fünf, die die nächstangenehmen Zeitbilder evozierten, und dann die fünf, die die am wenigsten angenehmen Zeitbilder ausdrückten. Die Bilder für Zeit reichten von schnell bis statisch. Als die Listen der Studenten mit ihrer Leistung korreliert wurden, fanden die Forscher, daß die mit der Vorliebe für schnellbewegte Bilder auch am besten bei standardisierten Tests abschnitten, die mit der Vorliebe für langsame oder statische Bilder hingegen am schlechtesten.
Knapp und Garbutt identifizierten drei Hauptgruppen von Studenten in ihrer Studie. Die erste Gruppe nannten sie die Dynamisch-Hastigen. Sie wählten die schnellsten Zeitbilder und brachten die besten Leistungen bei standardisierten Tests. Sie dachten an die Zeit am liebsten wie an einen rasenden Wasserfall, einen sausenden Zug, ein schnelles Weberschiffchen, einen Reiter im Galopp, einen flüchtenden Dieb, ein fliegendes Raumschiff oder einen Wirbel. Die zweite Gruppe von Studenten wurde als die Naturalistisch-Passiven identifiziert. Ihre Zeitbilder stammten aus der Natur und vermittelten wenig oder keine Bewegung. Sie sahen die Zeit als den endlosen Himmel, ein stilles, unbewegtes Meer, eine Straße über einen Hügel, treibende Wolken, windgetriebenen Sand, den Felsen von Gibraltar und knospende Blätter. Die dritte Gruppe, genannt die Humanisten, sahen die Zeit in Beziehung auf menschliche Ersatzfiguren und Artefakte. Die Zeit wurde gesehen als eine Perlenschnur, eine sich drehende Spule, eine brennende Kerze, eine alte Frau am Spinnrad, ein alter Mann mit einem Stab, ein gefräßiges Ungeheuer, ein langweiliges Lied und ein großes, kreisendes Rad.[26]
Die Dynamisch-Hastigen drücken eine Sicht der Zeit aus,

die wir im Industriezeitalter zu ehren gelernt haben. Die Zeit wird als linear, schnell und immer schneller bewegt und als knapper Rohstoff gesehen. Die Naturalistisch-Passiven erinnern eher an das östliche Denken und an die Zeitperspektive in traditionellen Bauern- und Hirtenkulturen. Die Zeit wird als zyklisch, wiederkehrend und heilig gesehen. Die Humanisten sind eng verwandt mit dem Zeitgefühl, das das klassische Denken des Mittelmeerraumes beherrschte. Die Leistungsstarken sehen die Zeit als ein zu überwindendes Hindernis, einen zu besiegenden Feind. Sie setzen immer schnelleres Lernen mit einem Sieg über die Zeit gleich: Gewinnen heißt die Uhr schlagen. Unser Prüfungssystem, ja unser ganzes Bildungssystem bestraft die Studenten, die Zeit in eher passiven, natürlichen Formen sehen. Diese Art Studenten ist wahrscheinlich offener und verletzlicher, weniger kontrollierend und manipulierend in ihrem Lernen. Sie neigen dazu, das Leben mehr als ästhetische Erfahrung denn als Wettkampf zu sehen. Sie lernen mehr durch Anteilnahme als durch Distanzieren. Sie sind weniger quantifizierbar, mehr künstlerisch und gleichzeitig weniger ausdrucksfähig.

Der Anthropologe Irving Hallowell weist darauf hin, daß die Idee selbst, Geschwindigkeit zu messen, ein Abkömmling der modernen Geisteshaltung ist und in der vorindustriellen Welt, die noch nicht in kleine, leicht quantifizierbare Zeiteinheiten zerlegt war, undenkbar gewesen wäre. Hallowell bemerkt, daß Eingeborene nichtindustrieller Kulturen schlecht abschneiden, wenn man ihnen psychologische Tests gibt, die »auf Schnelligkeit der Leistung standardisiert« sind. Dies hängt weitgehend damit zusammen, daß Schnelligkeit für diese Leute nicht soviel Wert hat, wenn sie Fragen beantworten.[27]

Schnelligkeit ist ein Zeitbegriff, der in der industriellen

Umgebung geboren, entwöhnt und ernährt wurde. In nur ein paar kurzen Jahrhunderten »hat sie sich in eine hervorragende Stellung als Wert der westlichen Gesellschaft erhoben und fungiert als wichtiger Faktor in der Motivation der Menschen«.[28] Der Historiker William Durant bemerkte einmal: »Kein eiliger Mensch ist ganz zivilisiert.«[29] Müßten wir Durants Aussage hinnehmen, wie sie ist, so müßten wir vielleicht noch einmal ernsthafter die altgediente Überzeugung hinterfragen, daß der industrielle Lebensstil und menschlicher Fortschritt Hand in Hand gehen.

Selbst unter verstädterten Menschen, wo Geschwindigkeit ein gemeinsamer Wert ist, gibt es spürbare Unterschiede zwischen den Kulturen. Vor etlichen Jahren verglichen Forscher sechs Länder in bezug auf die Geschwindigkeit des Lebens und fanden, daß tatsächlich jede Nation ihren je eigenen Zeitrhythmus besitzt. Die Forscher untersuchten drei Zeitindikatoren: die Genauigkeit der Uhren im Land, die Geschwindigkeit des Fußgängerverkehrs und die Zeit, die ein Postbeamter für den Verkauf einer Briefmarke brauchte. Die Studie wurde jeweils in der größten Stadt des Landes und in einer mittelgroßen Stadt durchgeführt. Die untersuchten Länder waren Japan (Tokio und Sendai), Taiwan (Taipeh und Tainan), Indonesien (Djakarta und Solo), Italien (Rom und Florenz), England (London und Bristol) und die USA (New York und Rochester).

Es sollte nicht überraschen, daß Japans Uhren bei weitem die genauesten waren und im Durchschnitt weniger als eine halbe Minute nach- oder vorgingen. Indonesien ging es auf der anderen Seite am wenigsten gut: Seine Uhren gingen immer über drei Minuten vor oder nach. Der Durchschnittsjapaner ging auf einer Straße der Innenstadt 30 m in unter 20,7 Sekunden. Die Engländer kamen als zweite mit durchschnittlich 21,6 Sekunden, die Amerikaner gleich danach mit 22,5 Sekunden. Wieder war Indonesien an letzter Stelle mit 27,2 Sekunden. Beim Tempo der Post führte Japan wieder: Die Beamten brauchten für eine Transaktion durchschnittlich 25 Sekunden. Die Italiener waren die letzten: Sie brauchten im Durchschnitt 47 Sekunden für die Aufgabe.

Insgesamt zeigte die Studie eine starke Korrelation zwischen der Genauigkeit der Uhren in einem Land, der Geschwindigkeit der Fußgänger und dem Postservice. Das Tempo jedes Landes in einer Kategorie entsprach mehr oder minder seinem Tempo in den anderen beiden Kategorien und legte so eine durchgängige und eigene Geschwindigkeit des Lebens in jeder Kultur nahe.[30]

Ein weiterer Zeitfaktor ist unverzichtbar für soziale Interaktionen. Keine Gruppe, Gemeinschaft oder Gesellschaft könnte irgendeinen Zusammenhalt bewahren, wenn sie nicht imstande wäre, die Aktivitäten ihrer Mitglieder zu synchronisieren. Synchronisation des Verhaltens ist wesentlich für jede soziale Funktion, sei sie mit Freizeit oder Religion, mit Wirtschaft oder Politik verbunden.

Der Anthropologe Edward T. Hall erzählt von einem Experiment, das einer seiner Studenten durchführte. Es illustriert die ungeheure verborgene Macht in der Koordination sozialen Handelns.

Der Student versteckte sich in einem Schrottauto neben einem Schulhof und filmte von dort aus Kinder, die in der Pause miteinander spielten. Nachdem er den Film in verschiedenen Geschwindigkeiten abgespielt hatte, bemerkte er »ein sehr aktives kleines Mädchen, das sich vom Rest abzuheben schien«.[31] Dies Kind lief zwischen verschiedenen Gruppen von Kindern auf dem ganzen Schulhof hin und her. Bei genauerer Beobachtung zeigte der Film, daß jede Gruppe von Kindern begann, ihr Verhalten zueinander und zu ihr zu synchronisieren, wenn sie in die Nähe kam. Nach vielen Sichtungen schlossen die Forscher, »daß dieses Mädchen mit ihrem Laufen, Tanzen und Wirbeln tatsächlich die Bewegungen des ganzen Schulhofs orchestrierte«.[32] Das Muster der Bewegungen des kleinen Mädchens war einem stillen Tanzrhythmus ganz ähnlich. Es hatte einen Rhythmus, dem die Forscher schon vorher begegnet waren. Es stellte sich heraus, daß das rhythmische Muster, das das kleine Mädchen auf dem Schulhof eingeführt hatte, identisch mit einem zu jener Zeit beliebten Rockmusikstück war. Als die Musik über den Film gelegt wurde, »blieben die ganzen dreieinhalb Minuten des Filmclips synchron mit der Musik vom Band! Kein Schlag war außer Takt.«[33]

Soziale Interaktion erfordert auf jeder Ebene Synchronisation. In Kulturen wie der unseren, wo ein hoher Wert auf persönliche Autonomie gelegt wird, ist synchronisiertes Handeln mehr ein Ausdruck vieler Einzelmenschen, die zusammenarbeiten, um ein gemeinsames Ziel zu erreichen. Wir neigen dazu, uns nach Newton als getrennte, materielle Einheiten zu sehen, die mit anderen getrennten, materiellen Einheiten interagieren. Damit die Synchronisation in dieser Art von atomistischem Rahmen funktioniert, müssen zuvor wohldurchdachte Regeln und Vorschriften aufgestellt werden, um die Interaktionen der einzelnen richtig zu koordinieren, die jeweils ihre eigenen Prioritäten und Bedürfnisse haben.

In anderen Kulturen, wo der kollektive Wille der Gemeinschaft den Vorrang vor dem individuellen Willen ihrer Glieder hat, ist das Synchronisieren etwas leichter, denn die Menschen sehen sich selbst eher in organismischen als in individualistischen Begriffen. Weil diese Kulturen sich selbst bereits als Ganzheiten sehen, müssen sie keine besonderen Maßnahmen treffen, um in Gleichschritt zu fallen.

Die Gruppe ist nicht so sehr eine zweckgerichtete Einheit, entstanden aus Verhandlung und Kompromiß zwischen ihren Einzelgliedern, als vielmehr eine biologische Einheit, die a priori existiert, unabhängig von den Aufgaben, die sie sich stellt.

Die Unterschiede zwischen organismischem und individualistischem Synchronisieren werden am besten im Fall der beiden am höchsten industrialisierten Länder der Welt, Japan und Amerika, illustriert. In den USA hat das Individuum Vorrang. In Japan hat die Gruppe Vorrang. Nirgendwo ist dies offensichtlicher als am Arbeitsplatz. Amerikanische Führungskräfte waren beeindruckt und überrascht von der Gruppendynamik in japanischen Fabriken. In der Toyota-Automobilfabrik zum Beispiel »beginnen die Fließbandteams den Tag, indem sie gemeinsam Gymnastik machen, dann arbeiten sie zusammen, machen zusammen Pause, essen zusammen, wohnen nebeneinander in Firmenwohnungen und gehen sogar zusammen in Urlaub«.[34]

Die Japaner haben viel mehr Bewußtsein von Gruppendynamik und sind viel aufmerksamer für die Synchronisation als die Amerikaner. Selbst in der gesellschaftlichen Konversation »kontrollieren die Japaner oft ihre Atmung, um mit ihrem Gesprächspartner synchron zu bleiben«.[35] Amerikanische Geschäftsleute begreifen erst jetzt nach und nach, wie wichtig diese Art organismischer Synchronisation für die Sicherung eines Wettbewerbsvorteils auf dem internationalen Markt ist.

Von allen Zeitdimensionen hat keine die Neugier der Soziologen mehr angestachelt als die Zeitperspektive. Die amerikanische Kultur hat sich immer stärker an Gegenwart und Zukunft orientiert. Unsere Pioniergeschichte hat uns geneigt gemacht, von Augenblick zu Augenblick zu leben. In dem riskanten Prozeß, einen Erdteil zu bezwingen, mußten wir lernen, unsere Energien auf das tägliche Überleben zu konzentrieren. Weil wir eine Nation von Pionieren sind, sind wir tief durchdrungen von der Vorstellung, daß wir weitermüssen und nie zurückschauen dürfen.

Wir verbringen nicht eben viel Zeit damit, die Vergangenheit zu ritualisieren. Wir ziehen der Tradition die Neuheit vor und sind verliebt in alles Junge, Neue, Unentdeckte. Wir denken nicht sehr viel nach, aber wir dehnen unseren Zeithorizont auch nicht sehr weit in die Zukunft aus. Wir sind vor allem an der unmittelbaren Zukunft interessiert, der Zukunft, die morgen oder übermorgen unser sein kann, aber wir scheren uns wenig um Zeitspannen, die über unsere begrenzte Lebenszeit hinausgehen.

Andere Kulturen orientieren sich viel stärker an Vergangenheit oder Zukunft. Einige Kulturen haben ihre Zeitperspektive erfolgreich in beide Richtungen ausgedehnt, so daß sie die uralte Vergangenheit und die unerdenkliche Zukunft umfaßt. Die Irokesen sind in dieser Hinsicht eine Ausnahme unter den Kulturen der Welt.

Jede Entscheidung, die den Irokesenhäuptlingen vorgelegt wird, wird einer strengen zeitlichen Prüfung unterzogen. Die Irokesen sehen sich selbst als Diener der Vergangenheit und Hüter der Zukunft. Ihre Ahnen beraten sie vom Grabe aus, und ihre ungeborenen Kinder rufen zu ihnen von irgendwo hinter dem Horizont.

Für die Irokesen ist das Entscheiden eine Angelegenheit, die weit über den Augenblick und die beschränkten Interessen derer hinausgeht, die um das Lagerfeuer kauern. Wenn die Irokesen Entscheidungen treffen, tun sie das immer in dem Gedanken, ihre Ahnen zu ehren und ihre ungeborenen Nachkommen zu nähren. Sie fragen: Wie entspricht diese Entscheidung, die wir heute treffen, den Lehren unserer Großeltern und den Sehnsüchten unserer Enkel?

Die Irokesen sind einzigartig unter den Kulturen, weil sie einen spezifischen Zeitrahmen für die Zukunft in alle Entscheidungen instutionell integriert haben. Ein Irokesenhäuptling erklärt den Prozeß:

Wir schauen voraus, wie es eine unserer ersten Aufgaben als Häuptlinge ist, um sicherzustellen, daß jede Entscheidung, die wir treffen, zum Wohlergehen der siebenten künftigen Generation paßt, und das ist die Basis, auf der wir im Rat Entscheidungen treffen. Wir bedenken: Wird dies zum Wohl der siebenten Generation sein? Dies ist eine Richtschnur.[36]

Amerikanische politische Führer mögen es schwierig finden, sich eine solche Übung auch nur vorzustellen. Ihr Begriff von Entscheidungsverantwortung erstreckt sich kaum über die vierjährige Periode zwischen einer Wahl und der nächsten. Dieser Unterschied in der Zeitperspektive zwischen den Irokesen und der zeitgenössischen amerikanischen Gesellschaft illustriert den ungeheuren Unterschied zwischen den Kulturen. Jede Gesellschaft prägt ihr je eigenes Zeitmuster. Die sechs wichtigsten Zeitdimensionen – Sequenz, Dauer, Planung, Rhythmus, Synchronisation und Zeitperspektive – sind auf unendlich vielfältige Weise von den verschiedenen Kulturen konstruiert und zusammengesetzt worden und haben eine reiche Vielfalt anthropologischer Zeitzonen entstehen lassen, in denen die menschliche Familie wohnt.

Obwohl zeitliche Orientierungen zwischen den Kulturen beträchtliche Unterschiede aufwiesen, hat jede Gesellschaft ihre Uhren zumindest teilweise nach den biologisch-physischen Rhythmen der natürlichen Welt gestellt. Mit dem Aufkommen des Industriezeitalters jedoch begann die Zivilisation den Prozeß der Trennung von der Zeitorientierung des Planeten zu beschleunigen. Um den historischen Prozeß, der zur simulierten Zeitwelt von heute geführt hat, besser zu verstehen, ist es notwendig, die Wirkung zu untersuchen, die verschiedene Zeitverteilungsmechanismen auf die Zeitdynamik der westlichen Kultur gehabt haben.

TEIL II

Der Zeitkuchen wird verteilt

4. Kalender und Treffer

Wer die Ähnlichkeiten und Unterschiede der Zeitorientierung zwischen den Kulturen untersucht, sieht frappierend deutlich, wie wichtig die Zeit für die Definition des Charakters von Gesellschaften und Völkern ist. Emile Durkheim, einer der Begründer der modernen Soziologie, sprach eine tiefe Wahrheit aus, als er verkündete, Zeit sei das Herzstück sozialen Lebens. »Gesellschaften organisieren ihr Leben in der Zeit und bilden Rhythmen heraus, die dann einheitlich als Rahmen aller zeitlichen Aktivitäten auferlegt werden.«[1] Ein anderer großer Sozialwissenschaftler des zwanzigsten Jahrhunderts, Pitirim Sorokin, stimmte Durkheim zu, daß Zeit eine wesentliche Kategorie sozialer Erfahrung sei. In seinem klassischen Aufsatz »Sociocultural Time« machte Sorokin deutlich, daß er die Zeitmessung für den kritischen Faktor sozialer Beziehungen hält:

Der Besitz von Mitteln und Wegen, um das Verhalten der Glieder jeder Gruppe so zu »timen«, daß jedes die »richtige Zeit« auf die gleiche Weise wahrnimmt wie die anderen Gruppenmitglieder, ist möglicherweise das dringendste Bedürfnis sozialen Lebens zu jeder Zeit und an jedem Ort gewesen. Ohne dies ist soziales Leben unmöglich.[2]

Die Spezies Mensch hat sich durch die gesamte Geschichte hin vier hauptsächlicher Zeitverteilungsmechanismen bedient: biotischer Rituale, astronomischer Kalender, Uhren und Zeitplänen und jetzt Computerprogrammen. Mit der Einführung jedes neuen Mechanismus hat die Menschheit sich weiter von den biologisch-physischen Rhythmen der Erde entfernt. Wir haben uns von der engen Teilhabe am Tempo der Natur zur annähernden Isolation von den Rhythmen der Erde bewegt.

Während eines Großteils der Vorgeschichte haben unsere frühen Vorfahren Zeit ausschließlich in bezug auf natürliche Erscheinungen berechnet. Die Wanderrhythmen der großen Tierherden, die Fortpflanzungs- und Reifezeiten wilder Kräuter und Wurzeln gaben die notwendigen Zeitzeichen für die Ordnung im Sozialleben altsteinzeitlicher Stämme. Sammler und Jäger institutionalisierten ihre enge zeitliche Bindung an ökologische Ereignisse durch heilige Rituale. Ihr Repertoire an Tänzen und Gesängen sollte die wichtige Abfolge der wechselnden Jahreszeiten um sie herum begleiten.

Als die menschlichen Gesellschaften von der Sammler-und-Jäger-Wirtschaft zum Ackerbau übergingen, verlagerte sich das Interesse von biologischen zu kosmischen Zeituhren. Die Menschen beobachteten die wechselnden Konstellationen der Planeten und Sterne am Himmel, und dadurch konnten sie ein weit raffinierteres Zeitrechnungssystem entwickeln. Die Verschiebung von biotischer zu kosmischer Uhr ging mit einer weiteren Verschiebung bei zeitordnenden Mechanismen einher. Heilige Rituale, die lange angewandt worden waren, um die zeitlichen Angelegenheiten von Sammler-und-Jäger-Gesellschaften zu ordnen, wurden ergänzt durch die Entstehung des Kalenders, eines neuen Zeitordnungsmechanismus, der zur seßhaften Lebensweise der Bauern besser paßte.

Durch den Gebrauch des Kalenders haben fortschrittliche Kulturen Bezugspunkte für gemeinsame Gruppenaktivitäten geschaffen. Die Vorstellung von Tagen, Wochen, Monaten, Jahren, das Feiern von Geburtstagen und die Erinnerung an Todesfälle, die Aufzeichnung der wechselnden Jahreszeiten und die Anerkennung von Initiationsriten – all dies gehört zur Schaffung des Kalenders und ist sein Ergebnis.

Bis zur Moderne waren die meisten Kalender ein Gewebe aus religiösen, ökologischen und ökonomischen Betrachtungen. Heute müssen die heiligen Tage und jahreszeitlichen Markierungen, die einst in jeder Kultur Kalender und Gesellschaftsleben beherrschten, mit anderen zeitlichen Bezugspunkten konkurrieren, etwa Terminen für die Steuererklärung, fiskalischen Jahren, Fünfjahresplänen, Volkszählungsstichtagen und politischen Feiern wie dem 1. Mai und dem 17. Juni.

Ob heilig oder profan – jeder Kalender drückt die Politik einer Kultur im wesentlichen aus. Kein anderes Hilfsmittel im gesamten politischen Repertoire ist so entscheidend wie der Kalender, wenn es um den Zusammenhalt der Gruppe geht.

Die jüdische Erfahrung liefert ein gutes Beispiel für die Bedeutung von Kalendern zur Erhaltung der Gruppenidentität. Die Juden haben an die viertausend Jahre ihren eigenen Kalender verwendet. Heute benutzen Juden in der ganzen Welt weiterhin ihr altes Kalendersystem neben den profanen Kalendern ihrer zeitgenössischen Kultur. Israel benutzt den jüdischen Kalender bei der Regelung der Staatsangelegenheiten.

Über die längste Zeit ihrer Existenz waren die Juden ein nomadisches Volk. Ihre Verbindung war weniger geographisch als geistig, weniger territorial als zeitlich. In den frühen Tagen waren sie gezwungen, als Sklaven im Land der Pharaonen zu leben. Nach der Zerstörung des Tempels in Jerusalem und der Plünderung Roms wurden die Juden über Europa verstreut, in kleinen, voneinander isolierten Gruppen. Selbst in ihrer physischen Trennung hielten sie sich an ihren Kalender als ein Mittel, Gruppenerfahrungen zu teilen. Man hat über den jüdischen Kalender gesagt, er habe »all die vereint, die auf der ganzen Welt zerstreut waren, und sie zu einem Volk gemacht«.[3]

In den letzten Jahren quälen sich jüdische Gelehrte über die wachsende Entfernung vom jüdischen Kalender und die Anpassung an den säkularisierten christlichen Kalender, die heute das soziale Leben der Erde weitgehend beherrscht. Der Judaist Joshua Monoach argumentiert:

> Die Seele Israels, seine Religion und seine Sitten, ist in seiner Zeit verankert. Seine national-religiöse Zeit durch andere ... zu ersetzen, ist selbstmörderisch für ein eigenes, unabhängiges Volk.[4]

Monoach warnt seine Mitjuden, das Aufgeben ihres Nationalkalenders könne das Ende der Kultur einleiten. Er bemerkt: »Jedes Volk, das versucht hat, sich von seiner Zeit zu trennen, ist verschwunden, und unter den Lebenden kennt man es nicht mehr.«[5]

Unter allen Neuerungen des jüdischen Kalenders ist keine einschneidender als die Schaffung des Sabbat. Von allen jüdischen Zeitmarken bleibt er die heiligste und wird am strengsten eingehalten. Der Sabbat bezeugt die Macht, die Kalender über das Leben eines Volkes ausüben. Durch das Sabbatritual haben die Juden es vermocht, sich vom Rest der Welt um sie herum abzusetzen und sowohl ihr Erbe als auch ihre gemeinsame Vision von der Zukunft unversehrt zu erhalten.

In der Bibel steht, daß Gott die Welt in sechs Tagen erschuf und am siebenten Tage ruhte. Den siebenten Tag feiert der Sabbat, und jede Woche einmal entfernen sich die Juden auf der ganzen Welt aus der Zeit der profanen Welt und treten in die heilige Zeit ein. Es ist eine Zeit, die sie mit ihrem Gott teilen, obwohl sie voneinander durch große geographische Entfernungen getrennt sind.

Der Sabbat ist ein heiliger Tag und soll als ein Tag der Freude erlebt werden. Weil Gott am siebenten Tage ruhte, soll auch sein »Auserwähltes Volk« das tun. Weil Gott sich seiner Schöpfung freute, soll auch seine Herde das tun. An diesem besonderen Tag der Ruhe und Freude richten die Juden ihre ganze zeitliche Orientierung neu aus. Die Kleider- und Speisevorschriften, die Art des Badens werden an diesem heiligsten aller Tage abrupt geändert. Selbst die Art zu gehen wird neu ausgerichtet, um einen anderen Zeitrhythmus, eine andere Geschwindigkeit auszudrücken. Ein Jude soll das hektische Tempo des Alltagslebens verlassen und mit mehr Muße und Unbekümmertheit wandeln.

Am Sabbat trennt sich der Jude von der profanen Zeit und der Alltagsroutine, die mit ihr einhergeht. Er betritt eine zeitlose, andere Welt, um einen Pakt oder Bund mit dem Schöpfer neu zu weihen. Diese kalendarische Konvention dient als revolutionäre Handlung. Durch ihre Einhaltung kann der Jude symbolisch die zeitliche Ordnung jeder Kultur stürzen, in der er lebt, und an einem ganz anderen Zeitreich teilhaben. An diesem Tag ist die profane Kultur ohne Macht, ihren zeitlichen Willen dem Leben des Juden aufzuzwingen.

Die Römer begriffen, wie hartnäckig das jüdische Festhalten am Sabbat sein konnte, als sie gezwungen waren, jüdische Männer vom Militärdienst zu befreien, weil sie sich weigerten, am Sabbat zu arbeiten oder zu kämpfen.

Durch die Einhaltung des Sabbat erneuern die Juden überall ihre eigene Identität als Gemeinschaft, selbst inmitten fremder Kulturen mit ganz anderen Werten. Der Sabbat ist die älteste und wirksamste Form institutionalisierter Rebellion in der abendländischen Erfahrung.[6]

Der Kalender hat immer eine hervorragende Rolle im jüdischen Gemeinschaftsleben gespielt, doch eine ebenso wichtige Rolle spielte er im Aufkommen des Christentums. Der Einfluß der Kirche auf das wirtschaftlich-politische Leben Europas war in den Jahrhunderten des Mittelalters erheblich, und ihre Kalenderneuerungen trugen in nicht geringem Maße dazu bei, ihre Macht über Mächte und Fürsten zu formalisieren.

Heute bleibt die sichtbarste Manifestation der christlichen Macht über den Kalender die Aufteilung der Geschichte in die beiden großen Epochen vor und nach Christi Geburt. Doch dies war eine recht späte Entwicklung in der Kirchengeschichte. Obwohl diese Reform zuerst 525 von dem Mönch und Mathematiker Dionysius Exiguus vorgeschlagen wurde, setzte sie sich erst Jahrhunderte später durch.[7]

Von Anfang an waren christliche Kalenderreformen in die Tagespolitik verwickelt. Man bedenke die Datierung von Weihnachten. Ursprünglich wurde die Geburt Christi am 6. Januar gefeiert, zusammen mit Epiphanias. Die Kirche legte Wert darauf, die beiden Ereignisse zu trennen, weil ihr klar war, daß Christi Geburt und Epiphanias nicht gut am gleichen Tag stattgefunden haben konnten. Deshalb wählte der Papst den 25. Dezember als offiziellen Gedenktag der Jungfräulichen Geburt.

Es stellt sich allerdings heraus, daß diese Wahl politische Hintergründe hatte. Sowohl der 25. Dezember als auch der 6. Januar waren Tage, an denen die Wintersonnenwende gefeiert wurde. Die Kirche war entschlossen, diesen heidni-

schen Riten frontal zu begegnen, indem sie ihnen die Geburt Christi und Epiphanias am selben Tag entgegensetzte.[8]
Die vielleicht wichtigste Kalender-Kontroverse der frühen Kirche ging um die richtige Datierung von Ostern. Die Kirchenväter störte die Tatsache, daß das wichtigste Ereignis der christlichen Welt an einem der wichtigsten jüdischen Feiertag, dem Passahfest, stattfand. In der Frühzeit des Christentums wurden die beiden Ereignisse oft miteinander verbunden. Die Christen nannten die Woche vor der Osterfeier »die Woche der ungesäuerten Brote«.
Die Kirchenfürsten sorgten sich, daß die enge Affinität der beiden religiösen Ereignisse ihre Mühen untergraben würde, das Christentum als eigene und einzigartige religiöse Kraft zu etablieren. Kirchenvertreter aus ganz Europa, entschlossen, das Christentum vom »jüdischen Einfluß« zu befreien, versammelten sich 325 zum ersten Ökumenischen Konzil in Nicaea, um das Problem zu lösen. Eine Resolution wurde verabschiedet, die erklärte, Ostern solle »am Sonntag nach dem Vollmond, der mit der Winter-Tagundnachtgleiche zusammenfällt oder auf sie folgt«, gefeiert werden. Weil das Passahfest immer mit dem Vollmond zusammenfällt, sicherte diese Kalenderreform, daß die beiden Feiertage nie wieder zusammenfallen würden.[9]
Diese Änderung des Kalenders ist ein wichtiger Wendepunkt in der Kirchengeschichte. Während die alte Garde die apostolische Tradition bewahren wollte, drängten die Reformer darauf, die Kirche ein für allemal von ihrer jüdischen Herkunft zu »emanzipieren«. Die Modernisten wurden angeführt von Kaiser Konstantin, der mehr als jeder andere dafür gesorgt hat, das Christentum von einer kleinen Sekte in die institutionalisierte Religion Europas zu verwandeln. Konstantin wußte sehr genau um die politische Bedeutung der Trennung von Christentum und Judentum. Dies schrieb

er in einem Brief an die Gläubigen, nachdem die Kalenderreform verabschiedet war. Im Text des Communiqués bemerkte Konstantin:

Es erschien ein unwürdig Ding, daß wir in der Feier dieses allerheiligsten Festes dem Brauch der Juden folgen sollten... Denn wir haben es in unserer Macht, wenn wir ihre Sitte verlassen, die rechte Beobachtung dieses Gebotes in künftige Zeitalter zu verlängern ... Laßt uns denn nichts gemein haben mit dem verächtlichen jüdischen Haufen.[10]

Die Passah-Ostern-Kontroverse ist eine bildhafte historische Illustration für die innige Beziehung zwischen Kalendern und Gruppenidentität. Eviatar Zerubavel stellt fest, daß das, was Menschen als Gemeinschaft aneinander bindet, ihre zeitliche Ordnung ist, und schließt:

Der Kalender hilft, gruppeninterne Gefühle zu festigen, und bildet so eine machtvolle Basis für die mechanische Solidarität innerhalb der Gruppe. Gleichzeitig trägt er zur Bildung von Grenzen zwischen Gruppen bei, die Gruppenmitglieder von »Außenseitern« unterscheiden und auch trennen.[11]

Der radikalste Versuch, die zeitliche Identität einer ganzen Kultur durch Kalendermanipulation umzuorientieren, geschah während der Französischen Revolution. Die Architekten der Revolution wollten die westliche Zivilisation von dem befreien, was sie für »religiösen Aberglauben« hielten, für Grausamkeit, Ignoranz und Unterdrückung durch die kirchliche und staatliche Herrschaft der vorangegangenen Zeit. Sie hatten ein neues Bild von der Zukunft, in der die Vernunft als Kardinaltugend herrschen und den Kontext für ihre utopische Vision liefern würde. Um dies revolutionäre Ziel zu erreichen, verabschiedeten die Führer der neuen

Französischen Republik radikale Reformen im sozialen, wirtschaftlichen und politischen Leben der Gesellschaft und versuchten dann, diese Änderungen zu institutionalisieren, indem sie den gesamten zeitlichen Bezugsrahmen des französischen Volkes änderten.
Am 24. November 1793 verabschiedete die Nationalversammlung des revolutionären Frankreich ein radikal neues Kalendersystem. Es reflektierte die Ideale und Prinzipien der neuen revolutionären Regierung. Ihre Motivation war eindeutig politisch. Sie begriffen, daß es unmöglich sein würde, die französische Kultur vom vorrevolutionären Einfluß der Kirche zu befreien, solange der christliche Kalender der wichtigste zeitliche Bezug bleiben durfte. Um das Erreichte zu festigen und sicherzustellen, daß das französische Volk nicht konterrevolutionären Tendenzen zum Opfer fiel, hielten sie es für notwendig, alle zeitlichen Bezüge auszumerzen, die auf irgendeine Weise die Treue zur Vergangenheit fortleben lassen könnten. Der Politologe Thomas Darby schreibt über die politsche Bedeutung eines ganz neuen Kalenders und bemerkt:

Seine Einführung war eine extreme, aber subtile Methode, um im Volk das Bewußtsein von allen früheren Assoziationen, Loyalitäten und Gewohnheiten auszulöschen und an ihre Stelle neue zu setzen, die die revolutionäre Ideologie betonten. Dies sollte die doppelte Wirkung haben, erstens einen Zustand von »Massenvergessen« hervorzurufen und zweitens ein neues Volksgedächtnis zu begründen.[12]

Der neue französische Kalender sollte unter anderem die Zeit entchristlichen, das heißt den Einfluß der Kirche über die Zeit der Franzosen abschaffen. Er sollte auch ein neues zeitliches Bewußtsein schaffen, bei dem Werte wie Säkularismus, Naturalismus und Nationalismus die Sequenzierung, Dauer, Zeitplanung, Koordination und Zeitperspektive der neuen Franzosen bestimmen sollten. Eviatar Zerubavel faßt die revolutionäre Absicht der neuen Kalenderverordnung zusammen:

Die Abschaffung des traditionellen zeitlichen Bezugsrahmens war bewußt darauf ausgerichtet, der Kirche ein für allemal einen ihrer wichtigsten Mechanismen der sozialen Kontrolle und der Regulierung des sozialen Lebens in Frankreich zu nehmen.[13]

Der neue Kalender ersetzte die christliche durch die republikanische Zeitrechnung. Statt des Datums von Christi Geburt als Scheidepunkt zwischen alter und neuer Geschichte setzten sie das Datum der Geburt der Französischen Republik. Künftig sollte 1792 als das Jahr Eins in dem gelten, was die Kalenderarchitekten als neues geschichtliches Zeitalter ansahen. In ihrem Eifer, so rational und wissenschaftlich wie nur möglich zu sein, änderte die Regierung das ganze Jahr so um, daß es in das Dezimalsystem paßte. Der revolutionäre Kalender bestand aus zwölf Monaten mit je dreißig Tagen. Jeder Monat war wiederum in drei zehntägige Zyklen, genannt Dekaden, aufgeteilt. Jeder Tag war in zehn Stunden und jede Stunde wieder in hundert Dezimalminuten aufgeteilt. Jede Minute umfaßte hundert Dezimalsekunden.[14]
Die Wochentage wurden mit bloßen Nummern neu benannt: Tag Eins, Tag Zwei, Tag Drei usw. Die Planer waren sich der langen Geschichte religiöser Bedeutung bewußt, die mit den traditionellen Namen der Wochentage verbunden war. Sie glaubten, wenn sie dafür bloße Zahlen mit rein mathematischer Bedeutung einsetzten, würden sie den Interessen der Vernunft statt des religiösen Aberglaubens nützen.[15]

Der neue Kalender versuchte auch, eine Beziehung zur natürlichen Umwelt wiederherzustellen. Alle Namenstage der Heiligen und Feiertage wurden abgeschafft und durch natürliche Erscheinungen ersetzt. Statt eines Heiligen sollten die neuen Franzosen einen bestimmten Baum, eine Pflanze, ein Tier oder eine Blume ehren. Selbst die Monatsnamen wurden geändert, und sie reflektieren das Interesse daran, die neue Ära mit den Rhythmen der Natur in Verbindung zu bringen. Die neuen Monate hießen Lese, Nebel, Frost, Schnee, Regen, Wind, Samen, Blüten, Wiesen, Ernte, Hitze und Früchte.[16]
Die französische Öffentlichkeit zeigte keine Gegenliebe für die Abschaffung der Feiertage. Unter dem alten, christlichen Kalender hatte die Kirche zweiundfünfzig Sonntage, neunzig Ruhetage und achtunddreißig Feiertage ausgesondert. Der neue Kalender eliminierte die Sonntage und alle übrigen Feiertage und ließ dem französischen Bürger keine andere Aussicht als endlose Arbeit. Als Ausgleich führten die Kalenderplaner eine begrenzte Zahl besonderer Ruhetage ein, mit Namen wie Tag der Menschheit, Tag des französischen Volkes, Tag der Wohltäter der Menschheit, Tag der Freiheit und Gleichheit, Tag der Republik, Tag des Patriotismus, Tag der Gerechtigkeit, Tag der Freundschaft, Tag der ehelichen Treue, Tag der Kindesliebe. Natürlich sicherte sich die Französische Republik, indem sie die Zahl der Ruhetage von über hundertachtzig auf sechsunddreißig reduzierte, die Feindschaft des französischen Volkes.[17]
Der französische revolutionäre Kalender überstand nur dreizehn Jahre. 1806 führte Napoleon den Gregorianischen Kalender wieder ein, teils, um die französische Öffentlichkeit zufriedenzustellen, die sich dem revolutionären Kalender von Anfang an entgegengestemmt hatte, teils um den Papst günstig zu stimmen, in der Hoffnung auf ein »rap-

prochement« mit dem Vatikan. Der neue Kalender war von vornherein zum Scheitern verurteilt gewesen. Seine Architekten hatten versucht, jede zeitliche Markierung aus dem Leben der Franzosen zu tilgen, und dabei die idealen Voraussetzungen für Reaktion, Retrogression und unvermeidliche Verweigerung geschaffen.

5. Zeitpläne und Uhren

Einen Großteil der Geschichte hindurch beherrschte der Kalender die Angelegenheiten des Menschen. Er diente als wichtigstes Instrument sozialer Kontrolle und regulierte Dauer, Sequenz, Rhythmus und Tempo des Lebens. Er koordinierte und synchronisierte die gemeinsamen Gruppenaktivitäten der Kultur. Der Kalender ist vergangenheitsbezogen. Seine Legitimierung liegt im Erinnern. Kalenderkulturen gedenken archetypischer Mythen, alter Legenden, historischer Ereignisse, der Heldentaten der Götter, des Lebens großer historischer Gestalten und der zyklischen Fluktuation astronomischer und ökologischer Erscheinungen. In Kalenderkulturen nimmt die Zukunft ihre Bedeutung von der Vergangenheit. Die Menschheit organisiert die Zukunft in ständigem Heraufbeschwören und Ehren ihrer früheren Erfahrungen.

Der Kalender spielt in der gegenwärtigen Kultur weiterhin eine wichtige Rolle. Seine politische Bedeutung ist aber sehr zurückgegangen, seit Zeitpläne eingeführt wurden. Der Zeitplan übt eine viel weiter gehende Kontrolle über die Zeitverteilung aus als der Kalender. Während der Kalender die Makrozeit reguliert (Verteilung der Ereignisse über das Jahr), reguliert der Zeitplan die Mikrozeit (Verteilung der Ereignisse über die Sekunden, Minuten und Stunden des Tages). Der Zeitplan legitimiert sich durch die Zukunft, nicht die Vergangenheit. In Zeitplankulturen ist die Zukunft von der Vergangenheit abgeschnitten und zu einem getrennten, unabhängigen Zeitbereich geworden. Zeitplankulturen gedenken nicht – sie planen. Sie sind nicht daran interessiert, die Vergangenheit heraufzubeschwören, sondern daran, die Zukunft zu manipulieren. In dem neuen Zeitrahmen ist die Vergangenheit nichts als ein Vorspiel zur Zukunft. Was zählt, ist nicht, was gestern geschehen ist, sondern was morgen zu schaffen ist.

Der Kalender und der Zeitplan unterscheiden sich noch auf eine andere, wichtige Weise. Obwohl moderne Kalender immer mehr säkularisiert worden sind, war ihr sozialer Inhalt doch in einem Großteil der Geschichte untrennbar mit ihrem geistlichen Inhalt verbunden. In traditionellen Kalenderkulturen sind die wichtigen Zeiten heilige Zeiten, und sie werden durch die Einhaltung spezieller Gedenktage gefeiert. Der Zeitplan hingegen ist mit Produktivität assoziiert. Heilige Werte und geistliche Inhalte spielen eine geringe oder gar keine Rolle bei der Ausgestaltung von Zeitplänen. Im neuen Schema ist Zeit ein Werkzeug, um Leistung zu sichern. Die Zeit wird aller verbliebenen heiligen Inhalte beraubt und in etwas rein Nützliches verwandelt.

George Woodcock hat bemerkt: »Es ist ein häufiger Umstand der Geschichte, daß eine Kultur oder Zivilisation das Hilfsmittel entwickelt, das später zu ihrer Zerstörung verwendet wird.«[1] Mehr als jede andere Einzelkraft ist der Zeitplan dafür verantwortlich, daß die Idee der geistlichen oder heiligen Zeit untergraben und die Idee der profanen Zeit eingeführt wurde. Ironischerweise beginnt die Zeitrevolution, die der Zeitplan herbeigeführt hat, mit den Benediktinermönchen.

Der Benediktinerorden wurde im sechsten Jahrhundert gegründet. Er unterschied sich in einer wichtigen Hinsicht von anderen kirchlichen Orden. Der hl. Benedikt legte Wert auf Tätigsein zu jeder Zeit. Seine Hauptregel, »Müßiggang ist ein Feind der Seele«, wurde zur Parole des Ordens.[2] Die Benediktiner waren ständig beschäftigt, sowohl als Akt der Buße als auch als Mittel, um sich das ewige Heil zu sichern. Der hl. Benedikt warnte die Mitglieder seines Ordens: »Wenn wir der Höllenpein entrinnen könnten und das ewige Leben erlangen, dann müssen wir, solange noch Zeit ist, eilen, um jetzt zu tun, was uns für die Ewigkeit nützen kann.«[3]

Wie die Klasse der Kaufleute, die ihnen auf dem Fuße folgte, sahen die Benediktiner Zeit als einen knappen Rohstoff. Doch für sie war Zeit wesentlich, weil sie Gott gehörte, und weil sie sein war, glaubten sie, es sei ihre heilige Pflicht, sie voll auszuschöpfen, um seinem Ruhm zu dienen. Zu diesem Zweck organisierten die Benediktiner jeden Augenblick des Tages in formale Tätigkeit. Eine Zeit war zum Beten vorgesehen, eine zum Essen, Baden, Arbeiten, Lesen, Nachdenken und Schlafen. Zur Sicherung der Regelmäßigkeit und des Gruppenzusammenhalts führten die Benediktiner die römische Idee der Stunden (Horen) wieder ein – eine Zeitvorstellung, die in der übrigen mittelalterlichen Gesellschaft wenig gebräuchlich war. Jede Tätigkeit wurde einer geeigneten Stunde des Tages zugeordnet. Man bedenke die folgenden Vorschriften aus der Regel des hl. Benedikt:

> Deshalb sollen sich die Brüder beschäftigen:
> zu bestimmten Zeiten mit Handarbeit,
> zu bestimmten anderen Stunden mit heiliger Lesung.
> Wir glauben, daß durch die folgende Ordnung
> die Zeit für beides festgelegt werden kann:
> (sie)... ziehen frühmorgens aus
> und besorgen von der 1. bis fast zur 4. Stunde
> die notwendigen Arbeiten.

> Von der 4. Stunde bis zur Zeit, wo sie die Sext feiern,
> sind sie frei für die Lesung.
> Wenn sie nach der Sext vom Tisch aufgestanden sind,
> ruhen sie auf ihren Betten, unter völligem Schweigen.[4]

Unter der Regel des hl. Benedikt waren sogar Körperfunktionen der Anpassung an diese neue, hochstrukturierte Zeitordnung unterworfen:

> (Im Winter wird man) zur 8. Stunde der Nacht aufstehen.
> So kann man etwas länger als die halbe Nacht ruhen …
> (Man setze) die Zeit so fest,
> daß auf die Feier der Vigilien eine kleine Pause folgt,
> in der die Brüder für natürliche Bedürfnisse hinausgehen.[5]

Um sicherzustellen, daß alle ihre Beschäftigung gemeinsam zur vorgeschriebenen Zeit begannen, führten die Benediktiner Glocken ein. Glocken läuteten, klingelten und bimmelten den ganzen Tag lang und scheuchten die Mönche auf ihren festgesetzten Runden. Die wichtigsten Glocken waren die, die die acht kanonischen Horen ankündigten, wenn die Mönche das Offizium feierten.
Die Benediktiner ordneten die Wochen und die Jahreszeiten mit derselben zeitlichen Regelmäßigkeit wie den Tag. Selbst solche profanen Tätigkeiten wie das Rasieren des Kopfes, Aderlässe und Matratzenfüllungenerneuern fanden zu festgesetzten Zeiten im Lauf des Jahres statt.[6]
Die Idee festgesetzter Zeiten für jede Tätigkeit war in sich revolutionär. Die Benediktiner erhoben dieses radikal neue Konzept in den Rang eines moralischen Prinzips. Strenge Einhaltung dieser anspruchsvollen Zeitorientierung galt als lobenswert in den Augen der Kirche und, wie sie glaubten, auch in den Augen des Herrn. Dieser neue Umgang mit der

Zeit wurde in der Tat so ernst genommen, daß die Mönche angewiesen wurden, in ihren Kleidern zu schlafen, denn:

> Die Mönche seien stets BEREIT.
> Wenn das Zeichen gegeben wird, stehen sie unverzüglich auf und beeilen sich, einander zum Gottesdienst zuvorzukommen.[7]

Natürlich stellte diese Art Unterwerfung unter die Diktate der Stunde und ihre vorgeschriebene Tätigkeit sicher, daß die Zeit jedes Mönchs der Institution und ihren Aufsehern übereignet wurde. Die einzelnen Mönche wurden in eine so streng definierte Zeitordnung eingesperrt, daß keine Zeit für individuelle Initiative übrigblieb. Auf diese Weise nahm das Kloster den autokratischen Staat um fast ein Jahrtausend vorweg.

Die Benediktiner führten mehr als eine neue Zeitorientierung mit ihrem »Stundenplan« ein. Eviatar Zerubavel bemerkt weise, die Benediktiner, indem sie feste Zeiten für bestimmte Aktivitäten vorschrieben und strengen Gehorsam in der Ausführung dieser Tätigkeiten zur vorgeschriebenen Zeit verlangten, hätten »dazu beigetragen, dem menschlichen Tun die regulären kollektiven Taktschläge und Rhythmen der Maschine zu geben«.[8] Der Politologe Reinhard Bendix hat die Benediktinermönche als »die ersten Berufstätigen der abendländischen Zivilisation« beschrieben.[9]

Um die rechte Anpassung an den vorgeschriebenen Zeitplan zu sichern, entwickelten die Benediktiner ein Hilfsmittel, das ihnen größere Genauigkeit und Präzision bei der Zeitmessung ermöglichte, als Glocken und Glöckner sie bieten konnten. Sie erfanden die mechanische Uhr. Lewis Mumford bemerkte einmal: »Die Uhr, nicht die Dampfmaschine, ist der Schlüsselmechanismus der Moderne.«[10]

Die erste automatische Maschine der Geschichte lief mit einem Mechanismus namens »Hemmung«, der »regelmäßig die Kraft eines fallenden Gewichtes unterbrach«[11] und so die Freisetzung von Energie und die Bewegung der Zahnräder kontrollierte.
Zuerst wurde diese Erfindung ausschließlich von den Benediktinern benutzt, um größere Konformität mit dem täglichen Zeitplan der Pflichten zu sichern. Die Uhr ermöglichte es dem Klerus, die Länge von Stunden zu standardisieren. Durch die Einführung einer einförmigen Einheit für Zeitdauer konnten die Mönche die Abfolge der Tätigkeiten mit größerer Akkuratesse planen und die Gruppenaktivitäten verläßlicher synchronisieren.
Es dauerte freilich nicht lang, bis der Ruf dieses neuen Wunders sich zu verbreiten begann. Im späten fünfzehnten Jahrhundert hatte die mechanische Uhr ihren Weg aus den Klöstern heraus gefunden und war zu einem regelmäßigen Bestandteil der neuen Stadtlandschaft geworden. Riesige Uhren wurden zum Herzstück des Stadtlebens. Sie wurden in der Mitte des Stadtplatzes aufgestellt und ersetzten bald die Kirchenglocken als Treffpunkt und Bezugspunkt für die Koordination der komplexen Interaktionen des Stadtlebens.
Nur ein Jahrhundert zuvor hatte die Großartigkeit der gotischen Kathedrale den Status einer Gemeinde gesetzt, doch nun wurde die Aufstellung der Standuhr zum Symbol städtischen Stolzes. 1481 ersuchten die Bewohner von Lyon den Magistrat um eine Stadtuhr und begründeten die Ausgabe städtischer Gelder so: »Mehr Menschen würden zu den Jahrmärkten kommen, die Bürger wären sehr zufrieden, fröhlich und glücklich und würden ein besser geordnetes Leben führen.«[12]
Der Bau dieser riesigen öffentlichen Uhren war keine Klei-

nigkeit, wie die folgende Geschichte bezeugt: Am 15. Januar 1356 wurde der Uhrmachermeister Anthony Bovell beauftragt, eine Uhr für König Peter IV. von Aragon zu bauen. Die Uhr sollte zwei Tonnen wiegen und die dazugehörige Glocke vier Tonnen. Ein sehr verstärkter Turm mußte gebaut werden, um Uhr und Glocke aufzunehmen. Um diesen Auftrag auszuführen, ließ Bovell drei Öfen bauen und stellte zehn weitere Uhrmacher an, zusätzlich zu einem Heer von Maurern, Seilern, Gießern, Fuhrleuten, Stukkateuren und Schmieden, insgesamt an die hundert Leute. Örtliche Kaufleute wurden unter Vertrag genommen, um Materialien und Ausrüstung zu liefern. Nach Monaten, in denen die Eisenteile geschmiedet und gegossen wurden, und weiteren Monaten, in denen der Turm selbst gebaut wurde, mußten Bovell und seine Arbeiter einen mobilen Derrickkran und riesige weitere Kräne aufstellen, um Uhr und Glocke an die Spitze des Turms zu hieven. Die Kosten des gesamten Projekts waren für damalige Verhältnisse enorm, doch der Hof war der Ansicht, es sei seinen Preis wert – er konnte sich nun damit brüsten, eine automatische Anlage für die Regelung der fürstlichen und wirtschaftlichen Angelegenheiten im Königreich zu besitzen.[13]
Die berühmteste der frühen Uhren wurde in Straßburg gebaut. Der Straßburger Senat schloß einen Vertrag mit Konrad Dasypodius, einem Mathematikprofessor an der Straßburger Akademie, »ein großartiges, glanzvolles und künstlerisches Werk« zu bauen, das »dem Senat und dem Volk von Straßburg zur Ehre gereichen« sollte.[14] Der Bau wurde 1547 begonnen und brauchte siebenundzwanzig Jahre bis zur Fertigstellung. Die Uhr war eine außergewöhnliche Errungenschaft, und man sprach sofort in ganz Europa über sie. Sie war die größte ihrer Art, die je gebaut wurde; sie maß an der Basis 7,6 m in der Breite und war über 1,8 m

hoch. Die Uhr war mehr als ein Zeitmesser: In ihr Werk war eine Sammlung automatischer Mechanismen und Puppen eingebaut, besetzt und verziert mit schönen Kunstwerken. Dasypodius hatte seine Meisteruhr mit allem Wissen des Abendlandes umgeben und aus ihr das symbolische Zentrum des abendländischen Bewußtseins gemacht.

Die automatischen astronomischen Mechanismen umfaßten ein großes Kalender-Zifferblatt mit den Feiertagen, eine Uhr für die Ortszeit, ein Astrolabium mit zierlich gemachten Zeichen von Tierkreiszeichen und Planeten, einen Mechanismus, der die Mondphasen zeigte, und eine himmlische Sphäre, getragen durch einen Pelikan, der vor der Uhr auf dem Boden montiert war. Die Hauptzüge der automatischen Puppen waren: die Schutzgötter der Wochentage, die in raffinierten Wagen herumgefahren wurden; Figuren der vier Lebensalter des Menschen, die in ihrem Umlauf die Viertelstunden schlugen, und die Figuren Christi und des Todes, die bei jedem Stundenschlag miteinander kämpften, wobei der Tod alle Stunden außer der letzten gewann. Auch der alte, restaurierte Hahn wurde an der Spitze des Gewichteturms montiert, und um zwölf Uhr mittags schlug er mit den Flügeln, erhob den Kopf, öffnete den Schnabel, schüttelte seinen Schwanz und krähte, zur Begleitung eines Glockenspiels, das Musikstücke spielte.[15]

Die ersten Uhren hatten keine Zifferblätter. Sie schlugen nur zur vollen Stunde eine Glocke an. (Die Verwandtschaft zwischen englisch »clock« und deutsch »Glocke« ist offensichtlich – d. Ü.) Im sechzehnten Jahrhundert schlugen Uhren alle Viertelstunde, und einige wurden mit Zifferblättern gebaut, um das Vergehen jeder Stunde anzuzeigen. In der Mitte des siebzehnten Jahrhunderts wurde das Pendel erfunden und sorgte für einen viel anspruchsvolleren, genaueren Mechanismus zur Zeitbestimmung. Kurz danach wurde der Minutenzeiger eingeführt. Der zweite Zeiger machte sein Debüt erst Anfang des 18. Jahrhunderts; er wurde zuerst von Astronomen, Navigatoren und Ärzten benutzt, um genauere Messungen zu zeigen. Die Idee von Sekunden und Minuten hatten Mathematiker im vierzehnten Jahrhundert aufgebracht, doch man muß bedenken, daß sie erst Bestandteil des Zeitbewußtseins der Abendländer wurden, als sie ihren Weg auf das Zifferblatt der mechanischen Uhr fanden.[16]

Der Gedanke, die Zeit in standardisierte Einheiten von Stunden, Minuten und Sekunden zu organisieren, wäre einem leibeigenen Bauern im Mittelalter merkwürdig oder gar makaber vorgekommen. Damals war ein Tag grob in drei Abschnitte unterteilt: Sonnenaufgang, Mittag und Sonnenuntergang. Die einzigen anderen Signale, sagt Lawrence Wright, waren »die Saat- und Ernteglocke, die sie zur Arbeit rief, die Predigtglocke und die Abendglocke«.[17] Gelegentlich hörte man den Klang der »Nachleseglocke, der Ofenglocke, wenn im Herrenhaus der Ofen geheizt wurde, um Brot zu backen, der Marktglocke und der Glocken, die sie zu Festen, Feuersbrünsten oder Begräbnissen riefen«.[18] Selbst bei diesen Anlässen war Zeit nicht etwas im voraus Fixiertes und von äußeren Ereignissen Getrenntes. Die Zeit des Mittelalters war noch sporadisch, ungehetzt, unberechenbar und vor allem gebunden an Erfahrungen statt abstrakte Zahlen.

»Durch ihre Wesensart«, bemerkt Lewis Mumford, »dissoziierte die Uhr die Zeit von menschlichen Ereignissen.«[19] Es trifft auch zu, wie der Historiker David Landes von der Harvard University nahelegt, daß die Uhr »menschliche Ereignisse von der Natur« dissoziierte.[20] Bislang war die Zeit immer in bezug auf biotisch-physische Erscheinungen gemessen worden, auf die aufgehende und untergehende

Sonne und die wechselnden Jahreszeiten, doch von nun an war sie eine rein mechanische Funktion. Die neue Zeit ersetzte Qualität durch Quantität und den rhythmischen Puls der natürlichen Welt durch Automatismus.

Die aufkommende Bourgeoisie der Kaufleute machte sich die mechanische Uhr gründlich zu eigen. Schnell zeigte sich, daß die immer komplexeren Aktivitäten des städtischen und kommerziellen Lebens eine Methode der Regulierung und Synchronisierung erforderten, die nur die Uhr liefern konnte.

Die Uhr fand ihre erste Anwendung in der Textilindustrie. Die Textilproduktion nahm die übrige industrielle Revolution um zwei Jahrhunderte vorweg und hatte viele Wesensmerkmale, die die kommende Ära charakterisieren sollten. Zunächst erforderte die Textilmanufaktur ein großes, zentralisiertes Heer an Arbeitskräften. Sie erforderte sodann die Anwendung komplexer Maschinerie und große Mengen von Energie. Das neue städtische Proletariat versammelte sich allmorgendlich in den Färbereien und Walkmühlen, »wo der hohe Energieverbrauch zur Erhitzung der Küpen und zum Antrieb der Hämmer die Konzentration in große Einheiten begünstigte«.[21] Diese Art der komplexen, hochzentralisierten und energieintensiven Produktionstechnik machte es notwendig, feste Stunden für den Beginn und das Ende der Arbeit anzusetzen und einzuhalten.

Arbeitsglocken und später Stechuhren wurden das Werkzeug von Händlern und Fabrikbesitzern, um die Arbeitszeit ihrer Leute zu kontrollieren. Der Historiker Jacques Le Goff merkt an, daß hier die Einführung eines radikal neuen Hilfsmittels lag, um Macht und Kontrolle über die Massen auszuüben. Kurz, »die städtische Uhr war ein Werkzeug wirtschaftlicher, sozialer und politischer Herrschaft in der Hand der Kaufleute, die die Stadt lenkten«.[22]

Nicht nur in der Fabrik spielte die Uhr eine wichtige, neue Rolle. Die Bourgeoisie fand in praktisch jedem Bereich ihres Alltagslebens Verwendung für sie. Dies war eine neue Form zeitlicher Reglementierung, anspruchsvoller als jede andere zuvor. Die Bourgeoisie führte die Uhr in ihren Wohnungen ein, in ihren Schulen, Clubs und Büros. Keine Ecke der Kultur war aus der Reichweite dieses bemerkenswerten, neuen Sozialisationsmittels ausgespart. Lewis Mumford hat eine Bestandsaufnahme dieses radikalen Wandels im Zeitbewußtsein gemacht und kommt zu dem Schluß:

Die neue Bourgeoisie in Kontor und Laden reduzierte das Leben auf eine sorgsame, ununterbrochene Routine: so lange fürs Geschäft; so lange fürs Essen; so lange fürs Vergnügen – alles sorgsam bemessen... Terminierte Zahlungen; terminierte Verträge; terminierte Arbeit; terminierte Mahlzeiten; von dieser Zeit an war nichts ganz frei vom Stempel des Kalenders und der Uhr.[23]

»Pünktlich wie ein Uhrwerk« zu werden wurde der höchste Wert des neuen Industriezeitalters.[24] Ohne die Uhr wäre industrielles Leben nicht möglich gewesen. Die Uhr konditionierte das menschliche Denken, die Zeit als äußerlich, autonom, kontinuierlich, fordernd, quantitativ und teilbar wahrzunehmen. Dadurch bereitete sie den Boden für eine Produktionsweise, die mit den gleichen Zeitnormen arbeitete.

Die potentielle Macht der Uhr entging den Mächtigen nicht. 1370 erließ Karl V. einen Befehl, daß alle Pariser Glocken nach der Uhr im Palais Royal zu stellen seien.[25] David Landes erfaßt am besten die politische Tragweite der Einführung der Uhr in die europäische Kultur:

Die Erfindung der mechanischen Uhr war eine von wenigen großen Errungenschaften, die Europa von einem schwachen, peripheren, sehr verwundbaren Vorposten der Mittelmeerkultur zu einem hegemonialen Aggressor machten. Zeitmessung war gleichzeitig ein Zeichen für neugefundene Kreativität und eine Wirkkraft im Einsatz von Wissen für Reichtum und Macht.[26]

In der neuen Welt der Bourgeoisie wurden alle Aktivitäten des Lebens unter die strenge Kontrolle von Zeitplan und Uhr gebracht. Der Tag war aufgeteilt in vorausgeplante Aktivitäten, und die Zeit war in standardisierte Einheiten zerschnitten.
Die Zeit wurde von ihrer biologisch-ökologischen Vertäuung losgebunden und im Inneren der Zahnräder einer automatischen Maschine eingesperrt, die sie nun in regelmäßigen, unterschiedslosen Schlägen ausportionierte.

6. Zeitpläne und Fabrikdisziplin

Gerüstet mit einer neuen Zeitkonstruktion, war die aufsteigende Bourgeoisie der Kaufleute und Fabrikbesitzer nun in der Lage, die neue industrielle Produktionsweise wirksam zu regulieren. Es wurde zur vordringlichen Aufgabe der Zeit, die Massen zu der neuen Zeitorientierung zu bekehren. Die Taufe fand an den Fabriktoren statt.

Die neue, industrielle Produktionsweise erforderte, daß der neue Zeitbegriff der Bourgeoisie unkritisch übernommen wurde. Doch es erwies sich als Herkulesaufgabe, die europäischen Arbeiter zur Übernahme der »bourgeoisen Zeit« zu bewegen.

Mittelalterliche Handwerker waren einen ganz anderen Zeitrhythmus gewohnt gewesen. Sie waren generell selbständig und bestimmten ihre Arbeitszeit selbst. Sie waren zumeist aufgabenorientiert und dachten sich nichts dabei, die Arbeit mehrere Stunden am Tag zu unterbrechen, um mit einem Freund zu schwatzen, Arbeiten im Haushalt zu erledigen oder die örtliche Taverne zu besuchen. Da die meisten Handwerke saisonal waren, arbeiteten die Handwerker periodisch konzentriert und gaben sich dann lange Zeit der Ruhe und Erholung hin. Die Bauern folgten einer ähnlichen Routine, denn ihr Arbeitsrhythmus hing von den Vorgaben der Jahreszeiten ab.

Das neue System der Fabrikproduktion erforderte eine

völlig neue Zeitorientierung. Große Zahlen von Arbeitern mußten unter einem Dach organisiert werden. Arbeitsaufgaben wurden in spezialisierte Kategorien zerlegt, und deshalb mußten die Tätigkeiten stärker koordiniert werden. Die neue, dampfgetriebene Maschinerie verlangte ständige Aufmerksamkeit.

Wenn ein oder mehrere Arbeiter ihren zugewiesenen Arbeitsbereich unbeaufsichtigt ließen, konnte die ganze Produktionsanlage sich festfahren. Außerdem waren Maschinen teuer in Herstellung, Installierung und Betrieb. Folglich konnten sie nicht einfach an- und abgestellt werden, je nach Laune der Arbeiter, die vielleicht lieber später zur Arbeit kamen, eine Pause von unbestimmter Länge einlegten oder früher heimgingen.[1]

Im Handwerk und in der Landwirtschaft hatten die Arbeitenden das Tempo bestimmt, doch im neuen Fabriksystem diktierte die Maschinerie das Tempo. Und dies war pausenlos, erbarmungslos und fordernd. Die industrielle Produktionsweise war vor allem anderen methodisch. Ihr Rhythmus spiegelte den Rhythmus der Uhr. Von dem neuen Arbeiter wurde erwartet, daß er seine Zeit vollkommen dem neuen Fabrikrhythmus unterwarf. Er hatte sich pünktlich einzufinden, in dem von der Maschine vorgegebenen Tempo zu arbeiten und dann zur festgesetzten Zeit zu gehen. Subjektive Zeitvorstellungen hatten keinen Platz in der Fabrik. Da herrschte unangefochten die objektive Zeit – die Maschinenzeit. Die neue Zeitorientierung war ungewohnt für die Massen, und sie waren größtenteils nicht willens, sie hinzunehmen. Als die ersten Baumwollmühlen in Schottland eröffnet wurden, klagten die Manager: »Es stellte sich heraus, daß die Leute sehr wenig geneigt waren, sich dem langen Eingeschlossensein und dem regelmäßigen Fleiß zu unterwerfen, der von ihnen verlangt wird.«[2] Ein Trikotagenhersteller fand in seiner Fabrik »die äußerste Abneigung seitens der Männer gegen irgendwelche regelmäßigen Stunden oder regelmäßige Gewohnheiten ... Die Männer selbst waren sehr unzufrieden, weil sie nicht nach Belieben kommen und gehen konnten, freie Tage haben konnten, wie sie wollten, und weitermachen wie gewohnt.«[3]

Den Arbeitern war die neue Zeitorientierung so zuwider, daß viele Fabrikbesitzer schlicht außerstande waren, Personal zu bekommen. Wenn sie Leute bekamen, waren die Abwesenheitsquoten hoch, und oft kündigten die Arbeiter nach nur einigen kurzen Wochen. In vielen Firmen war eine hundertprozentige Fluktuation bei den Arbeitskräften in einem Jahr nichts Ungewöhnliches.

Einige Gruppen verweigerten sich der neuen Fabrikdisziplin *en masse.* Die Bauern der schottischen Highlands konnten nicht leicht dazu gebracht werden, den neuen Zeitrahmen zu akzeptieren. Ein Beobachter bemerkte: »Ein Highlander sitzt nie zufrieden an einem Webstuhl; es ist, als spannte man einen Hirsch vor den Pflug.«[4]

Laut Sidney Pollard, dessen Buch *The Genesis of Modern Management* viele der frühen Kämpfe zwischen Arbeitern und Besitzern aufzählt, konnten die meisten Arbeiter erst dazu gebracht werden, den neuen Fabrikrhythmus zu akzeptieren, wenn sie mittellos und verzweifelt waren. Aus diesem Grund konnten Fabrikbesitzer in Glasgow die landwirtschaftliche Krise in Irland zum Rekrutieren ihrer Arbeitskräfte ausnutzen. »Sie zogen die Iren vor«, schreibt Pollard, denn sie »waren fügsam und willens, sobald sie ankamen, Hungerlöhne zu nehmen«.[5]

Im späten achtzehnten Jahrhundert fand ein neues Wort Eingang in die Umgangssprache. Pünktlichkeit kommt vom lateinischen *punktus,* das ursprünglich »Einzelheiten des Verhaltens« bedeutete. Nun wurde es mit dem moralischen

Imperativ assoziiert, »rechtzeitig dazusein«.[6] Es war ein immer wiederkehrendes Problem, die Arbeiter zur vorgesehenen Uhrzeit an die Arbeit zu bringen. In Lancaster wie in anderen Industriestädten schrillte morgens um fünf eine Dampfpfeife, um die Leute aus dem Schlaf zu reißen.[7] War das nicht genug, so stellten die Arbeitgeber »Wachklopfer« an, die von Wohnung zu Wohnung gingen und »mit langen Stangen an Schlafzimmerfenster klopften«. Einige der Wachklopfer zogen gar an Schnüren, »die von einem Fenster herabhingen und am Zeh des Arbeiters befestigt waren«.[8]
Zur Arbeit kommen war ein Problem. Einhaltung der Fabrikrhythmen war ein weiteres. Die Fabrik war der erste Ort, an dem der normale Mann und die normale Frau dem Zeitplan ausgesetzt wurden. Es waren mehrere Jahrhunderte vergangen, seit die Benediktiner den Zeitplan zuerst eingeführt hatten, doch für die meisten Menschen war er eine Kuriosität geblieben, eine zeitliche Abweichung, beschränkt auf das Klosterleben. Die Bourgeoisie benutzte den Zeitplan, um ihre kaufmännischen Aktivitäten zu planen. Es gab Lieferpläne, Inventarzeitpläne, Bank- und Kontozeitpläne, geschäftliche Terminkalender, alle minutiös auf die neuen Uhreneinheiten abgestimmt: Stunden, Minuten und Sekunden. Alles wurde im voraus geplant und mit einer entsprechenden Zeit und Dauer kalkuliert. Dies schloß Arbeitszeitpläne ein.
Schon 1700 stellten Firmen wie die Crowley Iron Works in England formelle Arbeitszeitpläne für ihre Arbeitnehmer auf. Der Besitzer der Crowley-Werke arbeitete einen detaillierten Code aus, der über einhunderttausend Worte umfaßte, um den Zeitplan der Arbeiter zu beaufsichtigen.[9] Besorgt über die schlechte Arbeitsmoral, befahl Crowley dem Aufseher der Mühle, für jeden Arbeitnehmer ein Arbeitszeitblatt zu führen und »auf die Minute genau« auszufüllen.

Jeden Morgen um fünf Uhr hat der Aufseher die Glocke zum Arbeitsbeginn zu läuten, um acht zum Frühstück, eine halbe Stunde später wieder zur Arbeit, um zwölf Uhr zum Mittagessen, um eins zur Arbeit, und um acht soll er läuten, daß die Arbeit aufhört und alles abgeschlossen wird.[10]

Jeden Donnerstag lieferte der Aufseher das Arbeitszeitblatt jedes Arbeiters beim Besitzer ab, zusammen mit der folgenden eidesstattlichen Aussage:

Diese Aufstellung der Zeit ist ohne Begünstigung oder Zuneigung, Übelwollen oder Haß angefertigt, und ich glaube wirklich, daß die obengenannten Personen die oben angegebenen Stunden für Herrn John Crowley gearbeitet haben.[11]

Hundert Jahre später brachten Fabrikbesitzer die ersten Stechuhren an, um automatisch exakt das Kommen und Gehen der Arbeitnehmer zu überwachen. Das erste Gerät dieser Art war eine lange Kastenuhr mit rotierendem Zifferblatt und Zapfen an jeder Viertelstunden-Markierung. Der Arbeiter zog an einer Schnur, die den Zapfen eindrückte und so die Zeit seines Ankommens oder Weggehens aufzeichnete. Wenn der Arbeiter eine Minute zu spät kam oder zu früh ging, wurde ihm eine Viertelstunde abgezogen.
Um die Arbeiter dazu zu bringen, das neue Uhrenbewußtsein und die Arbeitszeitpläne zu übernehmen, kombinierten die Arbeitgeber empfindliche Strafen mit Anreizen und Belohnungen. Strafgebühren wurden für Zuspätkommen oder »Faulenzen« bei der Arbeit erhoben. Wenn es nicht genug Arbeitskräfte gab, waren die Eigentümer gezwungen, zu Anreizen zu greifen, um die Arbeitnehmer zur Hinnahme der neuen Zeitdisziplin zu verleiten. Josiah Wedgwood, Charles Darwins Schwiegervater und ein

wohlangesehener Fabrikbesitzer im England des späten achtzehnten Jahrhunderts, wies seine Verwaltungsangestellten an, pünktliche Arbeiter besonders zu begünstigen:

Die ermutigen, die regelmäßig rechtzeitig kommen, sie wissen lassen, daß ihre Regelmäßigkeit entsprechend wahrgenommen wird, und sie durch wiederholte Zeichen des Lobes vor dem weniger ordentlichen Teil der Arbeitsleute auszeichnen, durch Geschenke oder andere Zeichen, entsprechend ihrem Alter.[12]

Der Arbeitszeitplan verlangte sehr viel mehr als jede andere Zeiterfindung der Geschichte. Jeder Moment in der Zeit des Arbeiters unterlag der Kontrolle von oben. Sogar Gespräche zwischen den Arbeitnehmern wurden begrenzt oder völlig verboten, damit sie nicht den festgesetzten Zeitplan durcheinanderbrachten. In John Marshalls Flachsmühlen wurde 1821 das folgende Edikt erlassen:

Wenn der Aufseher eines Raumes dabei gefunden wird, daß er in der Arbeitszeit zu irgend jemandem in der Mühle spricht, wird er sofort entlassen.[13]

In der neuen Welt hieß es »Zeit ist Geld«, und jeder Zeitverlust war um jeden Preis zu vermeiden.

Der Arbeitszeitplan kam oft in direkten Konflikt mit der älteren Form sozialer Kontrolle, dem Kalender. Die Menschen waren fast fünfzehnhundert Jahre lang an den christlichen Kalender gewöhnt worden. Er stellte die herrschende soziale und politische Kraft in ihrem zeitlichen Leben dar. Fabrikbesitzer und Kaufleute versuchten, die Bedeutung des Kalenders zu mindern, doch bei jedem Schritt auf diesem Weg leisteten die Arbeiter Widerstand.

Wie wir zuvor erfahren haben, war der christliche Kalender

mit heiligen Tagen, Namenstagen von Heiligen und Feiertagen gesprenkelt. Da die Zeit nun ein kostbares Gut war, waren die Fabrikbesitzer außer sich darüber, wie sie die kirchliche Zeit umgehen und die Arbeiter bewegen konnten, den stärker fordernden Arbeitszeitplan zu akzeptieren. In Südwales verloren die Arbeiter noch nach 1840, wie der Wirtschaftswissenschaftler Sidney Pollard schreibt, »eine Woche von fünf«, weil sie sich frei nahmen, um verschiedene Rituale und Ereignisse des Kalenders zu feiern.[14]

Während des ganzen langen Kampfes zwischen der Klasse der Bourgeoisie und den Arbeitern um die neue Zeitorientierung blieb die Uhr der Zankapfel. Die Arbeitnehmer beschuldigten die Eigentümer, an den Uhren zu »drehen«, um sie um ihren Lohn zu betrügen. In einem Bericht sagte ein Fabrikarbeiter aus:

> Die Uhren in den Fabriken wurden oft morgens vorgestellt und abends nachgestellt, und statt Instrumente zum Messen der Zeit zu sein, wurden sie als Deckmäntel für Betrug und Unterdrückung benutzt. Obwohl dies unter den Arbeitern bekannt war, hatten alle Angst, etwas zu sagen. Damals hatte ein Arbeiter Angst, eine Uhr zu tragen, denn es war nichts Ungewöhnliches, daß jeder entlassen wurde, der sich anmaßte, so viel über die Wissenschaft der Horologie zu wissen.[15]

Die neue besitzende Klasse vermochte es zumeist nicht, Bauern und Handwerker in disziplinierte Fabrikarbeiter zu verwandeln. Sie waren zu sehr verwurzelt in der zeitlichen Orthodoxie einer früheren Epoche. Doch bald wurde offenbar, daß ihre Kinder, zeitlich noch ungeformt, ein viel bequemeres Arbeitskräftereservoir für die neue industrielle Technik bildeten. Kinderarbeit war billig und konnte leicht an den zeitlichen Anforderungen der Uhr und des Arbeitszeitplans ausgerichtet werden. Indem sie Kinder im zarten Alter von fünf bis sieben holten, die dann bis zu sechzehn Stunden täglich in schwach beleuchteten und schlecht gelüfteten Fabriken arbeiteten, sicherten sich die Eigner unfreie und manipulierbare Arbeitskräfte, die gründlich mit dem neuen Zeitrahmen indoktriniert werden konnten.

Irgendwann waren bis zu einem Drittel der Fabrikarbeiter Kinder im Alter von fünf bis achtzehn.[16] Kinder wurden oft von Vorarbeitern geprügelt, bis sie sich unterwarfen. In den progressiveren Fabriken wichen die Prügel verbalen Mißhandlungen und psychischer Demütigung. In John Woods Spinnerei mußte ein Kind, das bei der Übertretung des »Arbeitszeitplanes« erwischt wurde, im Raum auf und ab laufen und dabei ein Schild mit der Liste seiner Verstöße hochhalten. Hatte sich das Kind etwas besonders Ernstes zuschulden kommen lassen, wurde es gezwungen, den anderen Arbeitern sein Verbrechen zu beichten.[17] In der Witts & Rodick Seidenmühle in Essex mußten Kinder, die die Regeln der Arbeitszeit übertraten, »entwürdigende Kleidung« tragen.[18]

Die Fabrikbesitzer benutzten auch das Anreizesystem, um ihre kindlichen Arbeiter zum Arbeitszeitplan zu konditionieren und ihre Produktivität zu steigern. Wie Pollard berichtet, wurden in den Seidenmühlen oft Kleider als Preise für beispielhafte Arbeit verschenkt. In einer Fabrik bekamen die am härtesten arbeitenden Mädchen Puppen, die besten Jungen ein Stück Speck und sechzig Kartoffeln.[19]

Die Arbeiter zum Akzeptieren des neuen Zeitbegriffs zu bringen hing letztlich von der Fähigkeit der Eigner ab, den Durchschnittsarbeiter zu überzeugen, durch eine Kombination von Fleiß, Pünktlichkeit, Disziplin und harter Arbeit könne er sein Los im Leben verbessern, größeren materiellen Wohlstand erlangen, seinen gesellschaftlichen Status verbessern und seinen Kindern eine bessere Zukunft sichern. Kurz, der Arbeiter mußte ehrgeizig gemacht werden. Er mußte von der Tretmühle der Geschichte, dem ewigen Kreislauf des Dorflebens befreit werden, wo Generation auf Generation folgte, in endloser Wiederholung vertrauter, altehrwürdiger Aufgaben.

Die bourgeoise Zeitorientierung war linear, nicht zyklisch. Die Bourgeoisie hatte die Zukunft von der Natur emanzipiert und zu einem säkularen Grenzland gemacht, das es durch menschliche Willenskraft und Entschlossenheit zu erobern galt. Nun wollte sie, daß die Arbeiter ihre neuen, radikalen Zeitwerte akzeptierten. In dieser mächtigen Anstrengung wurden sie tatkräftig unterstützt von den protestantischen Geistlichen. Der Klerus attackierte jedes Element im Leben des Arbeiters, das irgendwie seine erwartungsgemäße Leistung bei der Arbeit hindern konnte. Sein Trinken, Fluchen, sein Mangel an Einsatz und Ehrgeiz wurden zum Gegenstand zahlloser Predigten und öffentlicher Ansprachen gemacht. Wie E. P. Thompson in seinem Aufsatz »Time, Work-Discipline, and Industrial Capitalism« trocken feststellte: »Lange bevor die Taschenuhr in Reichweite des Handwerkers gekommen war«, bot der evangelische Klerus »jedermann seine eigene, innere Moraluhr«.[20] Eine der führenden evangelischen Stimmen im London des späten siebzehnten Jahrhunderts, J. Baxter, schrieb in seinem *Christian Directory:* »Ein weiser und geschickter Christ sollte seine Angelegenheiten in eine solche Ordnung bringen, daß jede gewöhnliche Pflicht ihren Platz kennt, und alles sollte sein... wie die Teile einer Uhr oder anderen Maschine, die alle verbunden und jeweils am rechten Platz sein müssen.«[21]

Die Kanzel in der Kirche war nicht das einzige Forum, das für die Verkündung der frohen Botschaft vom neuen Zeitkonzept der Bourgeoisie zur Verfügung stand. Das Bildungssystem nahm ebenfalls die Herausforderung an, die nächste Generation in der neuen Zeitorientierung zu bilden. Ein Sozialkommentator erklärte 1772, der Schulraum solle ein Übungsgelände für die »Gewohnheit des Fleißes« sein, und jedes Kind solle im frühesten Alter »an Arbeit und Erschöpfung gewöhnt, um nicht zu sagen darin eingebürgert werden«.[22]

Die Erzieher griffen das neue Stundenplankonzept enthusiastisch auf und transponierten eiligst die disziplinierten Rhythmen der Fabrikarbeit direkt in den Schulraum. Die neuen Zeitregeln, die die Schulbildung von Kindern beherrschen, sind bis heute praktisch unverändert geblieben. Hier eine Beschreibung des schulischen Zeitplans, der im frühen 19. Jahrhundert eingeführt wurde:

> Der Superintendent klingelt wieder – dann erhebt sich auf eine Bewegung seiner Hand hin die ganze Schule unverzüglich von ihren Sitzen – auf eine zweite Handbewegung hin drehen sich die Schüler um – auf eine dritte bewegen sie sich langsam und schweigend zum festgelegten Platz, um ihre Lektionen zu wiederholen – dann spricht er das Wort »Beginnt« aus.[23]

In Schulen wurde Pünktlichkeit und strikte Einhaltung von Zeitplänen ebenso wichtig, wenn nicht wichtiger als Lesen, Schreiben und Rechnen. Ein französischer Erziehungsminister dachte einmal über die Überlegenheit des französischen Schulsystems nach und verkündete dann stolz, »er könne zu jeder Zeit des Tages seine Uhr befragen und sagen, ob jedes Kind in Frankreich in einem bestimmten Alter komplizierte Divisionen machte, Corneille las oder lateinische Verben konjugierte«.[24]

Im Klassenzimmer, auf der Kanzel, in der Fabrikhalle

wurde die neue, städtische Kultur zu einem neuen Zeitkatechismus trainiert. Die Uhr und der Zeitplan wurden unauslöschlich in das Bewußtsein der Kultur geprägt. Modern sein hieß pünktlich sein, diszipliniert, fix und zukunftsorientiert.

Spontaneität, Unregelmäßigkeit, Entspanntheit und die einfache Ruhe, die eine weniger materialistische, mehr traditionelle mittelalterliche Kultur begleitete, wurden zugunsten einer rastlosen, antreibenden prometheischen Vision aufgegeben. Der Gemeinschaftsgeist des Herrensitzes und des stillen Dorfes auf dem Land wurde ersetzt durch den atomistischen Willen des Stadtlebens. Der neue Mann, die neue Frau wurde gelehrt, die Totalität ihres Lebens einem fordernden Zeitplan auszuliefern und jeden Augenblick mit einer produktiven Aufgabe auszufüllen. Die Uhrenkultur brachte einen neuen Glauben hervor: Die Zukunft konnte gesichert werden, wenn nur jeder lernen würde, pünktlich zu sein. Die Zukunft in dieser schönen, neuen Welt zu sichern hing immer weniger von Gottes Werken und Gottes Gnade ab – und immer mehr vom Pünktlichsein.

Die Belohnung für ein Leben des Dienstes war im Mittelalter die endgültige Absolution gewesen. In der neuen Uhrenkultur wurde ein Leben des Dienstes geehrt, indem man für fünfzig Jahre unbeirrter Pünktlichkeit eine gravierte goldene Uhr bekam. In der neuen Ära ersetzte »ein guter Mitarbeiter« sein die Idee, »ein treuer Diener des Herrn« zu sein. Die Zeit wurde ihres heiligen Kontexts beraubt und zu einem Mittel für die Förderung der Produktionsziele einer immer profaneren Kultur gemacht.

[illegible]

[illegible]

[illegible]

7. Programme und Computer

Heute, da wir am Übergang zum nachindustriellen Zeitalter stehen, beginnt das Computerprogramm als Zeitverteilungsmechanismus an die Seite des Zeitplans nach der Uhr zu treten. Zwar sind sowohl der Zeitplan als auch der Computer Zeitwerkzeuge zur Planung künftiger Ereignisse, doch nur das Programm kann im voraus bestimmen, »genau« wie die Zukunft sich entwickeln soll. Der Zeitplan bestimmt, wie kleinste Abschnitte der Zukunft genutzt werden, und liefert detaillierte Anweisungen zu Sequenz, Dauer, Tempo und Koordination von Tätigkeiten. Doch obwohl Zeitpläne Anweisungen für die Zukunft sind, bestimmen sie nicht starr, wie diese Zukunft sich entwickeln wird. Zwischen den Anweisungen und den zukünftigen Ereignissen stehen Menschen: Sie müssen den Plan und seine Durchführung vermitteln. Da dies der Fall ist, gibt es nie eine genaue Entsprechung zwischen dem Konzept des Zeitplans, wie die Zukunft auszufüllen ist, und der tatsächlichen Ausfüllung der Zukunft. So starr der Zeitplan auch ist – er kann nicht dazu benutzt werden, um künftige Zeitabschnitte absolut zu kontrollieren, denn er muß immer gegen menschliche Abänderungen, Irrtümer und Launen antreten. Solange Menschen Änderungen bewirken, können künftige Ereignisse nie total von vorgefaßten Zeitplänen kontrolliert werden.

Doch Computerprogramme sind mehr als Anweisungen. Programme planen die Zukunft nicht nur, sondern sie sind imstande, sie auch auszuführen. Programme können so angelegt werden, daß sie im voraus die Sequenz, Dauer und Geschwindigkeit eines Ereignisses bestimmen können. Sie können bestimmen, wann in der Zukunft sich ein Ereignis abspielen wird, und sie können die Wechselwirkung vielfältiger Ereignisse über die Zeit hinweg koordinieren und synchronisieren. Mit Programmen kann man künftige Ereignisse auf einen vorbestimmten Verlauf festlegen – Zeitpläne können das nicht auf diese Weise. Programme sind bereits installiert, die keine irgendwie geartete menschliche Mitwirkung beim Ausfüllen der Zukunft brauchen. Ein ausgeklügeltes Computerprogramm kann automatisierte Maschinen anweisen, ein Produkt herzustellen oder einen Dienst zu leisten, ohne daß sie beim Abwickeln ihrer Tätigkeit jemals menschliche Beteiligung nötig haben.

Tief in einem Pinienwald beim Fujiyama in Japan steht eine Reihe sehr schlicht aussehender, gelber Gebäude. In den schwach beleuchteten Bauten arbeiten mechanische Roboter nonstop vierundzwanzig Stunden täglich und stellen Teile für Werkzeugmaschinen her. Die Fabrik nimmt eine Bodenfläche von knapp 18 000 Quadratmetern ein und wird von einem einzigen Menschen beaufsichtigt, dessen einzige Aufgabe darin besteht, die Maschinen auf Fernsehschirmen zu überwachen. Computerprogramme steuern die gesamte Operation. Sie bestimmen, was zu tun ist und wie lange es zu dauern hat. Die Programme koordinieren jede der Myriaden von Tätigkeiten in der Fabrik, ohne daß irgendein Mensch in der Fabrikhalle ist. Der einzige menschliche Beitrag zum Prozeß ist das Erstellen des Programms. Die langfristigen psychisch-sozialen Rückwirkungen dieser Zeitverschiebung sind welterschütternd.[1]

Kein Mensch ist tatsächlich an der Entwicklung der Zukunft in der japanischen Fabrik beteiligt. Selbst der Programmierer ist nie an der Zukunft beteiligt, die er (oder sie) entworfen hat. Mit Computerprogrammen bekommt die Gesellschaft ein ganz neues Verhältnis zur Zukunft. Der Programmierer ist an der Zukunft nur bei der Vorbereitung durch Anweisungen beteiligt. Der Rest der Gesellschaft ist noch weniger beteiligt. Sie werden Voyeure und beobachten verschiedene vorherbestimmte Zukünfte bei der Entwicklung. Sie können wenig tun, um Aktivitäten zu beeinflussen oder zu ändern, die schon lange zuvor in die Programme eingebaut wurden. Weite Teile der Gesellschaft sind gezwungen, künftige Zeitabschnitte und Ereignisse zu erleben, ohne direkt daran teilnehmen und ihr Ergebnis mit formen zu können.

Eine wachsende Zahl von Programmen wird dazu angelegt, um menschliche Beteiligung aus der Entwicklung der Zukunft auszumerzen, doch sie haben auch die Tendenz, den einzelnen Anwender von subjektiven Erfahrungen der Vergangenheit zu entfernen. In dieser Hinsicht unterscheidet sich das Programm wieder von der Art, wie Zeitpläne die Zeit organisieren. Mit dem Zeitplan bringt jeder Mensch seine eigene Vergangenheit in die Zukunft. Persönliche Erfahrungen der Vergangenheit werden sowohl als Ressource als auch als Führer bei künftigen Handlungen gebraucht. Natürlich ist es zutreffend, daß Schrift, Druck und Film den Menschen äußere Quellen der Erinnerung zur Verfügung gestellt haben. Doch in jedem Fall integriert der einzelne diese anderen, aufbewahrten Erfahrungen mit seinem subjektiven Gedächtnis, um zu entscheiden, wie er in der Zukunft handeln soll. Selbst in der Fabrik, wo festgesetzte Zeitpläne detailliert bestimmen, wie der Arbeiter seine Zukunft auszufüllen hat, greift der Arbeitnehmer

noch auf seine eigene vergangene Erfahrung zurück, um Anweisungen in der Durchführung abzuwandeln oder zu erweitern.
Computerprogramme untergraben das subjektive Gedächtnis. Die Anwender verlassen sich immer weniger auf ihre eigenen, persönlichen Erinnerungen an vergangene Erfahrungen und Ereignisse, um sie bei ihrem künftigen Handeln zu leiten, und immer mehr auf die Daten im Speicher des Programms. Selbst bei der Abänderung existierender Programme und beim Schreiben neuer Programme wird das persönliche Gedächtnis immer mehr darauf beschränkt, Daten zu behalten und sich an spezifische Codes zu erinnern, um Zugang zu gespeicherter Information zu bekommen.
Computerprogramme eliminieren also einen Großteil aktiver Beteiligung an der Vergangenheit und auch der Zukunft des einzelnen. Die Art Vergangenheit, die zur Verfügung steht, hängt weitgehend von der verfügbaren Software, von den Daten im Speicher und von den selektiven Mechanismen ab, die den Programmen zur Anwendung dieser Daten eingebaut sind. Die Zukunft ist weitgehend vorherbestimmt durch die Art, wie das Programm seine Anweisungen ausdruckt (sic, d. Ü.). In der Fabrik am Fuß des Fujiyama, wo der einzige Mensch weit und breit der Kontrolleur ist, spielt persönliche Initiative eine zu vernachlässigende Rolle in der Bestimmung der Zukunft der Fabrik. Blinkt ein Warnlicht auf, so kann er einen Knopf oder Stecker in einer codierten Anweisung betätigen, die die Tätigkeit zurückverfolgt. Doch selbst diese Handgriffe sind vorausbestimmt, in die Software codiert. Schließlich bestimmt das Programm, ob und wann das Warnlicht aufleuchtet, und das Programm weist den Kontrolleur in die richtigen Prozeduren ein, die er befolgen muß, wenn ein Notfall eintritt[2].

Als Instrument sozialer Kontrolle übertrifft das Programm bei weitem die Macht von Kalender wie Zeitplan, weil es die Bedingungen der Vergangenheit diktieren und seinen Willen Teilen der Zukunft aufzwingen kann. Die Machthaber werden durch wirksames Programmieren von mehr und mehr Aktivitäten der Gesellschaft immer mehr in der Lage sein, die Bürger von persönlicher Beteiligung an den Entscheidungen fernzuhalten, die ihr Leben betreffen. Computerprogramme bringen eine neue Qualität von Determinismus in den Gesellschaftsprozeß. Durch Automation des Ablaufs künftiger Ereignisse machen die Computer den einzelnen zu einem passiven Opfer, das gezwungen ist, in den engen Grenzen für es vorprogrammierter Szenarien zu leben.
Die Macht des Programms fließt direkt aus der Computertechnik, aus der es stammt. Als Zeitmeßgerät unterscheidet sich der Computer erheblich von der traditionellen, mechanischen Uhr. Als erstes muß man erkennen, daß der Computer mit elektrischem Strom funktioniert, nicht mit Zahnrädern. Elektrizität bewegt sich fast in Lichtgeschwindigkeit. Wie Marshal McLuhan in *Understanding Media* feststellte, verkürzt der elektrische Strom die Dauer bis zur annähernden Gleichzeitigkeit.[3] Diese Verkürzung wahrgenommener Dauer verändert unser gesamtes Zeitbewußtsein. Bei der Uhr stellen wir uns vor, daß die Zeit tickt. Mit dem neuen Zeitmeßgerät Computer beginnen wir, uns Zeit als pulsierend vorzustellen.
Das zweite unterscheidende Merkmal des Computers ist seine zeitliche Kreativität. David Bolter, der Autor von *Turing's Man,* weist darauf hin, daß Uhren alle auf die gleiche, exakte Sequenz, Dauer und Rhythmik eingestellt sind, der Computer hingegen frei ist, alle drei Zeitdimensionen durch Programmwechsel zu manipulieren.
Der Computer prägt jedem Programm eine einzigartige

Zeitlichkeit ein. Jeder Computer hat einen elektronischen Timer in seinem Zentralprozessor, »um die in seinem Programm gegebenen Anweisungen eine um die andere auszuführen«.[4]

Der elektronische Timer liefert das Maß, in dem der Prozessor sich durch seine Rechnungen tickt, und stellt sicher, daß die Elektronen zur Ruhe gekommen sind und ein Schritt beendet ist, bevor der nächste begonnen wird. Diese Variation muß vom Sequenziermechanismus berücksichtigt werden, der entscheidet, wie viele Zeitpulse jeder Anweisung zugemessen werden.[5]

Bolter sagt, Zeit sei für den Computer ein Rohstoff wie Kohle für die Dampfmaschine. Die Zeit wird benutzt, um »Milliarden zahlloser Impulse elektrischer Energie in nützliche Anweisungen zu verwandeln, um Daten zu bearbeiten«.[6] Der Unterschied zwischen Uhren und Computern liegt also darin: »Eine gewöhnliche Uhr produziert nur eine Serie identischer Sekunden, Minuten und Stunden; ein Computer verwandelt Sekunden oder Mikrosekunden oder Nanosekunden in Information.«[7] Für dieses neue Zeitmeßgerät ist die Zeit nicht länger ein einzelner, fixer Bezugspunkt, der außerhalb der Ereignisse existiert. Zeit ist jetzt »Information« und wird direkt vom Zentralprozessor in die Programme eingearbeitet. Mit den Computern betreten wir die Epoche der »mehrfachen Zeiten«.[8] Jedes Programm hat seine eigenen Sequenzen, Dauern, Rhythmen – seine je eigene Zeit.

Zwar etablierte die Uhr den Begriff künstlicher Zeitabschnitte – Stunden, Minuten und Sekunden –, doch sie blieb an den Tagesrhythmus gebunden. Das Zifferblatt der Uhr ist eine Analogie des Sonnentages, ein Anerkennen, daß wir Zeit als kreisförmig bewegt wahrnehmen, entsprechend der

Erdumdrehung. Auf der analogen Uhr kann man sehen, woher die Zeit gekommen ist und wohin sie geht. Die Stellung der Zeiger auf dem Kreis liefert einen Bezugspunkt für Vergangenheit wie Zukunft.

Die Computerzeit hingegen ist unabhängig von Natur und Dauer. Eine digitale Uhr zeigt Zahlen in einem Vakuum – Zeit, die weder an den Tagesrhythmus noch an die Vergangenheit oder Zukunft gebunden ist.

8. Die effiziente Gesellschaft

Uhren und Zeitpläne sowie Computer und Programme haben die Soziologie des menschlichen Lebens verändert. Die moderne Zeitwelt ist schnell, zukunftsorientiert und streng durchgeplant. Die neuen Zeittechniken haben unseren Lebensstil verändert und dabei einen tiefgreifenden Wandel in der Wertorientierung der abendländischen Kultur bewirkt. Die künstlichen Zeitwelten, die wir konstruiert haben, haben einen radikal neuen Zeitwert mit sich gebracht: Effizienz. Mit ihrer Einführung ist die moderne Zeitorientierung komplett. Effizienz ist gleichzeitig ein Wert und eine Methode. Als Wert wird sie zur sozialen Norm für den Gebrauch aller menschlichen Zeit. Als Methode wird sie der beste Weg, Zeit einzusetzen, um dem Zweck materiellen Fortschritts zu dienen.

Effizient sein heißt die Zeit minimieren, in der eine Aufgabe erledigt oder ein Produkt hergestellt wird, und den Ertrag maximieren, wobei so wenig wie möglich an Energie, Arbeit oder Kapital verbraucht wird. In weniger als zweihundert Jahren ist die Effizienz aus der Unbekanntheit aufgestiegen und der vorrangige Wert der Gesellschaft, die wichtigste Methode zur Organisation der Aktivitäten der menschlichen Familie geworden. Effizienz ist das Güte- und Firmensiegel der zeitgenössischen Kultur. Es bündelt die verschiedenen zeitlichen Aspekte der modernen Welt zu einem einzigen Sammel- und Brennpunkt. Heute durchdringt Effizienz jede Facette des Lebens: Sie ist die wichtigste Methode für die Organisation unserer Zeit und hat sich einen Weg in unser Wirtschaftsleben, unser gesellschaftlich-kulturelles Leben und sogar in unser privates und religiöses Leben gebahnt.

Wir haben die Effizienz durch den Zeitplan institutionalisiert, und nun durch das Programm. Jede Aktivität wird im voraus geplant oder programmiert, so, daß wir die Zeit auf möglichst effiziente Weise nutzen. Zeitpläne und Programme optimieren heißt die Effizienz optimieren.

Die Effizienz wurde durch den Arbeitsplatz in die Volkskultur eingeführt. Das erste Ziel des industriellen Kapitalismus war es, die Arbeiter zur Pünktlichkeit und zur Übernahme der Uhrenzeit zu bewegen – das zweite wichtige Ziel war es, sie effizient zu machen.

Effizienz ist das Produkt dreier großer wirtschaftlicher Neuerungen, von denen jede radikal die Beziehung der Menschen zu ihren Arbeitswerkzeugen und ihren Mitmenschen veränderte: Arbeitsteilung, Massenproduktion und die Prinzipien wissenschaftlicher Betriebsführung. Sie sind die Ecksteine der industriellen Pyramide, und jede hat eine Schlüsselrolle dabei gespielt, daß Effizienz zur vorrangigen Zeitauffassung des industriellen Lebensstils wurde.

Der Aufstieg der Effizienz zur Macht begann mit der Einführung der Arbeitsteilung. Der Wirtschaftshistoriker Harry Braverman behauptet: »In der einen oder anderen Form ist Arbeitsteilung das grundlegende Prinzip industrieller Organisation geblieben.«[1] Der erste Philosoph, der die Bedeutung der Arbeitsteilung in der Industrieproduktion formulierte, war Adam Smith. In seinem Buch *The Wealth of Nations* behauptete Smith, das neue Prinzip der Arbeitsteilung biete ein Mittel, im Produktionsprozeß »Zeit zu sparen«:

Dieser große Zuwachs in der Menge der Arbeit, die dieselbe Zahl Menschen infolge der Arbeitsteilung leisten können, geht auf drei verschiedene Umstände zurück: erstens auf den Zuwachs an Geschicklichkeit bei jedem einzelnen Arbeiter; zweitens auf die Einsparung von Zeit, die gewöhnlich beim Übergang von einer Art Arbeit zur anderen verlorengeht, und letztens auf die Erfindung einer großen Zahl von Maschinen, die die Arbeit vereinfachen und verkürzen und einen Mann befähigen, die Arbeit von vielen zu tun.[2]

Adam Smith kam zu dieser Einsicht, weil er die großen Fortschritte in der Uhrenmanufaktur beobachtete. Dort begann die moderne Industrie zuerst, die Prinzipien der Arbeitsteilung zur Steigerung der Produktion einzusetzen. Schon 1703 produzierte der Uhrmachermeister Thomas Tompion Uhren in Massen. Sein Biograph Symonds sagt, Tompions Erfolg habe darin gelegen, daß er seine Werkstatt organisierte »in einer Weise, die bislang im englischen Handwerk unbekannt war«.[3] Sir William Petty, einer der angesehenen Wirtschaftspolitiker der Epoche, schrieb die folgende Schilderung der neuen Methode, die Tompion und andere bei der Produktion anwandten:

Bei der Herstellung einer Uhr kann die Uhr besser und billiger sein, wenn ein Mann die Räder macht, ein anderer die Feder, ein anderer das Zifferblatt graviert und ein anderer das Gehäuse macht, als wenn die ganze Arbeit irgendeinem einzelnen Mann übertragen wird.[4]

Arbeitsteilung bedeutete, daß mehr Güter in »weniger Zeit« produziert werden konnten, und zu geringeren Stückpreisen.

Dem Begriff der Arbeitsteilung folgte die zweite größere Wirtschaftsinnovation auf dem Fuße: die Einführung von Prinzipien der Massenproduktion. Eli Whitney führte die

Idee der Massenproduktion 1799 ein. Er war frustriert über die langen Verzögerungen, die sich daraus ergaben, daß man Arbeitern die notwendigen Kenntnisse vermitteln mußte, die zum Zusammenbau eines fertigen Produkts gehörten, und so entwickelte Whitney die Idee, standardisierte, austauschbare Teile, die leicht von ungelernten Arbeitern zusammengesetzt werden konnten, in Massen zu produzieren. Er wandte das neue Prinzip der Massenproduktion auf die Herstellung von Musketen an.

Um das Schätzen per Augenmaß zu eliminieren, erfand er Schablonen oder Führer für Werkzeuge, so daß die Form des Produkts nicht unter der Fehlbarkeit einer zittrigen Hand oder unvollkommenen Sehkraft litt. Er machte automatische Hemmer, die das Werkzeug an der exakten Durchmessertiefe eines Schnittes anhielten. Er machte Krampen, die das Metall hielten, während die gelenkten Meißel oder Fräsmaschinen es schnitten. Weil er seine Fabrik in Abteilungen aufteilte – eine für Läufe, eine für Schäfte, eine für jedes Schloßteil –, konnten die Teile in einem einzigen, ununterbrochenen Prozeß in einen Montageraum gebracht und zusammengesetzt werden.[5]

Whitneys neuer Massenproduktionsprozeß wurde als die »amerikanische Methode« bekannt. Seine Prinzipien gingen bald auf die Uhrenindustrie über, wo sie weiter verfeinert wurden, und dienten schließlich als Vorbild für die übrige amerikanische Industrie. Der Mann, der für die Anwendung von Whitneys Ideen auf die Uhrenindustrie verantwortlich war, war Aaron L. Dennison. Er tat sich mit Whitney zusammen, um eine Firma zu gründen, die später als Waltham Watch Company bekannt wurde – die erste Uhrenfirma in den USA mit Massenproduktion.[6]
Die Prinzipien der Arbeitsteilung und der Massenproduktion sollten beide Zeit sparen. Um effektiv zu sein, erforder-

ten sie detaillierte Arbeitszeitpläne, damit jeder Vorgang rigorosen Zeitstandards unterlag. Um sicherzustellen, daß jeder Augenblick des Produktionsprozesses zur Maximierung der Leistung genutzt wurde, wurde eine dritte und letzte Neuerung im industriellen Prozeß eingeführt. Sie nannte sich wissenschaftliches Management, und ihr Urheber war Frederick W. Taylor.

Taylor machte die Effizienz zum *modus operandi* der amerikanischen Industrie und zur Kardinaltugend der amerikanischen Kultur. Seine Arbeitsprinzipien sind auf jeden Bereich der Erde übertragen worden und sind dafür verantwortlich, daß ein Großteil der Weltbevölkerung zum modernen Zeitrahmen bekehrt wurde. Er hat wahrscheinlich eine größere Wirkung auf das private und öffentliche Leben der Männer und Frauen des zwanzigsten Jahrhunderts gehabt als irgendeine andere Einzelperson. Der Wirtschaftshistoriker Daniel Bell sagt über Taylor:

> Wenn je eine soziale Umwälzung einem einzelnen zugeschrieben werden kann, dann ist die Logik der Effizienz als Lebensweise Taylors Werk ... Mit dem wissenschaftlichen Management, wie Taylor es 1895 formulierte, gehen wir weit über die alten, groben Berechnungen der Arbeitsteilung hinaus und kommen zur Zeitteilung selbst.[7]

Taylors Prinzipien des wissenschaftlichen Managements waren zu einem einzigen Zweck entwickelt worden: um jeden Arbeiter effizienter zu machen. Sein wichtigstes Werkzeug war die Stoppuhr. Taylor teilte die Aufgabe jedes Arbeiters in die kleinsten, sichtbar nicht definierbaren Operationskomponenten auf, dann stoppte er jede, um die beste erreichbare Zeit unter optimalen Leistungsbedingungen festzustellen. Seine Zeitstudien bestimmten die Leistung der

Arbeiter auf Sekundenbruchteile. Taylor untersuchte die Durchschnittszeiten, die in jeder Komponente des Arbeitsvorgangs erreicht wurden, und konnte dann Empfehlungen geben, wie die winzigsten Aspekte der Arbeitsleistung zu ändern seien, um kostbare Sekunden, ja Millisekunden zu sparen. Wissenschaftliches Management, sagt Harry Braverman, »ist das organisierte Studium der Arbeit, die Analyse der Arbeit in ihre einfachsten Elemente und die systematische Verbesserung der Leistung des Arbeiters in jedem dieser Elemente«.[8]

Taylor hielt seine Arbeitsprinzipien für wissenschaftlich, soweit er alle nicht quantifizierbaren Elemente aus dem Verhalten des Arbeiters ausmerzen konnte. Seine Zeitstudien reduzierten jeden Aspekt der Arbeiter auf die Diktate der Zeit. Die Leistung der Arbeiter konnte nun auf Ziffern und statistische Mittelwerte reduziert werden, die berechnet und analysiert werden konnten, um die künftige Leistung besser vorauszusagen und größere Kontrolle über den Arbeitsprozeß selbst zu erlangen.

Taylor stützte sich auf ein neues Verständnis von Management. Stoppuhr und Statistik beherrschten die Fabrikhalle. Taylor glaubte, die beste Methode, die Effizienz jedes Arbeiters zu optimieren, sei völlige Kontrolle über alle sechs Zeitdimensionen: Sequenz, Dauer, Zeitplan, Rhythmus, Synchronisation und Zeitperspektive. Kein Aspekt in der Zeit des Arbeiters sollte dem Zufall oder dem Urteil des Arbeiters überlassen bleiben; von nun an sollte die Zeit des Arbeiters unter der absoluten Kontrolle des Managements stehen. Der effizienteste Zustand, sagte Taylor, sei der autokratischste. Taylors Prinzipien des wissenschaftlichen Managements bedeuteten die endgültige Politisierung der neuen, industriellen Zeit. Braverman meint, Taylors Werk »kann durchaus der einflußreichste und auch der dauerhaf-

teste Beitrag sein, den Amerika seit den Federalist Papers zum westlichen Denken geleistet hat«.[9]
Taylors erstes Prinzip des wissenschaftlichen Managements war, das Management solle die Kontrolle über das Wissen des Arbeitsprozesses ergreifen, das zuvor in den Händen der Arbeiter gewesen war. Von nun an, stellte Taylor fest,

> übernehmen die Manager ... die Last, das gesamte traditionelle Wissen zu sammeln, das in der Vergangenheit im Besitz der Arbeiter war, und dies Wissen zu klassifizieren, zu tabellieren, es auf Regeln, Gesetze und Formeln zu reduzieren.[10]

Taylors Absicht bestand darin, den Arbeitsprozeß von den Fähigkeiten der Arbeiter loszulösen. Diese Fähigkeiten sollten in der Hand des Managements liegen.
Taylors zweites Prinzip ergab sich direkt aus dem ersten. War das Monopol über das für die Arbeit nötige Wissen erreicht, sollte das Management sich die Autorität aneignen, um die Arbeit in der Fabrik zu planen und zu dirigieren. Da die Arbeiter keinen Zugang zu Wissen aus erster Hand bekamen, wie ihre Arbeit zu tun war, würden sie in der Ausführung ihrer Arbeiten gänzlich vom Management abhängig werden. Taylor glaubte, solange die Arbeiter sowohl Wissen als auch Kontrolle über die Art behielten, wie sie ihre Arbeit tun mußten, würde es unmöglich sein, maximale Effizienz zu erreichen. Wären die Arbeiter sich selbst überlassen, würden sie andere, »menschliche« Erwägungen in den Arbeitsprozeß einbeziehen. Gefühle und Emotionen würden aufkommen und die Aussicht auf maximale Effizienz dämpfen oder gar untergraben. Die Arbeiter könnten zum Beispiel bewußt entscheiden, ihr Arbeitstempo zu drosseln, um den Bedürfnissen langsamerer Arbeitnehmer entgegenzukommen. Sie könnten sogar ihre Konzentration durch gelegentliche sozia-

le Kontakte lockern. Taylor argumentierte: »Wenn die Tätigkeit der Arbeiter von ihren eigenen Vorstellungen geleitet wird, ist es nicht möglich, ... ihnen die methodologische Effizienz oder das Arbeitstempo aufzuzwingen, die das Kapital wünscht.«[11]
Um beim Ablauf des Arbeitsprozesses die maximale Effizienz zu sichern, war ein drittes und letztes Prinzip des wissenschaftlichen Managements erforderlich: die Festlegung des »Arbeitszeitplans«. Mit ihm zementierte das Management seine Kontrolle über die ganze Arbeitszeit jedes Arbeitnehmers.

Die Arbeit jedes Arbeitnehmers wird mindestens einen Tag im voraus völlig geplant, und jeder Mann erhält in den meisten Fällen komplette schriftliche Anweisungen, die im Detail beschreiben, welche Aufgabe er zu erfüllen hat und welche Mittel dazu zu verwenden sind ... Diese Aufgabe spezifiziert nicht nur, was zu tun ist, sondern wie es zu tun ist und wieviel Zeit genau dafür eingeräumt wird ... Wissenschaftliches Management besteht sehr weitgehend darin, diese Aufgaben vorzubereiten und durchzuführen.[12]

Taylor glaubte, der Schlüssel dazu, einen Arbeiter effizienter zu machen, liege darin, ihm jede Fähigkeit zu Entscheidungen über Planung und Durchführung seiner Aufgabe zu nehmen. In der neuen, wissenschaftlich geführten Fabrik wurde der Verstand des Arbeiters von seinem Körper getrennt und dem Management überantwortet. Der Arbeiter wurde ein Automat, nicht anders als die Maschinen, an denen er arbeitete, und sein Menschsein blieb außen vor dem Fabriktor. In der Fabrikhalle war er ein Werkzeug im Produktionsprozeß; seine Leistung konnte mit der gleichen kühlen Distanz und wissenschaftlichen Strenge zeitlich bestimmt und verbessert werden wie die der Maschinen selbst.

In den Jahren nach Taylors Pionierarbeit wurden die Prinzipien, die er als erster ausgesprochen hatte, weiter verfeinert. Neue wissenschaftliche Hilfsmittel erlaubten exaktere Kontrollen über den Arbeitsprozeß. Der interessanteste Fortschritt in den Prinzipien des wissenschaftlichen Managements war die Einführung von Bewegungs-Zeitstudien. Diese Entwicklung war ein geistiges Kind von Frank B. Gilbreth, eines frühen Schülers von Taylor.

Gilbreth filmte die Bewegungen jedes Arbeiters, um für jede Körperbewegung Standardzeiten festzustellen. Praktisch jede Bewegung in der Fabrikhalle und den Verwaltungsbüros wurde analysiert und mit einer Optimalzeit bedacht, gewöhnlich bis auf Sekundenbruchteile bemessen. Dann wurden die verschiedenen Bewegungen mit Standardnamen belegt, wobei Maschinenterminologie verwendet wurde. So bezog sich zum Beispiel »Kontaktgriff« auf das Aufheben eines Gegenstandes mit den Fingerspitzen. »Stanzgriff« bedeutete, daß der Daumen dem Finger gegenüberstand. »Wickelgriff« bedeutete, daß man die Hand um den Gegenstand legte.

Erforderte die Aufgabe das Aufheben eines Bleistiftes, so wurde dies folgendermaßen beschrieben: Transport leer, Stanzgriff, Transport beladen. Jeder Bewegung wurde eine standardisierte Zeit zugemessen. Die Summe der Einzelzeiten für jede Bewegung war die Standardzeit zur Ausführung der Aufgabe. Die Zeitbemessung in Gilbreths Bewegungs-Zeitstudie wurde auf Zehntausendstelsekunden perfektioniert.[13]

Heute ist die Wissenschaft der Bewegungs-Zeitstudien weit raffinierter als alles, was Gilbreth erträumt haben mochte. Schallwellen werden eingesetzt, um winzige Änderungen in der Körperbewegung aufzuspüren und sie mit einer Genauigkeit von 0,000066 Minuten zu messen.[14] Selbst die

Augenbewegung des Arbeiters kann jetzt gemessen und standardisiert werden. Mit einem Prozeß namens Elektrookulographie kann man jede einzelne Veränderung der Augenbewegung messen, während der Arbeiter die verschiedenen Monitore und Kontrollampen überblickt, mit denen er (oder sie) arbeitet. Standardisierte Zeiten für jede Augenbewegung werden aufgestellt und geben eine Norm ab, mit der die optimale Effizienz aller Augenbewegungen gemessen wird.[15]

Bewegungs-Zeitstudien sind erfolgreich bei der Erstellung von Zeiteffizienzen in jeder Arbeitsumgebung eingesetzt

Bewegungs-Zeitkarte

Öffnen und Schließen	*Minuten*
Aktenschublade, öffnen und schließen, keine Auswahl	0,04
Mappe, Deckel öffnen oder schließen	0,04
Schreibtischschublade, Seite von Standardschreibtisch öffnen	0,014
Mittlere Schublade öffnen	0,026
Seite schließen	0,015
Mitte schließen	0,027
Stuhlbetätigung	
Aufstehen von Stuhl	0,033
Setzen auf Stuhl	0,033
Drehstuhl drehen	0,009
Im Stuhl zu Nebentisch oder Aktenschrank rollen (4 Fuß Maximum)	0,5

worden. Bei der Büroarbeit sind den kleinsten Aufgaben standardisierte Zeiten zugeordnet worden, wie die *Bewegungs-Zeitkarte* zeigt, die von der Systems and Procedures Association of America erstellt wurde.[16]

Taylor und seine Anhänger machten Effizienz zu einer Wissenschaft. Sie begründeten ein neues Ethos. Effizienz wurde offiziell zum vorrangigen Wert der Gegenwart ernannt. Von nun an durfte keine andere Erwägung mit diesem letzten Wert konkurrieren oder ihn untergraben. Es sollte nicht lange dauern, bis Taylors Prinzipien ihren Weg in die übrige Kultur fanden und die Art veränderten, wie Menschen in der modernen Welt lebten und miteinander umgingen. Der neue Mensch sollte objektiviert, quantifiziert und in Uhrwerk- und Mechaniksprache neu definiert werden. Er sollte zu einem Faktor und dann einem Rädchen im Produktionsprozeß werden. Seine Arbeit sollte geteilt, standardisiert und auf Sekundenbruchteile reguliert werden, und dann auf die Aufgabe ausgerichtet, die maximale materielle Leistung zu erreichen. Vor allem sollten sein Leben und seine Zeit mit der Uhr gleichgeschaltet werden, mit den Erfordernissen des Zeitplans und den Diktaten der Effizienz.

Die Uhrenkultur und das industrielle System reisten gemeinsam in die Zukunft – zwei untrennbar verbundene Kräfte, die sich gegenseitig definieren und formen halfen. Fest entschlossen, den neuen Zeitwert der Effizienz und die neue, industrielle Produktionsweise dem Rest der Welt aufzuzwingen, machten sich die amerikanischen und europäischen Mächte gemeinsam mit Kaufleuten, Industriellen und Finanziers daran, eine neue Standard-Weltzeit zu schaffen.

Bis zum Ende des neunzehnten Jahrhunderts funktionierte ein Großteil der Welt noch nach Lokalzeit. Jede Kultur,

jede geographische Region und jede Nationalität hatte ihr eigenes System, die Zeit zu berechnen und zu messen. Diese lokalen Zeitmeßsysteme waren noch an traditionelle Kalender gebunden und durch unterschiedliche astronomische Berechnungen, Unterschiede in Jahreszeiten und Umwelt sowie örtliche Traditionen reguliert. Die große Zahl von Zeitsystemen erschwerte die Planung und Koordination der Wirtschaftstätigkeit oder machte sie ganz unmöglich. Ein universelles Zeitrechnungssystem mußte her, das die ganze Welt unter einen einzigen, einheitlichen Zeitrahmen bringen konnte. Die Verfechter eines neuen Zeitstandards argumentierten einleuchtend, die Einführung einer Weltzeit würde die komplexe Planung wirtschaftlicher Tätigkeiten auf der ganzen Welt sehr vereinfachen, größere Effizienz bewirken, der Sache des materiellen Fortschritts dienen und die Welt zu einem Hort größerer Sicherheit machen.[17]
Der anfängliche Druck zugunsten eines weltweiten Zeitsystems kam von den Eisenbahngesellschaften. 1870 mußte ein Eisenbahnfahrgast auf dem Weg von Washington nach San Francisco seine Uhr über zweihundertmal neu stellen, um mit all den örtlichen Zeitsystemen entlang der Strecke Schritt zu halten.[18] Dreiundzwanzig Jahre zuvor hatten die Britischen Eisenbahngesellschaften eine einzige Nationalzeit eingeführt.[19] In den größeren Nationen wie den USA wurden Zonen eingerichtet, die das Land in Zeitkorridore aufteilten. Im späten neunzehnten Jahrhundert drängten dann die Länder auf eine einzige Weltzeit. Natürlich waren die Briten dafür, Greenwich bei London als den Ort zu benutzen, an dem die Länge Null für ein Weltsystem der Zeitberechnung festgesetzt wurde. Die Präzedenz war auf ihrer Seite, denn schon seit langem nahmen die Navigatoren Greenwich als Bezugspunkt. Die Franzosen waren dagegen und schlugen das Pariser Observatorium als geeigneteren

Bezugspunkt vor, um das neue, weltweite Zeitsystem zu regulieren.[20]

Im Oktober 1884 stimmte die Internationale Meridiankonferenz dafür, Greenwich zum Zeitmeßpunkt der Erde zu machen.[21] Die Franzosen hielten noch siebenundzwanzig Jahre durch, wichen aber schließlich dem internationalen Druck und akzeptierten Greenwich als Nullmeridian. 1912 war Paris Gastgeber der Internationalen Zeitkonferenz für die Industrieländer der Welt und machte seine Entscheidung offiziell. Von dieser Zeit an sollten die Erde und all ihre Bewohner einem Weltsystem der Zeitberechnung unterliegen.

Die Standardisierung der Weltzeit markierte den Endsieg der Effizienz. Lokalzeiten waren lange an traditionelle Werte gebunden gewesen, an die Natur, die Götter, die mythische Vergangenheit. Die neue Weltzeit war nur an abstrakte Ziffern gebunden. Sie floß gleichmäßig und blieb erhaben und getrennt von Gemeindeinteressen. Die neue Zeit drückte nur eine einzige Dimension aus: die Nützlichkeit. Die Industrienationen übernahmen einfach deshalb einen weltweit standardisierten Zeitrahmen, weil er effizienter war. Die Welt wurde bereitgemacht für den neuen Zeitimperialismus.

Es dauerte sechshundert Jahre, Europas Zeitorientierung zu revolutionieren. Es dauerte nur ein Drittel dieser Zeit, die Zeitrevolution auf Länder und Kulturen der ganzen Welt auszudehnen. Im sechzehnten, siebzehnten und achtzehnten Jahrhundert kolonisierten europäische Armeen die Gebiete der Erde. Im neunzehnten und zwanzigsten Jahrhundert kolonisierten die europäische und amerikanische Industrie den Zeitrahmen eines Großteils der übrigen Welt.

Zwar ist zu diesem Thema wenig geschrieben worden, doch ohne Zweifel war die Zeit ein entscheidender Faktor in der

Umorientierung ganzer Kulturen zum modernen Denken. Industrielle, Kaufleute und Händler standen alle traditionellen Zeitorientierungen gegenüber, die nicht zu den Zeitbegriffen des industriellen Lebensstils passen. Die Entwicklung einer industriellen Arbeiterschaft und industrieller Märkte hat sich in vielen Ländern als ebenso schwierig erwiesen wie in Europa, aus weitgehend den gleichen Gründen. Das Zeitbewußtsein ist in traditionellen Kulturen nicht auf die Uhr, den Zeitplan und den Wert der Effizienz eingestellt. Fachleute für Wirtschaftsentwicklung stehen den Zeitwerten örtlicher Kulturen oft sehr kritisch gegenüber und machen die eingeborenen Arbeiter schnell mit Begriffen verächtlich, die an die Schelte bourgeoiser Fabrikbesitzer und Kaufleute über die europäischen Arbeiter erinnern.[22] Die neue Klasse der Arbeiter gilt in bestimmten Kulturen als faul, unberechenbar und unzuverlässig. Ihnen wird nachgesagt, kein Gefühl für Zukunft und Vorausplanung zu haben. Sie sind unpünktlich und undiszipliniert. Sie kümmern sich nur um den Augenblick. Sie sind langsam in Initiative und Reaktion. Sie sind in traditionellen Verhaltensmustern verwurzelt und nicht willens, effizientere Methoden zu lernen. Kurz, sie teilen nicht den Zeitrahmen der westlichen Welt. Natürlich gibt es Ausnahmen. Einige traditionelle Kulturen haben es vermocht, sich relativ leicht dem neuen Zeitrahmen anzupassen. Da sie schon am Ende sind, akzeptieren sie willig die neuen Zeitkonditionen, die man ihnen aufzwingt, so, wie die irischen Farmer ein Jahrhundert zuvor. Andere Kulturen passen sich den neuen Zeitanforderungen nicht nur an, sondern können sie meistern und die westlichen Mächte direkt in Handel und Wirtschaft bedrohen. Es hängt weitgehend von den zeitlichen Vorbedingungen einer Kultur ab, ob sie der neuen Zeitorientierung widersteht, sich ihr unterwirft oder sie meistert.

Auf seinem Weg um die Welt hat der Zeitimperialismus der Moderne viele verschiedene politische Antworten erhalten. Nirgends waren die Antworten auffallender verschieden als in China und Japan. Beide Länder unterlagen westlichen Kolonialisationsversuchen. China gab sich mit der Zeit geschlagen und brach angesichts des kolonialen Ansturms zusammen. Dadurch konnten die europäischen Nationen und Interessengruppen Chinas Geographie in getrennte Einflußsphären unter der Kontrolle verschiedener Flaggen aufteilen. Japan, ein winziges Land mit viel weniger Bevölkerung und Ressourcen, wurde auf andere Weise mit dem Westen handelseinig. Es wurde nie erfolgreich kolonisiert, und schließlich machte es sich die westlichen Formen der Macht zu eigen, um ein starker Rivale auf der Weltbühne zu werden.

Um zu verstehen, warum diese beiden Kulturen den westlichen Imperialismus so verschieden beantworteten, muß man ihre zeitlichen Orientierungen betrachten. Ihre Zeitbegriffe spielten eine wichtige, wenn nicht entscheidende Rolle für ihre Reaktion auf die industriellen und politischen Heerscharen des Westens.

Laut Robert H. Lauer, der eine detaillierte Studie über die Zeitorientierung der beiden Länder erstellt hat, »konfrontierte China die Zeit nicht mit der westlichen Besessenheit, in einem Minimum an Zeit die Aktivität zu maximieren, und deshalb war es nie bereit, für etwas zu kämpfen, das auf andere Weise zu erreichen war«.[23] In China war das Tempo des Wandels historisch langsam. Außerdem sahen die Chinesen die Zeit als zyklisch und nicht linear. Alle großen chinesischen Religionen – Taoismus, Konfuzianismus, Buddhismus – lehrten, daß Zeit und Geschichte sich endlos wiederholen, streng nach den Bewegungen der Planeten. Der Begriff Fortschritt war im chinesischen Zeitrahmen nicht enthalten. Der industrielle Westen dachte mittlerweile die Zukunft als den Ort, wo das irdische Eden sich entfaltet – die Chinesen hingegen hatten lange geglaubt, das goldene Zeitalter sei bereits entschwunden.[24]

Der Westen huldigte der Zukunft, die Chinesen der Vergangenheit. Wenn also neue Fragen aufkamen, lösten die Chinesen sie durch Bezugnahme auf Präzedenzen, Tradition oder Brauch. Lauer zufolge »wurden intellektuelle Kontroversen auf der Basis von Konformität oder Abweichung zur Vergangenheit ausgefochten, und diese hatte unbezweifelbare Autorität«.[25] William Parsons bemerkte: »Kein Diktator hat je mit größerer Macht geherrscht als ›Präzedenz in China‹, und die Chinesen neigen dazu, die Zukunft nur als Gelegenheit zu sehen, die Vergangenheit noch einmal zu leben.«[26]

Die Chinesen nahmen Zeit also wahr als langsam, zyklisch und vorherbestimmt, und sich selbst sahen sie als Hüter vergangener Glorien statt als Initiatoren neuer Visionen. Das Ergebnis war, sagt Lauer, daß die Chinesen

> wegen der begrenzten Zahl der Antworten zusammenbrachen, die jene Zeitlichkeit erlaubte. Solange China in einer Zeitlichkeit existierte, die zyklisch, vorherbestimmt und an eine besondere Sicht der Vergangenheit gebunden war, blieb es gegenüber dem Westen stagnierend und hilflos.[27]

Die japanische Zeitorientierung war radikal anders. Die Japaner sahen den Wandel als rasche, beschleunigende Kraft und Zeit als linear statt zyklisch. Dogen, der Philosoph des dreizehnten Jahrhunderts, der die Soto-Zen-Sekte nach Japan brachte, sah die Wirklichkeit als fließend und vorübergehend. Die Shinto-Religion betonte ebenfalls die Idee der Zeit als linearen Prozeß und der Zukunft als einen Ort, um Geschichte zu machen.[28]

Die japanische Ehrfurcht vor der Tradition war ebenfalls ganz anders als die chinesische. Statt die Vergangenheit zu idealisieren, dachten die Japaner lieber auf eine mehr instrumentelle Weise über Traditionen. Der Sinologe Nyozekan Hasegawa argumentiert, die Bedeutung der Tradition liege »nicht so sehr in der Bewahrung der kulturellen Eigenschaften der Vergangenheit in ihrer ursprünglichen Form, als vielmehr der Gestaltung der zeitgenössischen Kultur; nicht in der Erhaltung der Dinge, wie sie waren, sondern in der Art, wie bestimmte, ihnen innewohnende nationale Eigenschaften in der zeitgenössischen Kultur weiterleben«.[29] Die Japaner fühlen sich wohl mit dem Gedanken des Wandels. Es überrascht nicht, daß sie eher zukunfts- als vergangenheitsbezogen sind. Außerdem sehen Japaner die Zeit als knappen Rohstoff wie der Westen. In der Tokugawa-Epoche, die sich vom siebzehnten bis zum mittleren neunzehnten Jahrhundert erstreckt, war es nichts Ungewöhnliches, daß die Regierung ihre Untertanen aufforderte, »keine Zeit zu verschwenden«.[30]

Insgesamt war die japanische Zeitorientierung nützlicher als die der Chinesen, mehr pragmatisch und instrumentell und mehr geneigt, die Zukunft zu bauen, als die Vergangenheit zu bewahren.

Als die Japaner deshalb mit einer ähnlichen Herausforderung wie China konfrontiert wurden, war ihre Antwort ganz anders. Anders als die Chinesen sahen die Japaner die Zukunft nicht als vorherbestimmt oder als etwas, das Konformität mit der Vergangenheit erforderte. Die Japaner versuchten, ihre Zukunft zu schaffen, statt sie nur anzupassen.[31]

China, Japan und ein Großteil der Welt sind dem Effizienzzeitrahmen des Westens zum Opfer gefallen. In den vergangenen beiden Jahrhunderten haben Uhr und Zeitplan das wirtschaftliche und soziale Leben der Länder auf der ganzen Welt immer mehr beherrscht. Zusammen haben sie die kulturellen Muster in einem Großteil der Weltgemeinschaft radikal gewandelt. Wo immer der industrielle Lebensstil sich durchsetzte, waren die Menschen gezwungen, sich von ihrer alten, rhythmischen Beziehung zur Natur abzuwenden und sich dem beschränkten Wert gesteigerter Effizienz anzupassen.

Nun, da Uhr und Zeitplan durch eine noch mächtigere Zeittechnik, den Computer und das Programm, ergänzt werden, hat die Effizienz eine unangefochtene Stellung in der Gesellschaft erreicht und ist zum vorrangigen Wert unserer Epoche geworden.

Auf der ganzen Welt stellen sich Firmen auf computergestütztes Arbeiten um. Während sie dies tun, wird der Fluß arbeitsbezogener Aktivität dramatisch beschleunigt, und die Effizienz wird auf einen Zeitrahmen von Nanosekunden reduziert. Arbeit, die oft erhebliche Zeit zum »Organisieren« und »Produzieren« brauchte, soll nun in einem Bruchteil der Zeit »programmiert« und »prozessiert« werden. Wo eine Sekretärin durchschnittlich 30 000 Anschläge pro Stunde tippte, soll eine Datentypistin am Computer in der gleichen Zeit 80 000 Anschläge schreiben. In Maklerfirmen soll das Personal, das für Kundenkonten verantwortlich ist, alle eineinhalb Minuten einen Anruf tätigen und die Aktionäre mit vollständiger Börseninformation versorgen, die der Computer ihm an den Arbeitsplatz bringt. Ein Architekt, der fortschrittliches Computer-Aided Design (CAD) anwendet, kann nun »neunzehnmal mehr Entscheidungen pro Stunde treffen als sein Kollege mit dem Bleistift«.[32] Mike Cooley, früherer Vorsitzender der Designer's Union von Großbritannien, sagt, gegenwärtig seien Systeme im Einsatz, »wo die Entscheidungsrate des Konstrukteurs um 1800 Prozent nach oben gezwungen werden kann«. Das rasende Tempo, das diese Systeme mit sich bringen, setzt den Konstrukteur unter enormen Druck, und oft verhindert es seinen (oder ihren) kreativen Beitrag. Nach Cooley »reduziert das Tempo, in dem der Computer Entscheidungen verlangt, seine Kreativität in der ersten Stunde um 30 Prozent, in der zweiten um 80 Prozent, und danach ist sie einfach zerschmettert«.[33]

Um das »optimale Interface« zwischen Maschine und Anwender zu sichern, beginnen Computerexperten, das »Höchstleistungsalter« für Menschen zu ermitteln, die in verschiedenen Wissensgebieten mit Computern arbeiten. Personen verschiedenen Alters werden in ihrer Fähigkeit geprüft, auf verschiedene Probleme auf dem Monitor schnell zu reagieren. Die Geschwindigkeit ihrer Antwort wird dann benutzt, um das Höchstleistungsalter zu errechnen. Das Höchstleistungsalter eines Mathematikers liegt bei 23. Ein theoretischer Physiker leistet mit 27 am meisten, und ein Bauingenieur mit 34.[34]

Der Computer stellt den letzten technischen Ausdruck der Effizienzbesessenheit unserer Kultur dar. Er wurde in unser Leben eingeführt als ein Mittel, um uns den effizientesten Gebrauch von Zeit zu erleichtern. Im Reich des Computers ist Zeit Information, und Information ist Nutzen. Zeit, die nicht auf Weisen gebraucht wird, die geteilt, quantifiziert und in Begriffen effizienter *inputs* und *outputs* gemessen werden können, hat wenig oder keinen Wert. Craig Brods Protokoll von einer seiner Patientinnen, einer Kassiererin im Supermarkt, ist ein Beispiel für die Art, wie die neue Computerwelt Zeit in rasche, nutzbringende Information verwandelt und dabei zeitliche Betätigung ohne unmittelbaren Nutzwert ausmerzt. Als Alices Arbeitgeber elektroni-

sche Kassen aufstellte, wurde in die computergesteuerte Maschine ein Zähler eingebaut, der »einem Zentralterminal ständig übermittelt, wie viele Gegenstände jede Kassiererin am Tag kassiert hat«.[35] Alice findet, daß sie sich nicht mehr »die Zeit nimmt«, um mit Kunden zu sprechen, denn das verringert die Zahl der Gegenstände, die sie elektronisch sichten kann, und könnte sie ihren Arbeitsplatz kosten.[36]
In Kansas führt eine Reparaturfirma eine komplette Computerliste der Telefonanrufe, die ihre Arbeitnehmer abfertigen, und der Menge der Information, die bei jedem Anruf gesammelt wurde. Ein entnervter Arbeitnehmer sagt: »Wenn man von einer freundlichen Person angerufen wird, die sich unterhalten möchte, muß man den Anrufer abwimmeln, weil es gegen einen zählen würde. Das macht meine Arbeit sehr unerfreulich.«[37]
Um die Informationsverarbeitung zu beschleunigen, werden einige Bildschirme jetzt so programmiert, daß die Daten verschwinden, wenn der Anwender nicht innerhalb von siebzehn Sekunden auf sie antwortet. Medizinische Forscher berichten, daß die Anwender steigend unter Streß geraten, während die Zeit für das Verschwinden der Daten vom Bildschirm näher rückt: »Von der elften Sekunde an beginnen sie zu schwitzen, dann beschleunigt sich der Herzschlag. Als Folge werden sie enorm ermüdet.«[38]
Der Computer wird sogar eingesetzt, um normale Gespräche zu beschleunigen. Firmen wie Sony und Panasonic vermarkten jetzt variable Sprachkontroll-Kassettenrekorder mit einem speziell konstruierten, fest eingebauten Chip zur Kompression der Sprache. Dieser Chip beschleunigt den Motor zum Abspielen des Bandes und schneidet dabei winzige akustische Fragmente ab. Dabei nimmt er etwa 10 Millisekunden von jedem Laut fort. Die übrigen Laute

werden elektronisch gestreckt, und so entsteht ein schneller, verstehbarer Text.[39]
Mit dem Kompressionschip kann man jede Sprachkassette in der halben Zeit abhören, ohne die hohen Töne, die beim schnellen Lauf des traditionellen Rekorders entstehen. Mit der variablen Sprachkontrolle kann man eine Sechzig-Minuten-Kassette in einer halben Stunde abhören. Industriequellen zufolge sind eine halbe Million Menschen schon »Schnellhörer«, und weitere Millionen werden es in den kommenden Jahren werden, während der Kompressionschip in Schulzimmern, Büros und Wohnungen in ganz Amerika Einzug hält.
Die langfristigen Folgen dieses beschleunigten Zeitrahmens sind schwer abzusehen. Wie die Uhren und Zeitpläne vor ihnen, schneiden Computer und Programme tief in die Beziehung der Menschheit zur Natur ein. Sie trennen viele der verbliebenen zeitlichen Bindungen zwischen unserer Spezies und der weiteren Umwelt. Computerzeit hat keine Beziehung zu den Rhythmen der Natur. Sie ist ein arbiträrer Zeitmesser, entstanden durch menschlichen Erfindungsgeist. Der Computer macht die Zeit zu einer reinen, manipulierbaren Kommodität, und Programme machen Menschen zu Werkzeugen, um dem neuen Effizienz-Zeitrahmen zu dienen. Durch Computer und Programme kann die unmittelbare Zukunft jedes Menschen bis auf die winzigsten künstlichen Zeitabschnitte von Millisekunden und Nanosekunden vorherbestimmt werden. Computer und Programme stellen eine neue Form sozialer Kontrolle dar, mächtiger als jedes frühere Mittel zur Beherrschung und Reglementierung menschlicher Energie.

TEIL III

Die Politik des Paradieses

9. Der zeitlose Staat

Wie wir gerade sahen, wird die soziale Ordnung in jeder Gesellschaft mit Zeitverteilungsmechanismen wie Kalendern, Zeitplänen und Programmen aufrechterhalten. Die Machthaber sind in der Lage, das Volk zum Akzeptieren der ihm auferlegten Zeitbeschränkungen zu überreden, indem sie versprechen, daß es als Gegenleistung für seine Zeitopfer in der Zukunft durch den Eingang in ein idyllisches, »zeitloses« Paradies belohnt werden wird.

Die meisten Gesellschaften schaffen ein »Bild der Zukunft«, einen idealen Zustand, der als Ziel und Lockmittel dient, als Köder und Ansporn für ihr Streben. Diese Bilder der Zukunft verkörpern die Träume und Visionen, Hoffnungen und Wünsche des Kollektivs. Der Staat ist der Verwalter der kollektiven Vision. Effektive Herrschaft hängt in jeder Gesellschaft von der Fähigkeit der Machthaber ab, ein zwingendes Bild der Zukunft zu etablieren und dann die Menschen zu überreden, ihre Zeit in der Hoffnung zu opfern, daß sie Zugang zu dem perfekten Reich gewinnen, das gleich hinter dem Zeithorizont liegt.

Wenn es einen gemeinsamen Nenner gibt, eine Grundannahme, die einen Großteil der westlichen Kultur durchdringt, so ist es die Sehnsucht nach etwas, das »anders und besser« ist.[1] Diese Sehnsucht wird in den Bildern der Zukunft verkörpert. Gesellschaften stellen sich nicht nur eine bessere

Zukunft vor, sondern eine perfekte Zukunft. Sie konstruieren eine Idealwelt irgendwo hinter dem Zeithorizont und handeln dann gemeinsam, um die Vision zu vervollkommnen, die sie entwickelt haben.

In jedem Fall existiert die vorgestellte Idealwelt in einem »zeitlosen« Reich, befreit von den Zwängen historischer Dauer. Westliche Zukunftsbilder sind zumeist üppig, fruchtbar, voller Überfluß. Wir stellen uns eine Welt vor, die gleichzeitig ekstatisch und orgiastisch, vollständig und harmonisch ist. Unsere Zukunftsbilder verkörpern unsere größten Hoffnungen, ebenso wie sie unsere innersten Ängste offenbaren. Wir schaffen sie, weil wir die Sicherheit brauchen, daß nicht alles eitel ist, daß der Tod nicht das Ende ist, daß eine andere Welt jenseits unseres beschränkten Aufenthaltsortes existiert – eine Welt, wo all unsere Erwartungen sich erfüllen und all unsere Zweifel sich lösen werden. Jedes Zukunftsbild ist eine Projektion des unersättlichen menschlichen Bedürfnisses nach Unsterblichkeit.

Die westliche Kultur hat ihre Zukunftsbilder durch Religion und Politik institutionalisiert. Wir schauen auf Götter und große Führer als Beschützer gegen die Zerstörungskraft der Zeit. In seinem bahnbrechenden Werk *History, Time and Deity* erforschte S. G. F. Brandon die großen Religionen der Weltgeschichte und schloß: »Die vielen, unterschiedlichen Glaubensinhalte und Praktiken … haben, wie sich herausstellt, ein gemeinsames Grundmotiv – den unausweichlichen Prozeß der Zeit, Verfall und Tod, zu besiegen oder zu umgehen.«[2] Menschen haben religiöse Zukunftsbilder teilweise als Schutz vor der Endlichkeit irdischen Lebens geschaffen. Jede Religion hält die Aussicht hoch, die Zeit entweder zu besiegen, zu umgehen, zu überwinden oder überhaupt zu leugnen. Wir benutzen unsere Religionen als Vehikel zum Eintritt in das Himmelreich, die Unterwelt, das Gelobte Land oder das Nirwana. Wir glauben an Wiedergeburt, Auferstehung und Reinkarnation als Mittel, die Unvermeidlichkeit des biologischen Todes zu umgehen.

Unsere geistige Suche nach Unsterblichkeit ging einher mit einer weltlichen Suche. In der Welt der Tagespolitik repräsentiert heute der Begriff »Sicherheit« unseren unersättlichen Drang nach Selbstverewigung um jeden Preis. Hobbes, Locke, Rousseau und andere große politische Philosophen der Moderne haben gesagt, der Wunsch nach Sicherheit liege dem Gesellschaftsvertrag zugrunde.

Der westliche Mensch ist besessen von der Vorstellung der Sicherheit. Wir wollen sicherstellen, daß die Zukunft vorhersehbar und kontrollierbar gemacht werden kann. Der Staat soll für uns wachen, uns schützen, unser Überleben sichern. Er ist unsere Versicherungspolice gegen den Tod.

Der Staat behält seine Macht über das Gemeinwesen, indem er pausenlos das Bild eines idyllischen Zukunftsreiches heraufbeschwört, sei es im Himmel oder hier auf Erden. Die Massen haben wiederholt ihre Bereitschaft gezeigt, dem Staat Opfer zu bringen, in der Hoffnung, ihre Zukunft zu sichern und ihre Unsterblichkeit zu garantieren.

Der Philosophiehistoriker Jean Guitton hat gesagt, all unsere politischen Experimente seien wie Rekonstruktionen des Gartens Eden. Jeder Staat projiziert eine Vision einer Idealwelt gleich hinter dem Horizont – einer Welt ohne Konflikt, Ungerechtigkeit und Krieg, einer Welt, wo Glückseligkeit und Zufriedenheit herrschen. Mit jeder neuen Regierungsordnung reisen wir wieder zum Garten des Paradieses und hoffen, einen Teil der Unsterblichkeit wiederzugewinnen, die wir vor langer Zeit aufgegeben haben. Der Staat schafft das Bild einer sicheren idyllischen

Zukunft und ermöglicht es uns dadurch, ein kleines Maß Unsterblichkeit in dieser Welt zu erleben.[3]

Zwar haben westliche Gesellschaften schon in den ersten bezeugten Zivilisationen in Sumer und Mesopotamien Zukunftsbilder gehabt, doch die erste voll ausgeprägte Zukunftsvision in der westlichen Kultur kam mit dem Aufstieg des jüdischen Staates 2000 Jahre vor Christus. Die Juden trugen dazu bei, den Begriff Geschichte zu bilden, und so bereiteten sie den Weg für einen der größten Fortschritte im menschlichen Bewußtsein seit Anbeginn der Zeit.

Frühere Völker hatten wenig oder keine Unterscheidung zwischen Vergangenheit, Gegenwart und Zukunft gemacht und statt dessen die Wirklichkeit als stets wiederkehrenden Zustand des Daseins erlebt. Das zyklische Zeitgefühl spiegelte die ökologischen und astronomischen Zyklen und band Bewußtsein und Kultur der Menschen an die Rhythmen der Natur.

Die Juden hatten eine radikal andere Vorstellung von der Natur der Zeit. Sie ersetzten »Es war einmal« durch einen spezifischen, historischen Anfang: »die Schöpfung«.[4] Sie sahen Zeit als eine irreversible Ebene, auf der spezifische, nicht wiederholte Ereignisse stattfanden. Abraham, Moses und Josua existierten alle zu bestimmten Zeiten und waren mit Ereignissen assoziiert, die nie wiederholt werden würden, aber alles Künftige beeinflußten.

Die Juden schwächten den zyklischen Zeitrahmen ewiger Wiederkehr durch die Einführung des linearen, geschichtlichen Zeitrahmens ab. Dadurch begannen sie den Prozeß der Trennung zwischen Kultur und Bewußtsein des Menschen einerseits und den Periodizitäten der natürlichen Welt andererseits; sie schufen den Kontext für eine stetig wachsende Kluft zwischen sozialer Zeit und ökologischer Zeit in den kommenden Jahrhunderten.

Es sollte angemerkt werden, daß es nicht nötig war, das Bild eines zeitlosen Reiches zu schaffen, solange das Zeitbewußtsein zyklisch war. In mythischen Kulturen war die Dauer sekundär gegenüber der Regeneration. Weil alles sich in endloser zyklischer Regeneration wiederholte, war Zeitlosigkeit in dem Prozeß eingebaut. Es war nicht nötig, irgendein zeitloses Paradies an das Ende der Geschichte zu projizieren, weil es keine Geschichte gab, gegen die es antreten konnte. In traditionellen Kulturen mit zyklischer Zeit erfuhr die soziale Ordnung mit jedem neuen ökologischen Zyklus eine kontinuierliche Wiedergeburt.

Obwohl die Juden mit der Einführung eines linearen Zeitrahmens die zyklische Zeit zum Teil in Frage stellten, ist diese nie ganz verschwunden. Selbst heute spielt zyklisches Zeitbewußtsein eine – wenn auch sehr geminderte – Rolle in der Gesellschaft. Während wir einen Teil unseres sozialen Lebens noch nach den wechselnden Jahreszeiten regeln, entfernt uns unsere selbstgeschaffene, high-tech-simulierte Umwelt immer mehr von den Periodizitäten der Natur.

Das jüdische Zukunftsbild untergrub das zyklische Zeitbewußtsein, indem es die Götter zu einer allumfassenden Gottheit zusammenfaßte, die für alles allein verantwortlich war, was auf Erden und im Himmel geschah. Der jüdische Gott band sich mit einem Bund an sein Volk, mit einem Pakt, der die Zukunft dem menschlichen Willen zugänglich machen sollte. Der jüdische Staat war bereit, Jahwe absoluten Gehorsam zu leisten. Gott war dafür bereit, die Juden zu seinem Auserwählten Volk zu machen. Er würde über sie wachen, sie aus der Knechtschaft befreien, ihnen ihre Feinde unterwerfen und sie am Ende aus der langen Mühsal menschlichen Leidens in ein Land führen, wo Milch und Honig flossen.[5]

Der jüdische Gott stand über der Geschichte und gleichzeitig *in* der Geschichte. Dieser Gott hatte teil an der Zeit der Welt. Er thronte zwar in Ewigkeit, doch es war nicht unter seiner Würde, sich um die täglichen Angelegenheiten des irdischen Lebens zu kümmern. Alles andere als berechenbar, griff der hebräische Gott in bestimmte Ereignisse ein und trat in Dialog mit bestimmten Personen, deren Namen und Taten als historische Eckdaten festgehalten werden sollten.[6]

Die Juden trugen nicht nur zur Schaffung des Begriffs Geschichte bei, sondern gaben ihm auch eine Mission. Geschichte war der Ort, wo Gott und sein Auserwähltes Volk ihre Beziehung zueinander lebten. Vor allem anderen war sie ein Ort, in dem Verheißungen gegeben wurden, die irgendwann in der Zukunft erfüllt werden sollten.[7]

Das jüdische Zukunftsbild war ein Bild hoffnungsvoller Erwartung. Am Anfang hatte Gott eine vollkommene Welt geschaffen. Adam und Eva verdarben seine Schöpfung, als sie aus der Gnade fielen. Doch in seiner Gnade traf Gott eine Vereinbarung mit Abraham und seinen Nachkommen, die von ihnen verlangte, die Geschichte als Forum der erneuten Heiligung ihrer Beziehung zu Gott zu nutzen. Gott versprach, wenn sie die Zukunft auf eine Weise nutzten, die dem Bund gerecht würde, würde er die Geschichte abschließen und seine Kinder in eine neue, vollkommenere Welt bringen: das Gelobte Land.[8]

Die Juden führten also mehr als nur Geschichte und Zweck in die Welt ein: Sie führten den freien Willen ein. Ihr Zukunftsbild hing von ihrem eigenen Tun ebenso ab wie von Gottes Willen. Die Zukunft wurde nicht länger als fixiert und vorherbestimmt gesehen, sondern als ein Reich mit Myriaden von Möglichkeiten. Die Zukunft ist dort, wo Menschen Entscheidungen treffen, die ihr Schicksal beeinflussen. Die Juden faßten als erste die Zukunft als etwas auf, das sie mit ausfüllten.[9]

Im Judentum waren es die großen Propheten und Priester, die das kollektive Zukunftsbild kontrollierten. Durch sie gab Jehova seinem Volk Anweisungen. Die Propheten sagten Ereignisse voraus und sprachen vor allem Warnungen und Vorschriften aus. Wie Frederick Polak bemerkt:

Durch den Propheten spricht Jehova, immer bereit mit Rat, Hilfe und Ermahnung für sein Volk. Der Prophet ist Gottes Herold – mehr als ein König, besser als ein Priester. Er ist der Wegweiser für Herrscher und Beherrschte, der höchste Ausleger des Bundes. Unglück und Gotteszorn können nur rechtzeitig abgewendet werden, wenn man auf die Worte des Propheten hört.[10]

Die Propheten und Priester dienten als Gewissen der Gemeinschaft und Bewahrer des Bundes. Sie ermahnten ihr Volk, wenn es von dem Zukunftsbild abwich, das den ursprünglichen Bund mit dem Herrgott Jehova inspiriert hatte. Sie waren die Aufseher von Königen und Herrschern, denn sie allein waren eingeweiht, was die Zukunft bereithielt. Die Propheten und Priester deuteten die Zukunftsvision des hebräischen Volkes. Sie fungierten als Richter und Geschworene, wenn diese Vision entweiht und verlassen wurde. In Zeiten der Verzweiflung entzündeten sie wieder das alte Bild der Zukunft, das zuerst in den Augen der Patriarchen Abraham, Isaak und Jakob geleuchtet hatte. Die Propheten und Priester boten neue Hoffnung. Sie sagten ein besseres Morgen voraus und sagten ihrem Volk, das Land von Milch und Honig winke ihm.

Die Propheten und Priester waren mehr als Weissager und Inspiratoren. Sie waren auch Lenker des jüdischen Volkes und versuchten, es zum Reich der Zukunft zu steuern. Sie

gaben Rat, wie es weitergehen sollte. Sie waren Hirten, die ihre Herde vorwärtstrieben, über die Anfechtungen und Kümmernisse, die die Geschichte ihnen in den Weg stellte, im Gedenken daran, daß ihre lange Odyssee sie eines Tages an die Pforten eines irdischen Paradieses führen würde, in Erfüllung der Verheißung, die ihren Eltern und Großeltern vor ihnen gegeben worden war.[11]
Dem jüdischen Zukunftsbild folgte das christliche Weltbild. Die ersten Christen, die ursprünglichen Apostel, identifizierten sich mit dem jüdischen Zukunftsbild und betrachteten Jesus als den langersehnten Messias, der von Gott gesandt war, um sein Volk zu retten.[12] Ihre Hoffnungen wurden von einer immer schlimmeren politischen Krise genährt. Rom zog seinen Würgegriff um Israel immer fester, und in diesem Kontext sahen die Apostel Jesus dann als den Boten Gottes, den Heiligen, der die Juden vom Joch der Unterdrückung befreien würde. Selbst nach Jesu Tod und Auferstehung warteten die Jünger noch gespannt auf sein zweites Kommen, ein Ereignis, das sie mit der endgültigen Befreiung des jüdischen Volkes assoziierten, dem Ende der Geschichte und dem Anfang des vollkommenen Reiches.[13]
Als Jesus nicht wie erwartet zurückkam, war der große Apostel Paulus gezwungen, die Bedeutung und Tragweite von Christi Botschaft in ganz neuen Begriffen umzudeuten und die Grundlage für ein radikal neues Zukunftsbild zu legen.[14] Paulus schrieb, es sei nicht nötig, auf Jesu Wiederkunft zu warten, um das Heil zu erfahren. Durch das Taufritual und die Messe konnte jeder Mensch einen persönlichen Bund mit dem Heiland schließen und in das Himmelreich wiedergeboren werden. Die Taufe reinigte den Täufling und erlaubte ihm (oder ihr), an Christi Tod und Auferstehung teilzuhaben. Die Messe erfüllte eine ähnliche Funktion. Das eucharistische Opfer ermöglichte dem

einzelnen die Teilhabe am Letzten Abendmahl und dem darauf folgenden Tod Christi.[15]

Paulus predigte den Gläubigen, daß die neue Ordnung mit dem Leben und Tod Christi schon gekommen war. Der historische Jesus mochte gekommen und gegangen sein, doch sein Geist war nun immer anwesend und bereit zur Rettung gefallener Seelen. Paulus hielt ein neues Zukunftsbild hoch, in dem die jüdische Erwartung des Heils »irgendwann« ersetzt wurde durch das Angebot des Heils »jetzt«. Statt einer irdischen Erlösung predigte Paulus die Erlösung in ein neues, geistliches Reich. Das christliche Bild der Zukunft ermöglichte es dem einzelnen, »das Reich« im Hier und Jetzt zu erfahren. Indem sie Christus als ihren Heiland annahmen, waren die Gläubigen noch in der Welt, aber nicht *von* der Welt.[16]

Später konkretisierte Augustinus diese neue Vision mit seiner Teilung der Welt in zwei Sphären, die irdische Stadt und die Stadt Gottes. Der wahre Christ lebte gleichzeitig in beiden Sphären. Er sollte zwar dem Kaiser geben, was des Kaisers war, doch sein geistlicher Gehorsam sollte immer Christus, dem Erlöser, gelten. Augustinus machte sehr deutlich, daß er die irdische Stadt als vorübergehendes Übel betrachtete, eine lästige Wirklichkeit, die es auf dem Weg zum endgültigen Heil im Himmelreich nach dem Tod nur zu dulden galt. In der Zwischenzeit konnte jeder Christ zumindest teilweise an der erwarteten, vollkommenen Ordnung teilhaben, indem er in das Himmelreich auf Erden wiedergeboren wurde, Augustinus' Stadt Gottes.[17]

Um in die Stadt Gottes zu gelangen, mußte der Neuling mehr tun, als nur in Christus wiedergeboren werden. Es war nicht genug, getauft zu sein und an der Messe teilzunehmen. Man mußte sich auch völlig Christi Lehren unterwerfen. In dieser Hinsicht war das neue Zukunftsbild, wie es sich in den Lehren Christi und der Kirchenväter ausdrückte, anders als jede andere Vorschrift in der westlichen Erfahrung. Um an dem neuen, vergeistigten Reich teilzuhaben, mußte der Gläubige sich von dem alten Leben abwenden und eine neue Haltung gegenüber seinen Mitmenschen einnehmen, die eine völlige Selbstaufopferung verlangte. Die andere Wange hinhalten, seine Feinde lieben, niemals zum Schwert greifen, den Armen dienen sind wesentliche Richtlinien für ein christliches Leben. In Jesus leben heißt also leben wie er.[18]

Dies jenseitige Zukunftsbild beherrschte die Politik des Heiligen Römischen Reiches durch die lange Zeit des Mittelalters und gab eine einende Vision für die gesamte abendländische Kultur ab. Frederick Polak schreibt über dies »neue Bild des Menschen in Jesus«, daß die westliche Zivilisation infolge dieser Lehren einem neuen Hirngespinst, einer neuen Zukunftsvision und einer neuen Ordnung der Vollkommenheit gegenübersteht, nach der sie streben soll.[19]

Die Kirchenväter, Priester, Bischöfe, Kardinäle und Päpste wurden zu den neuen Vermittlern der Zukunft. Sie hielten das Zukunftsbild in heiliger Obhut, das Christus und später Paulus der Welt gegeben hatten. Das praktische Monopol, das sie über die lateinische Schrift hatten, sicherte ihnen, daß nur sie in der Lage waren, Gottes Willen zu deuten, wie er in der Bibel ausgedrückt war. Die Priester der Kirche kontrollierten auch das Taufritual und die Messe. Die Kontrolle über diese Funktionen stellte sicher, daß nur sie die Macht hatten, Zugang zu dem neuen, von Paulus propagierten Zukunftsbild zu vermitteln.

Zwar konnte jede Frau und jeder Mann sich entscheiden, Christus als ihren Retter anzunehmen, doch die Kirchenväter bestimmten, wer in Christus wiedergeboren werden durfte, denn sie kontrollierten die verwandelnden Rituale.

Die Priester der Kirche standen breit in der Tür, die sich zu dem neuen, christlichen Zukunftsbild öffnete, und von dieser vorteilhaften Position aus übten sie völlige Hegemonie über die Zukunftsvision des Christentums.

Die Kirche behauptete, Gottes auserwählter Vorposten in einer gefallenen Welt zu sein. Sie gewährte sich selbst die letzte Autorität bei der Bestimmung von Gottes Willen und der Mittel, durch die die Gläubigen in das Reich gelangen konnten. Sie übernahm auch die Mission, den Heiden das Evangelium zu predigen und die gute Nachricht zu verbreiten, daß Christus gestorben war, um die Menschheit von ihren Sünden zu reinigen. Die Kirche setzte ihre Hilfsmittel für den Dienst ein, gefallene Seelen für Christus zu retten. Nach der Lehre der Kirche sollte die Wiederkunft Christi folgen, sobald die Kirche erfolgreich die Ungläubigen bekehrt hatte. Deshalb hing sogar das Zukunftsbild, das Paulus verkündet hatte, in gewisser Weise von der erfolgreichen Intervention der Kirche ab, wenn es Wirklichkeit werden sollte.

Zukunftsbilder sind bei weitem der mächtigste Sozialisationsfaktor in der westlichen Kultur. Wir wissen, daß dies so ist, denn immer, wenn starker Glaube an ein Zukunftsbild gegen bloße Waffengewalt antrat, hat er am Ende triumphiert. Zwar haben Staaten für kurze Momente durch den Einsatz bloßer, brutaler Gewalt existieren können, doch ohne ein Zukunftsbild, das sie stützte, wurden sie bald durch ihre eigene Gewalt verbraucht und erschöpft. Die großen Staaten und Kulturen der Geschichte – die, die die Prüfung der Zeit überstanden –, sind gerade die, die ein zwingendes Zukunftsbild besaßen, ein Bild, stark genug, um Treue und Energie vieler Generationen anzulocken, zu fangen und zu halten.

Es ist gesagt worden, daß »Aufstieg und Fall der Zukunft

dem Aufstieg und Fall von Kulturen vorangehen«.[20] Die großen politischen Schlachten in der westlichen Geschichte sind um konkurrierende Zeitvisionen ausgefochten worden. Die menschliche Familie hat sich über einen Großteil der bezeugten westlichen Geschichte über Fragen der Zeitgeschichte in den Haaren gelegen. Wenn diese Vorstellung schwer zu akzeptieren ist, dann vielleicht deshalb, weil die Zeit, in der wir leben, so tief in einem materiellen Bewußtsein steckt, daß wir uns unmöglich vorstellen können, Zeitauffassungen könnten eine ebenso wichtige Rolle im politischen Prozeß spielen wie politische Auffassungen.

Nirgends ist das materialistische Vorurteil offensichtlicher als in den Schriften Karl Marx'. Wie viele seiner Zeitgenossen sah Marx die materielle Wirklichkeit als die einzige an. Er meinte, Änderungen in den materiellen Bedingungen würden zu neuen Produktionsweisen führen, und diese würden wiederum Änderungen in der Art herbeiführen, wie Menschen in einer Gesellschaft übereinander denken und miteinander umgehen. Marx machte den Geist zu einer Geisel materieller Bedingungen, die ihn ernähren. Wandel im Bewußtsein, argumentierte Marx, folge dem Wandel der materiellen Bedingungen sowie der Produktionsweisen. Nach der marxistischen Eschatologie entfaltet sich die Geschichte auf deterministische Weise und läßt wenig Raum für den menschlichen Geist, um seine eigenen Entscheidungen über die Zukunft zu treffen. Materielle Bedingungen, meinte Marx, diktieren unausweichlich die Änderungen im ökonomischen und sozialen Denken und in politischen Beziehungen.

Der menschliche Geist ist freilich mehr als ein passiver Gefangener seiner physisch-materiellen Umgebung. Der Geist bringt ständig Änderungen hervor, indem er neue Zeitorientierungen formt; und diese neuen Zeitdimensionen interagieren mit den wechselnden materiellen Bedingungen, um zur Schaffung des Kontexts für die Art der ökonomischen, sozialen und politischen Realitäten beizutragen, die sich dann ergeben. Zeitliche Wandlungen begleiten materielle Wandlungen und gehen ihnen gelegentlich sogar voraus. Ohne Änderungen im Zeitbewußtsein hätten sich die großen wirtschaftlichen und politischen Veränderungen in der abendländischen Geschichte nie ereignen können.

Das jüngste Beispiel für das Funktionieren zeitlicher Veränderungen findet sich im Übergang vom Mittelalter zum Industriezeitalter. In dieser Epoche machte die westliche Zivilisation eine völlige Umwälzung des Zeitbewußtseins durch, und so wurde der späteren Anpassung an eine neue Produktionsweise und ein neues, mächtiges Zukunftsbild der Weg bereitet.

10. Das Bild des Fortschritts

Der Kampf zwischen der mittelalterlichen christlichen Kirche und der aufkommenden bourgeoisen Klasse von Kaufleuten und Handwerkern war weitgehend ein Kampf zwischen konkurrierenden Zeitorientierungen, und letztlich ein Kampf um verschiedene Zukunftsbilder. Was die Kirche betraf, so war die irdische Zeit von keiner großen Bedeutung. Wenn überhaupt, betrachtete sie die Zeit als ein notwendiges Übel, etwas, das es zu erdulden galt. Für den frommen Christen sollte dieses weltliche Leben in der Vorbereitung für das ewige Leben verbracht werden, das ihn nach dem Tod erwartete. Es kam nie in Frage, die Zeit zu benutzen, um das eigene Los oder das Wohl der Gesellschaft zu verbessern. Solche Gedanken hätten in der Tat als Ketzerei gelten können. Die Auffassung, diese Welt könne verbessert werden, war für die Kirche eine Sünde der Hoffart. Schließlich hatte Gott in seiner unendlichen Weisheit seine irdische Schöpfung so angelegt, wie er sie haben wollte. Jeder, der es wagte, Gottes Kunst herauszufordern, indem er etwas zu ändern versuchte, riskierte, den Zorn der Kirche und der Macht Gottes auf sich zu ziehen.

Im mittelalterlichen Europa hatte die Kirche eine rechte Ordnung für das Funktionieren des sozialen Lebens in jeder Hinsicht aufgestellt, und für Veränderung blieb wenig Raum. Alles hatte seinen rechten Platz und seine Rolle im christlichen Weltbild, und, wie Frederick Polak schreibt, »gegen den Platz zu rebellieren, den Gott dem Menschen auf dieser Welt zugewiesen hatte, würde bedeuten, eine Todsünde zu begehen und den Thron Gottes selbst herauszufordern«.[1]

Der Christgläubige war zwar fest verwurzelt in der Welt des Fleisches, doch sein Herz, sein Geist und seine Seele waren stets auf den Himmel über ihm ausgerichtet, wo ihn die Erlösung erwartete. Weil dies Zukunftsbild so wenig auf den weltlichen Wechselfällen irdischen Lebens beruhte, war das Vergehen der Zeit nie von großer Bedeutung oder überwältigender Tragweite. Die Kirche formalisierte dies jenseitige Zukunftsbild, indem sie alle himmlischen Bestrebungen pries und alle rein weltlichen Strebungen schwarzmalte, besonders solche, die drohten, die wirtschaftliche, soziale oder kulturelle Landschaft zu verändern.

Die Kirche veröffentlichte eine Liste verbotener und ehrloser Berufe. »Praktisch alle mittelalterlichen Berufe« galten als mehr oder minder unrecht, unrein und unannehmbar, denn sie gehörten alle zu den »Wegen des Fleisches«. Nur Ackerbau und ein paar auserwählte Berufe – einschließlich Goldschmiede, Eisenschmiede, Schwertmacher und natürlich der Klerus selbst – waren von der Verdammung durch die Kirchenhierarchie verschont. Betreiber von Bade- und Wirtshäusern wurden verdammt, weil sie Unkeuschheit förderten; Metzger, Walker, Färber und Köche wurden gestraft, weil sie unrein waren; Ärzte und Barbiere wurden gemieden, weil sie Blut vergossen; doch die größte Verachtung behielt die Kirche dem Kaufmannsstand vor.[2]

Die Arbeit des Menschen sollte Abbild Gottes sein, und weil Gottes Werk die Schöpfung ist, war jeder Beruf zu verdammen, der nicht etwas Handfestes schuf. Die Kirche attackierte die aufsteigende Klasse der Kaufleute als Parasiten und Verschwörer, die nichts schufen, das Wert hatte, und nur die Arbeit der anderen ausbeuteten.[3]

Doch die Verdammung durch die Kirche reichte nicht aus, um die Flut einer um sich greifenden wirtschaftlichen Revolution einzudämmen, die ihre Reichweite rasch über die Länge und Breite des Heiligen Römischen Reiches ausdehnte. Im dreizehnten Jahrhundert begann dann die Klasse der Kaufleute einen Kampf mit der Kirche, um ihr die Kontrolle über die weltlichen Angelegenheiten der rasch wachsenden Städte Europas abzuringen. Zwar ging es im Kern um Macht, doch es waren die verschiedenen Zeitbegriffe, die die gegnerischen Kräfte in eine bittere ideologische Auseinandersetzung verwickelten.

Für die Kaufleute war Zeit alles. Ihr Erfolg oder Mißerfolg hing von ihrer Fähigkeit ab, die Zeit zu ihrem Vorteil zu nutzen. Zu wissen, wann die beste Zeit war, um billig zu kaufen und teuer zu verkaufen; wie lange Ware auf Lager gehalten werden durfte; die Zeit zu bestimmen, die es dauern würde, bis Ware eintraf oder bis sie an ihr Ziel gelangte; wann Wechselkurse sich änderten, Preise stiegen und fielen, wann Arbeitskräfte verfügbar waren oder nicht, wie lange die Herstellung eines Produkts dauerte – all dies waren entscheidende Faktoren. Der Kaufmann mit dem meisten Wissen darüber, wie diese verschiedenen Zeitrahmen vorauszusagen, zu nutzen und zu manipulieren waren, erzielte die besten Preise und den meisten Profit.[4]

Der Zeitgebrauch der Kaufleute hatte für Geschäfte in Europa in den langen Jahrhunderten des Mittelalters praktisch keine Rolle gespielt. Das Wirtschaftsleben war fast acht Jahrhunderte von jedem nennenswerten Handel abgeschnitten und drehte sich um selbstversorgende, abgeschlossene Herrensitze. Der Handel zwischen Gemeinden war außerordentlich beschränkt, und statt Geldverkehr herrschte Tauschverkehr vor. In der mittelalterlichen Wirtschaft gab es keinen Bedarf, Zeit als einen knappen Rohstoff zu sehen, der für persönlichen wirtschaftlichen Gewinn manipuliert werden konnte.

Der kirchliche Zeitbegriff stand natürlich in direktem Widerspruch zu dem der Kaufleute. Die Kaufleute meinten, »Zeit ist Geld«, die Kirche hingegen behauptete, »Zeit ist eine Gottesgabe und kann daher nicht verkauft werden«.[5] Die Kirche entwickelte einen ausgeklügelten ethischen Kodex gegen die Zeitgewinnlerei des Kaufmannsstandes. Man bedenke zum Beispiel die Frage, ob ein Händler das Recht hat, »größere Bezahlung von dem zu verlangen, der seine Rechnung nicht sofort begleichen kann, als von einem, der das kann?« Der Kirche zufolge »ist die Antwort nein, denn wenn er dies täte, würde er Zeit verkaufen und Wucher treiben, indem er verkauft, was nicht sein ist«.[6] Die Bibel drückte sich in dieser Frage klar aus. In Lukas 6,35 sagt Christus: »Leihet, ohne etwas zurückzuerwarten.«[7] Weil sie davon profitierten, Zeit zu ihrem Vorteil zu nutzen, galten die Kaufleute als Sünder. »Ihr Profit implizierte eine Hypothek auf die Zeit, die, so hieß es, Gott allein gehörte.«[8] Die Kirche weigerte sich standhaft, den neuen Begriff von Zeit als Mittel zum Zweck zu akzeptieren, und schuf so die Bedingungen für eine unausweichliche Kraftprobe mit der immer mächtiger werdenden Klasse der Kaufleute.

Der Zuwachs der Bevölkerung, der Aufstieg neuer städtischer Zentren, die Eröffnung neuer Transportwege und Kommunikationskanäle mit der Außenwelt – zum erstenmal seit den Tagen der Römerherrschaft –, all dies führte zu einer Auseinandersetzung um zwei verschiedene wirtschaftliche Konzepte und zwei verschiedene zeitliche Konzepte. Jacques Le Goff faßt die Tragweite der Auseinandersetzung zusammen:

Der Konflikt zwischen der Zeit der Kirche und der Zeit der Kaufleute ist also eines der wichtigsten Ereignisse in der Geistesgeschichte dieser Jahrhunderte.[9]

Für die Kirche markierte die Zeit den Übergang von dieser Welt in die nächste. Für die Kaufleute war sie ein Hilfsmittel, um die Interessen des Mammon zu fördern. Die Kirche schenkte der irdischen Zeit wenig Beachtung, die Händler hingegen reduzierten sie auf Geld. Am Ende sollte der Zeitbegriff der Kaufleute sich durchsetzen, aber nicht ohne einen langwierigen Kampf mit dem Vatikan.
Der Zeitbegriff der Kirche wurde weitgehend deshalb besiegt, weil ihr Zukunftsbild nicht stark genug war, um den Umwälzungen standzuhalten, die das europäische Leben neu formten. Zwischen dem dreizehnten und dem siebzehnten Jahrhundert wurde Westeuropa von Seuchen verwüstet, von wirtschaftlichen Verschiebungen erschüttert und von einer Welle politischer Aufstände zerrissen. Der Fall des mittelalterlichen Zukunftsbildes und der kometenhafte Aufstieg des modernen Weltbildes ist nur im Kontext der Wirren zu verstehen, die Europa vier Jahrhunderte lang umkrempelten. Die daraus folgende Verwirrung und Unsicherheit trug dazu bei, das Vertrauen auf das vorherrschende Zukunftsbild zu untergraben, und öffnete die Tür für eine neue Zukunftsvision, die dann die Nachfolge als herrschendes Paradigma im europäischen Theater antrat.
Viele Faktoren wirkten bei der Umformung der europäischen Kultur zwischen dem dreizehnten und dem siebzehnten Jahrhundert zusammen, doch keiner hatte eine meßbarere Wirkung als die Schwarze Pest, die Krise des Ackerbaus, die Einfriedungsbewegung und die Landflucht der Bevölkerung. Jedes dieser Ereignisse erschütterte traditionelle mittelalterliche Lebensmuster und schuf eine Menge

neuer Spannungen, auf deren Beantwortung die Kirche nicht vorbereitet war. Die Fragen kamen schneller auf, als der Klerus überzeugende Antworten liefern konnte, und dies führte zu einem Verlust an Vertrauen auf das Zukunftsbild der Kirche.
Belagert von wachsendem Selbstzweifel an einem alten Weltbild, das nicht mehr zu passen schien, und noch ohne ein neues Zukunftsbild, das es ersetzen konnte, sank Europa in immer tiefere Verzweiflung. Die Zukunft erschien düster und ungewiß, das Leben ohne Ziel und Zweck. Pascal schrieb über die Zeit, in der er lebte:

Stets in der Ungewißheit treibend, getrieben von einem Ende zum anderen, fühlt der Mensch seine Nichtigkeit, seine Verlorenheit, seine Unzulänglichkeit, seine Abhängigkeit, seine Schwäche, und direkt aus der Tiefe seines Herzens steigen Überdruß, Düsternis, Trauer, Verdrießlichkeit, Ärger, Verzweiflung…[10]

Der europäische Mensch war nicht länger überzeugt von seinen Aussichten auf dieser Welt oder Unsterblichkeit in der nächsten, und so verzehrte ihn immer mehr die Furcht vor dem Künftigen. Zeitplan und Uhr wurden ein Mittel, um die Aufmerksamkeit vor der Ungewißheit der Zukunft abzulenken. William Bouwsma spekuliert, daß die rechte Regulierung und Nutzung der Zeit die Unsicherheit des Lebens zum Teil ausglich. Die Zeit zu planen wurde eine Art, sich der Angst zu erwehren. Durch die Vorausplanung jedes Details im Leben konnte man die Zukunft so ausfüllen, daß es keine Zeit für Ungewißheit mehr gab. Langsam begann die Bourgeoisie, die Idee vorzubringen, man könne die Zukunft durch die rechte Nutzung der Zeit sichern. Die Uhr wurde das Instrument, um Zeit zu horten und auszuteilen. Die Einführung der Uhr in Europas Wirtschaftsleben führte zu der Auffassung, daß man Zeit sogar kaufen und verkaufen konnte. Die traditionelle Vorstellung, daß man seine Arbeit oder seine Fähigkeiten verkaufte, wurde abgelöst von der neuen Vorstellung, seine Zeit zu verkaufen. Der Stundenlohn und die Stückzahl halfen bei der Durchsetzung der Idee, daß Zeit Geld ist. Wenn Zeit in Einheiten gekauft und verkauft werden konnte, dann konnte sie auch angesammelt oder aufgebraucht werden. In der neuen Uhrenkultur wurden Zeit und Geld austauschbar und tauschbar. Je mehr Geld jemand anhäufen konnte, desto mehr Zeit konnte er kaufen und verkaufen. Der mittelalterliche Mensch hatte geglaubt, das Ansammeln »guter Werke« könne dazu beitragen, ihm Sicherheit in dieser und Ewigkeit in der nächsten Welt sichern; das neue Bürgertum hingegen drückte einen ganz anderen Glauben aus: daß die Anhäufung von Zeit und Geld das beste Mittel sei, für Sicherheit sowie für eine neue Form irdischen Heils zu sorgen. In den folgenden Jahrhunderten tröstete sich das Bürgertum dann in dem Glauben, es läge in seiner Macht, durch richtiges Management der Zeit die Dauer in dieser Welt unendlich auszudehnen.

In diesem Kontext kam eine machtvolle, zwingende Zukunftsvorstellung auf und legte die philosophische Basis für das moderne Weltbild. Die großen intellektuellen Denker der Epoche begannen, die radikale Idee des menschlichen Fortschritts zu vertreten, eine völlig neue Zukunftsvision, um die die westliche Kultur sich scharte.

Francis Bacon öffnete die Schleusentore für dieses neue Zukunftsbild 1620 mit seinem *Novum Organum.* Er rief nach einer neuen Methode bei der Organisation der Welt, einer Methode, die »die Grenzen der menschlichen Herrschaft erweitert, bis zum Einfluß auf alle möglichen Dinge«.[11] Er nannte diese Methode die »wissenschaftliche Methode« und sagte, ihre richtige Anwendung würde es den Menschen ermöglichen, »über natürliche Dinge zu herrschen – über Körper, Medizin, mechanische Kräfte und unendlich viele andere dieser Art«.[12]

Im Vertrauen, das Universum sei wirklich eine geordnete Anlage, glaubte Bacon dann, er könne seine Funktionsprinzipien weitgehend auf die gleiche Art enthüllen, wie ein Uhrmachermeister eine Uhr auseinandernehmen und ihre Teile analysieren kann, um zu lernen, wie sie funktioniert. Bacon war überzeugt, die uhrenähnliche Ordnung des Universums könnte durch das offenbart werden, was er als »objektives Denken« bezeichnete. Das Ziel ist laut Bacon, voraussagen zu können, wie die Natur sich verhalten und entwickeln wird, damit die Zukunft unter Kontrolle gebracht werden kann. Bacons Umgang mit der Zukunft war ganz anders als bei Augustinus. Bacon interessierte sich mehr für die Kontrolle über die unmittelbare Zukunft in dieser Welt. Augustinus ging es mehr darum, Zugang zur »anderen« Welt zu bekommen. Bacon glaubte, die wissenschaftliche Methode sei das beste Vehikel, um den Zeithorizont vorherzusagen und zu kontrollieren. Augustinus meinte, nur Gottes Beauftragte – die Priester der Kirche – seien befähigt, vorherzusagen, was kommen sollte. Bacon ging es um materielle Sicherheit und um die Aussicht eines stetigen Fortschritts bis zu einem Reich des Überflusses auf dieser Welt. Augustinus ging es um das geistliche Heil und um die Aussicht auf die Wiederkunft Christi und die ewige Seligkeit im Himmel. Für Bacon hing die Zukunft von der Tätigkeit des menschlichen Willens ab. Für Augustinus hing sie von Gottes Gnade ab.

Francis Bacon setzte der kirchlichen Vision eine häretische entgegen. Er verkündete der Welt, menschliche Vernunft, nicht göttliche Weisheit, würde die Konturen am Zeithorizont ausfüllen. Das theozentrische Zukunftsbild, das die Seiten der abendländischen Geschichte beherrscht hatte, wurde von einem neuen, anthropozentrischen Bild herausgefordert. Von nun an wich das alte Motto »Bete um geistliche Führung« dem neuen Motto *sapere aude* – wage zu wissen.

Gerüstet mit der wissenschaftlichen Methode, machten sich die Architekten der Aufklärung auf den Weg zum Zeithorizont, entschlossen, den Weg zu einem irdischen Paradies zu zeigen. René Descartes half, den Weg nach Eden zu erleuchten, indem er die Mathematik in die neue Zukunftsformel einbrachte. Descartes sah die riesige kosmische Uhr als ein präzises, geordnetes, mathematisches Modell und verkündete, durch die Anwendung der Mathematik als unsere wichtigste Form des Wissens würde es möglich sein, »richtige Ergebnisse in jedem Bereich« zu bekommen.[13] Descartes war überzeugt, die Mathematik könne die Geheimnisse der Natur entschlüsseln und so die Menschen zu Beherrschern des Universums machen. »Um es frei zu sagen«, schrieb er sinngemäß, »ich bin überzeugt, daß sie (die Mathematik) ein mächtigeres Werkzeug des Wissens ist als jedes andere, das uns das menschliche Handeln als Ursprung aller Dinge vererbt hat.«[14]

Die Revolution im zeitlichen Denken hatte sich lange angekündigt. Paulus hatte den Glauben als Schlüssel zum Paradies angeboten. Thomas von Aquin hatte Paulus' Enthusiasmus ergänzt durch die Aussage, Glaube und Vernunft zusammen seien die Stufen zur idealen Zukunft, die die Menschheit am Ende ihrer Reise erwarte. Nun schob Descartes den Glauben ganz beiseite und rief die künftigen Generationen auf, sich allein auf den quantifizierbaren Verstand zu verlassen, unverdorben durch den Aberglauben der Vergangenheit.

Bacon und Descartes glaubten: »Wissen ist Macht.« Sie meinten, wenn man sich auf die wissenschaftliche Methode und strenge mathematische Logik stütze, könne man die Kräfte der Natur sowohl verstehen als auch kontrollieren, und dadurch das materielle Wohl der Gesellschaft fördern sowie eine sicherere Welt schaffen.

Die Kosmologie der Juden und der Christen führten die Geschichte in ihr Zukunftsbild ein. Bacon, Descartes und ihre Zeitgenossen führten den Fortschritt ein. Dies war eine revolutionäre, neue Idee, die kaum Vorläufer hatte. In dem neuen Weltbild war die Zeit nicht länger als Vorbereitung auf die Wiederkunft Christi zu nutzen, sondern als ein Mittel, um die neue zeitliche Idee des Fortschritts zu fördern. An den Fortschritt glauben heißt an eine Zukunft glauben, die immer besser, immer größer wird und vor allem immer weitergeht. Es gibt kein Ende des Fortschritts. Er ist unaufhaltbar, unbeirrbar. Er schnellt uns in eine Zukunft ohne Grenzen und Schranken, eine Zukunft, die unendlich ausgedehnt und »zeitlos« ist.

Dieses neue Zukunftsbild formt den modernen Geist. Es ist ein zutiefst materialistisches Bild. Materieller Fortschritt ist unsere Eintrittskarte zur Unsterblichkeit, unsere Art, dem Tod ein Schnippchen zu schlagen, eine fließende Existenz zu überwinden. Je mehr Material wir anhäufen können, um so zuversichtlicher werden wir, daß die Füllhorn-Vision, die wir vor uns ausgebreitet haben, Wirklichkeit ist, nicht Illusion, ein realer Ort, nicht ein Phantasiegebilde.

Die Wissenschaftstheoretiker lieferten die Hilfsmittel zur Anhäufung des materialistischen Überflusses, doch es waren die politischen Philosophen und Wirtschaftstheoretiker, die die Grundlage und den Willen lieferten, ihr ein entsprechendes Willkommen zu bereiten. John Locke argumentierte, der materielle Eigennutz sei das Motiv hinter allem

menschlichen Verhalten. Die richtige Rolle der Regierung sei
es, sicherzustellen, daß die Kräfte der Natur unter Kontrolle
gebracht und gezügelt würden, damit jedes Glied der Gesell-
schaft soviel Reichtum wie nur menschenmöglich anhäufen
könne. »Die Leugnung der Natur«, behauptete Locke, »ist
der Weg zum Glück.«[15] Adam Smith stimmte dem zu und gab
noch ein Stück ökonomischer Weisheit drein, um das Argu-
ment für eine materialistische Zukunft zu stützen:

> Jedermann strengt sich ständig an, um die vorteilhafteste Verwendung
> für das Kapital herauszufinden, über das er verfügt. Es ist in der Tat sein
> eigener Vorteil, den er im Auge hat, und nicht der der Gesellschaft.
> Doch das Forschen nach seinem eigenen Vorteil läßt ihn natürlicher-
> weise, oder eher notwendigerweise, jene Verwendung vorziehen, die
> am vorteilhaftesten für die Gesellschaft ist.[16]

In den Werken von John Locke, Adam Smith und ihrer
Zeitgenossen sehen wir die Entfaltung eines neuen Zukunfts-
modells, das für spätere Generationen von Europäern den
Zeithorizont neu definierte und schließlich zur vorherr-
schenden Zukunftsvision für einen Großteil der Welt wurde.
Künftig sollte »materieller Fortschritt« die Daseinsberechti-
gung der Epoche sein. Es überrascht nicht, daß politische
und wirtschaftliche Führer von den Wissenschaftlern und
Mathematikern Hilfe bei der Vorausberechnung und Kon-
trolle dieser neuen, fortschrittlichen Vision erwarteten. Statt
astrologischer Karten und kristallener Kugeln, Offenbarung
und göttlicher Vermittlung legte die wissenschaftliche Elite
der Welt die kombinierte Macht der wissenschaftlichen
Methode und der mathematischen Argumentation vor. Die
Machtprofis der Moderne verlassen sich inzwischen fast
ausschließlich auf die Wissenschaft und Technik, um die
Zukunft zu sichern.

Der Historiker Stephen Kern anerkennt, was wir der wissenschaftlichen Methode und dem mathematischen Messen verdanken:

Die Gravitationsastronomie kann Bewegungen der Himmelskörper voraussagen, die Medizin verbessert ständig ihre Diagnosefähigkeit, die Meteorologie sagt das Wetter voraus, und die Chemiker sagen Elemente voraus, ehe sie entdeckt werden, wie Clerk Maxwell die Existenz von Strahlen voraussagte, ehe Marconi sie nutzbar machte.[17]

Wissenschaft und Technik sind die neuen Mittel zur Erlangung des Heils geworden. In Zeiten der Krise erwarten wir, daß Wissenschaft und die technischen Produkte der Wissenschaft eine gefallene Menschheit von den Schwächen und Dummheiten erretten, die so oft unsere Bemühungen stören, ein sicheres Plätzchen ausfindig zu machen. Moderne Wissenschaft und Technik sind die weltlichen Messiasse in einer materialistischen Welt. Sie sind die Garanten unserer Sicherheit und letztlich unserer Unsterblichkeit. Durch Wissenschaft und Technik werden wir unsere Kontrolle über die Zukunft, die Kräfte der Natur und unsere eigene, körperliche Dauer ausdehnen. Wir werden besser, länger leben, das gute Leben genießen und in ein selbstgemachtes irdisches Eden eingehen, wo materieller Überfluß ein Bollwerk gegen die Zerstörungskraft der Zeit und den Ansturm des Todes abgeben wird.
Das neue, bürgerliche Zukunftsbild schien unbesiegbar. Die Menschen glaubten nun, je mehr materiellen Besitz sie anhäufen konnten, um so mehr Zeit könnten sie sich kaufen. Wohin sie auch sahen, erblickten sie die Zeichen, die ihre neue, fortschrittliche Vision bestätigten. Die ganze Welt schien sich zu verbessern – und auszudehnen.
Europäische Entdecker hatten die Welt der Kolonialherr-

schaft eröffnet. Schiffe fuhren hin und her über die Meere, beuteten Rohstoffe aus allen Enden der Welt aus und unterwarfen ganze Völker und Kontinente im Namen des Fortschritts (regelmäßiges Reisen über das Meer wäre ohne die Uhr nicht möglich gewesen; sie lieferte dem Schiffskapitän ein Mittel, die Länge auf hoher See zu berechnen).

Mit der Welt in ihrer Hand eilten europäische Kaufleute, Händler und politische Führer, die riesigen Ressourcen der Erde zu Produkten zu machen, die auf dem stetig wachsenden, unter ihre Kontrolle gebrachten Markt verkauft werden konnten. Dampfmaschinen wurden eilig in ganz Europa installiert und lieferten eine neue Energie, die versprach, die Kraft von Tieren, Menschen und sogar die riesige Energie der Sonne zu ersetzen. Die Dampfmaschine »war außerhalb der wechselnden Jahreszeiten, kannte keinen Unterschied zwischen Tag und Nacht (und) erlegte ihren eigenen Rhythmus den Menschen auf, die für sie arbeiteten«.[18] Die Dampfmaschine beschleunigte die Verarbeitung von Rohstoffen zu Endprodukten erheblich. Über Nacht schwammen Europa und die Welt in einem Meer neuer Produkte. Das materielle Füllhorn schien gerade um die Ecke zu sein.

Der Übergang von Landwirtschaft zu Industrie ging mit einer zweiten Welle der Landflucht einher. Menschen strömten in überwältigenden Massen in die neuen, städtischen Industriezentren. 1801 lebten über 80% der britischen Bevölkerung noch auf dem Land. Nur fünfzig Jahre später waren es nur noch die Hälfte.[19] Der Rest hatte sein Bündel geschnürt und sich in den lebhaften neuen Industriestädten Manchester, Leeds und Liverpool angesiedelt.

Die Eisenbahn hatte 1825 ihr Debüt; sie dampfte auf einem Gleis von Brüssel nach Stockton (England) mit der atemberaubenden Geschwindigkeit von 30 Meilen pro Stunde einher, »dreimal so schnell wie die beste Geschwindigkeit, die

zu Lande bisher regelmäßig erreicht wurde«.[20] Fünfundsechzig Jahre später fuhr zum erstenmal in London die elektrische Untergrundbahn, und regelmäßiger Passagierverkehr von und zur Stadt wurde etwas Alltägliches – daraus entstanden die »Vorstadt« und der Verkehrsstau zu Stoßzeiten.
Der Vorstädter war die Verkörperung der Uhrenkultur.

In jeder Schlafstadt öffneten sich auf der ganzen Länge jeder Straße innerhalb der gleichen, kurzen Zeitspanne am Morgen hundert Türen, und hundert Brotverdiener traten heraus wie Puppen einer mittelalterlichen Stadtuhr, um auf einem Bahnhof zusammenzuströmen, wo hundert Uhren bestätigten und hundert Stimmen sich einig waren, ob der Zug pünktlich war oder nicht.[21]

Der Fahrplan wurde der Regler des Alltags. Zur Sicherung von Pünktlichkeit, zeitgenauer Leistung und strenger Einhaltung des Fahrplans war alles Eisenbahnpersonal mit speziellen Eisenbahnuhren ausgestattet, »die in zwei Wochen nicht mehr als vierzig Sekunden vor- oder nachgingen und zweimal jährlich von einem Eisenbahnuhrinspekteur gereinigt und reguliert werden mußten«.[22]
Nach Jahrhunderten annähernder Isolation wurden kleine, ländliche Dörfer durch die Einführung eines nationalen Postdienstes in jedem Land miteinander und mit der Welt verbunden. Jahrhundertelang war die Postzustellung sporadisch, unorganisiert und unzuverlässig gewesen. Uhr und Zeitplan änderten all dies auf dramatische Weise. 1863 konnte sich London mit elf Postzustellungen pro Tag brüsten. Ein Brief, der »frühmorgens an eine andere Londoner Adresse abgesandt wurde, konnte vor dem Ende des Tages nicht nur eine Antwort bringen, sondern dies so rechtzeitig, daß der erste Schreiber noch Zeit für einen weiteren Brief hatte und dieser noch ausgetragen wurde«.[23]

Das Telex, das Telefon und die Tageszeitungen erweiterten die Möglichkeiten der Kommunikation und verringerten die Entfernungen zwischen Menschen. Ereignisse aus dem ganzen Land und der ganzen Welt konnten nun gehört werden und von den Hinterhöfen der Maurer bis zu den Höfen der Könige als Gegenstand für Klatsch und Spekulationen dienen. Die Beschleunigung der Kommunikation ging einher mit einem Zwang, jederzeit zu wissen, was überall vor sich ging. Thoreau schrieb: »Kaum ein Mann legt sich nach dem Essen eine halbe Stunde aufs Ohr und hebt nicht, wenn er aufwacht, den Kopf und fragt: ›Was gibt's Neues?‹.«[24]

Telegraph und Telefon beschleunigten auch die Geschwindigkeit der Wirtschaftstätigkeit. Wirtschaftlichere Entscheidungen konnten praktisch augenblicklich getroffen werden. Märkte konnten gleichzeitig über weite geographische Entfernungen koordiniert werden.

Diese neuen, »zeitsparenden« Erfindungen veränderten sogar das Gesicht nationaler und internationaler Politik. Die Diplomatie, einst eine langsame, bedächtige Angelegenheit, mußte nun »Krisenentscheidungen« treffen, als neue Formen der Kommunikation den Zeitrahmen für politische Debatten und Entscheidungen verkürzten und intensivierten.

1809 verlängerte London den Tag in die Nacht, indem es das erste Gaslicht einführte. Die neue Erfindung erleuchtete den Kontinent und machte die schattige Unterseite des Stadtlebens zu einem blendenden Farbenmeer, das das Blinken des Nordlichts zu spiegeln schien.[26] 1879 erfand Thomas Alva Edison das elektrische Licht und beschleunigte den Prozeß noch weiter, der den Nachthimmel hell machte. Der berühmte Architekturhistoriker Rayner Banham begrüßte die neue Erfindung als »die größte Revolution in der

Umwelt des Menschen seit der Zähmung des Feuers«.[27] Die Nacht war nun austauschbar mit dem Tag, und die Menschheit war überzeugt, mit dieser Ausdehnung hätte sie sich große Mengen zusätzlicher Zeit gekauft.

In einem Zeitraum von nur hundert Jahren hatte sich eine Zeitrevolution ereignet. Die Dauer wurde dramatisch verkürzt; die Sequenzierung von Tätigkeiten wurde auf annähernde Gleichzeitigkeit verkürzt; Aktivitäten waren auf die Stunde, die Minute, ja die Sekunde geplant. Ereignisse, die über weite Entfernungen stattfanden, wurden nach strengen Standards mit Uhr und Zeitplan synchronisiert. Die Uhrenkultur und der Zeitplan brachten eine neue Dämmerung herauf. Beschleunigte Energie, beschleunigtes Tempo, beschleunigte Kommunikation, beschleunigter materieller Besitz – konnte jemand bezweifeln, daß der Fortschritt auf dem Vormarsch war, daß wir tatsächlich das irdische Füllhorn von Bacon, Descartes, Locke und Smith erreichen konnten?

Die neue Zukunft lag vor der menschlichen Familie, wunderbar zu schauen, ein Preis, den man sich sichern mußte. Wir mußten nur noch zugreifen. Kein Hindernis, kein Hemmnis durfte dem Fortschritt im Wege stehen. Hier war eine neue, unschlagbare Kraft, entschlossen und unbesiegbar. Sie würde uns und unsere Kinder in das Gelobte Land mitreißen. Unser Weg war vorgezeichnet, unsere Richtung gesichert. Die westliche Kultur wurde in eine neue Zeitorientierung gestürzt, komplett mit einem neuen Satz von Symbolen und Bildern. Der neue Gott war Wissenschaft und Technik; das neue Heil materieller Fortschritt; die neue Kirche die industrielle Ordnung; das neue Idol die Uhr; und das neue Ritual war der tägliche Zeitplan.

Am Anfang der Moderne, als dies üppige, neugefundene Zukunftsbild sich zuerst dem europäischen Bewußtsein einprägte, gab der französische Aristokrat Marquis de Condorcet das Gefühl der Euphorie, das damals die intellektuelle Gemeinde mitriß, mit Worten wieder, die seither von der Geschichte verewigt worden sind:

Der Verbesserung der menschlichen Möglichkeiten sind keine Grenzen gesetzt ... Die Perfektibilität des Menschen ist absolut unbegrenzt ... Der Fortschritt dieser Perfektibilität, von nun an über der Kontrolle jeder Macht, die sie verhindern wollte, hat keine andere Grenze als die Dauer des Erdballs, auf den uns die Natur gestellt hat.[28]

11. Die Vision simulierter Welten

Das Bild des Fortschritts dominierte die Zeitpolitik der westlichen Kultur über fast zwei Jahrhunderte. Es hat den Motivationskontext für die Mobilisierung der zeitlichen Angelegenheiten von Einzelmenschen, Gemeinschaften und Nationen abgegeben. Nun, da die Rechnerzeit an die Seite der Uhrzeit tritt und Programme Zeitpläne enthalten, kommt allmählich eine neue Zeitorientierung auf, und mit ihr ein neues Zukunftsbild. Das Zeitalter des Fortschritts ist dabei, dem Zeitalter der Simulation zu weichen. Die neue, simulierte Zukunftsvision schließt die prometheischen Gelüste des vorigen Zeitalters ein, lehnt aber die Beschränkungen ab, die dieses an das historische Bewußtsein gefesselt haben. Die Geschichte existiert kaum in dem neuen Zukunftsbild. Die neue Vision ist mehr von der populären Psychologie beeinflußt. Die Zukunft wird nicht mehr als etwas gesehen, das sich streng linear auf einer historischen Ebene entwickelt. Sie ist vielmehr etwas, das pausenlos neu programmiert wird, um den vorübergehenden Bedürfnissen jeder aufkommenden Realität zu entsprechen. Historische Begriffe wie »Schicksal« und »Unausweichlichkeit«, die das Denken des Fortschrittszeitalters so sehr beherrschten, werden durch psychologische Begriffe wie »Entscheidungen« und »Szenarien« ersetzt, während wir im Übergang sind. Das neue Zukunftsbild faßt die Wirklichkeit als

riesiges Informationsreservoir auf, das in simulierte Erfahrungen umzuwandeln ist.
In der Bibel steht: »Am Anfang war das Wort.« Gott schuf die Welt *ex nihilo.* Er dachte sie ins Sein, und dann sprach er sie in die Wirklichkeit. Er sprach: Es werde Licht – und es ward Licht. Das neue Zukunftsbild beginnt ebenfalls mit dem Wort. Das Wort ist in codierten Botschaften dargestellt, Informationsstücken, die zusammen ediert werden können, um Gedanken, Ideen und Tätigkeiten zu schaffen. Mit Information können wir Ordnung aus dem Chaos schaffen, Licht aus der Dunkelheit. Wir können neue, selbstgemachte Welten konstruieren. Diese neuen Welten fließen direkt aus der Psyche. Sie sind Simulationen aus reinen Gedanken. Sie sind die Paradiese unserer eigenen Phantasie. Wir können uns jetzt ein für allemal von den Beschränkungen der bisherigen Schöpfung befreien. Wir haben es jetzt in unserer Macht, Materie auf Energie zu reduzieren und Energie auf Information. Wir können die Schranken niederreißen, die der Wirklichkeit Form und Substanz gegeben haben, und die Welt neu erdenken als etwas, das nur aus Information besteht, aus Botschaften und Anweisungen. Eine solche Welt ist grenzenlos; sie kann nach Bedarf umgemodelt werden, sie kann dazu programmiert werden, in und aus Formen zu fließen, sie kann in zahllose neue Strukturen ediert werden.
Der Mensch, geschaffen nach dem Bilde Gottes, beginnt nun, neue Welten nach seinem eigenen Bilde zu schaffen. Dies sind simulierte Welten, doch gerade deshalb beeindruckend. Daß sie mit Hilfe einer künstlichen Intelligenz gebaut sind, ist von geringer Bedeutung, denn der neue Mensch ist zu der Ansicht gekommen: »Eine perfekte Simulation von Intelligenz ist Intelligenz.«[1] Menschen träumen heute von unbegrenzten Schöpfungen, die sich in eine end-

lose Zukunft erstrecken. Der Mensch, Wirkkraft des Wandels, wird der Mensch, Schöpfer von Welten.
Alvin Toffler spricht über das neue Zukunftsbild, wenn er sagt, die Menschheit werde immer mehr »die Technik des Bewußtseins besitzen«.[2] Mit dem Computer schafft die Menschheit eine Simulation ihrer eigenen Psyche, eine zweite Denkarmee, die auf die Welt losgelassen werden kann, um ihren Lauf umzudenken, umzugestalten und umzulenken.
In der Lehre des Talmud heißt es, Gott habe verschiedene Versuche gemacht, die Welt zu schaffen, bevor er sich für die entschied, die wir nun geerbt haben. Auch das neue Zukunftsbild ermöglicht viele Welten, viele Schöpfungen.

Der Programmierer-Gott macht die Welt nicht ein für allemal, sondern viele Male; er arrangiert ihre Elemente um, daß sie zu jedem neuen Schöpfungsprogramm passen. Das Universum verhält sich wie ein Programm, bis es abstürzt oder wild wird, und dann wird die Tafel saubergewischt, und ein neues Spiel beginnt.[3]

Im Zeitalter der Simulation wird die Vision einer eindimensionalen, linearen Geschichte abgelöst von dem Bild, künftige Wirklichkeiten grenzenlos zu programmieren. Im neuen Weltbild gibt es so viele Formen des Paradieses, wie es neue Wirklichkeiten zu programmieren gibt.
Die Vermittler dieses neuen Zukunftsbildes sind begierig, die Gesellschaft mitten auf die Bühne eines Weltdramas zu bringen, wo wir Autor und Regisseur ebenso wie Schauspieler werden. Für die, die etwa ihre Zweifel an der neuen Richtung haben, haben die Vertreter der Ära der Simulation rasch ein Wort der Warnung bereit. Edward Feigenbaum spricht für die Engagierten, wenn er alle Zweifler und Kleingläubigen ermahnt, alle, die zögern, diese Reise zu machen:

Jene Intellektuellen, die in ihrer Gleichgültigkeit, um nicht zu sagen ihrem Snobismus verharren, werden merken, daß sie in einem altmodischen Museum des Intellekts gestrandet sind, gezwungen, verdrießlich und ziemlich bedeutungslos von den Almosen derer zu leben, die die wirklichen Dimensionen der Revolution verstehen und mit der neuen Welt umgehen können, die sie hervorbringen wird.[4]

Diese neue Welt ist in den intellektuellen Hexenkesseln des westlichen Denkens zusammengebraut worden, doch sie wird bis weit in den Osten in Orten wie Taiwan, Singapur und Korea von Gedanken in Wirklichkeit verwandelt.
Das Zentrum der neuen Computerzeitwelt ist Japan, das es sich zur nationalen Aufgabe gemacht hat, bis zu den ersten Jahrzehnten des einundzwanzigsten Jahrhunderts die erste voll computerisierte Informationswirtschaft zu werden. Die Regierung arbeitet mit der privaten Industrie zusammen und hat Mittel in die Entwicklung der fünften Computergeneration geschüttet – Maschinen, die frühere Modelle weit in ihrer Fähigkeit übertreffen werden, menschliches Denken zu »simulieren«. Diese werden sich wesentlich von dem elektronischen Vakuumröhrencomputer, dem Transistorencomputer, dem Computer der integrierten Schaltkreise und dem jetzt aufkommenden integrierten Großcomputer unterscheiden. Die ersten vier Computergenerationen sammelten, speicherten und verarbeiteten eine steigende Flut von Informationen in immer kürzeren Zeitspannen. Die neuen Computer der fünften Generation werden weit schneller sein. Wichtiger ist aber, wie die Forscher sagen, daß sie auch die Fähigkeit haben, zu denken, statt nur zu rechnen.
Die Befürworter der fünften Computergeneration sind begierig, den Unterschied zwischen früheren Computern und den neuen, »denkenden« Maschinen herauszustellen; sie

sind so weit gegangen, den neuen Maschinen einen neuen Namen zu geben. Im Milieu werden die Computer der fünften Generation Expertensysteme* genannt, um sie von der Vorstellung eines Computers als bloße Rechen- oder Zählmaschine zu unterscheiden. Diese Maschinen »bezeichnen den Übergang von reiner Datenverarbeitung (das ist die Art, wie heutige Computer funktionieren) zu einer ›intelligenten‹ Informationsverarbeitung«. Die neuen Maschinen werden den Ingenieuren zufolge, die sie konstruiert haben, fähig sein, künstliche Intelligenz zu zeigen.[5]
Viele Industrieanalytiker erwarten, daß die fünfte Computergeneration die Weltgemeinschaft unausweichlich Anfang des nächsten Jahrhunderts in das Informationszeitalter stoßen wird. Futurologen sprechen in glühenden Superlativen von der neuen Welt, die hinter den Kulissen wartet. Die neue Wirtschaftsordnung, behaupten sie, wird auf dem älteren industriellen Lebensstil aufbauen und ihn schließlich hinter sich lassen.

Der Reichtum der Nationen, der in ihren landwirtschaftlichen und industriellen Phasen von Land, Arbeit und Kapital abhing, wird in der Zukunft von Information, Wissen und Intelligenz abhängen.[6]

Zwar anerkennen die Befürworter, daß traditionelle wirtschaftliche Bedürfnisse weiter erfüllt werden müssen, doch sie meinen, die Produktion von Energie, Waren und Nahrungsmitteln wird von einer größeren Dynamik integriert werden, in der wirtschaftliche Planung und Durchführung eine Funktion der neuen Informationsordnung sein werden.

* d. Ü.: KIPS, Knowledge Information Processing Systems

Die Kontrolle all dieser (Wirtschafts-)Prozesse wird bei einer neuen Form der Macht liegen, die aus Tatsachen, Fähigkeiten, codierter Erfahrung und großen Mengen leicht erreichbarer Daten besteht – alle schnell und massenhaft für jeden verfügbar, der sie will – Wissenschaftler, Manager, Politiker, Berufstätiger oder Normalbürger.[7]

In der neuen Welt »soll Wissen selbst der neue Reichtum der Nationen werden«, »eine käufliche Ware wie Essen oder Öl«.[8]

Die neue Wirtschaftsvision ist nur ein Teil einer größeren Vision, die sich um die neue Computer-Zeitwelt zu bilden beginnt. Der Übergang vom Zeitalter des Fortschritts zum Zeitalter der Simulation bewirkt nicht nur einen Wandel in der Art, wie Menschen ihre wirtschaftliche Zukunft sehen, sondern auch, wie sie ihre psychische, geistige Zukunft sehen. 1972 übergab das Japan Computer Usage Development Institute der japanischen Regierung einen Bericht mit dem Titel »Der Plan für eine Informationsgesellschaft: Ein nationales Ziel zum Jahr 2000«. Der Plan, der seither vom japanischen Staat übernommen worden ist, stammt von Yoneji Masuda, einer führenden Gestalt in der Computerwissenschaft. Masuda legt mit einigen Einzelheiten das neue Zukunftsbild dar, das er sich als Begleitumstand der beginnenden Computerrevolution vorstellt.[9] Von besonderem Interesse ist die Tatsache, daß Masuda die Zeit als ersten und wichtigsten Wert dessen ausmacht, was er die kommende »Computopie« nennt.

»Meine erste Vision der Computopie«, sagt Masuda, »ist, daß sie eine Gesellschaft sein wird, in der jeder einzelne Zeitwert sucht und realisiert.«[10] Masuda definiert »Zeitwert« als »seine eigene Zeichnung auf die unsichtbare Leinwand seiner Zukunft malen und dann beginnen, sie zu ›erschaffen‹«.[11] Masuda sieht Zeitwert als etwas, das die materiellen Werte der älteren Uhrenkultur einschließt. Zwar werden materielle Profite in der neuen Computopie noch immer maximiert werden, doch sie gelten als weniger wichtig für das letzte Ziel menschlicher Evolution. Masuda schreibt:

Zeitwert rangiert im menschlichen Leben höher als materielle Werte als Grundwert der Wirtschaftstätigkeit. Dies ist so, weil Zeitwert der Befriedigung menschlicher und intellektueller Bedürfnisse entspricht, materieller Wert hingegen der Befriedigung physiologischer und materieller Bedürfnisse.[12]

Die Zeit bekommt eine neue Bedeutung in der Computerwelt, sagt Masuda, wegen »der gesteigerten Effektivität gezielten Handelns«.[13] Mit der Computertechnik kann man zum erstenmal verschiedene Zukünfte vorhersehen und im voraus logische Programme entwerfen, um diese Zukünfte Wahrheit werden zu lassen. Die neue Computeruhr ermöglicht es uns, größere Kontrolle über die Zukünfte zu erlangen, die wir uns ausdenken.

Im Zeitalter des Fortschritts war materielle Produktion der Wert, auf den es ankam. Im aufkommenden Zeitalter der Simulation wird geistige Produktion zur *conditio sine qua non* des Fortkommens. Sozialer Wandel wird nicht länger an der Organisation von Materie und Energie zu größeren, abgeschlossenen Strukturen gemessen, sondern an der Verarbeitung von Daten in komplexere, vernetzte Informationssysteme.

Wie das Zeitalter des Fortschritts ist das neue, simulierte Zukunftsbild am Ende offen. Während jedoch das frühere Zeitalter durch die Geschichte beschränkt war, ist das neue Zeitalter dies nicht. Im Simulationszeitalter wird die Zeit ahistorisch gemacht. Erfahrungen werden von ihrem geschichtlichen Kontext getrennt und in winzige Datenbits umgewandelt, die in einer zeitlosen Umgebung schweben. In diesem Sinn ist die neue Computerwelt zum Teil wie eine simulierte Version des Freudschen »Unbewußten«. Freud definierte das Unbewußte als ein zeitloses Reich im Geist, einen Ort voller chaotischer Erfahrungen und unzusammenhängender Gedanken, die in einer Art chaotischer Collage frei schwebten. Beim Computer ist die Entsprechung des Unbewußten rohes Datenmaterial, Stücke von Erfahrungen, getrennt von ihrem geschichtlichen Kontext, die zu Informationsbits gemacht wurden und darauf warten, gespeichert und verwandt zu werden. Der Zentralprozessor des Computers ist ein Faksimile des Bewußtseins. Er programmiert die unzusammenhängenden Rohdaten zu einem Satz gezielter Anweisungen oder Handlungen. Er nimmt die Daten aus ihrer zeitlosen Umgebung und prägt ihnen Zeitlichkeit ein. Die Computervergangenheit ist nicht fest, linear oder chronologisch wie in der alten Uhrenkultur. Die neue Vergangenheit ist formloses, zeitloses Datenmaterial, das jedesmal eine andere Bedeutung gewinnt, wenn es in neue Programme übertragen wird. Die neue Zeit ist eher assoziativ als linear. Sie ist ein Stiefkind des psychischen Bewußtseins, ebenso wie das Konzept der linearen Zeit ein Stiefkind des historischen Bewußtseins war.

In der neuen Computerwelt ist alles vorläufig und fließend. Alles unterliegt ständigem Edieren, Revidieren und Modifizieren. Die Zeit büßt den unabhängigen Status ein, den sie in der Uhrenkultur genoß. Zeit ist nun ein Rohstoff, nicht ein Bezugspunkt. Sie ist Information, formbar in zahllosen neuen Weisen und dabei prägbar mit neuen Bedeutungen. David Bolter drückt das Gefühl der Unbeständigkeit aus, das die neue Computerkultur durchdringt:

Ein Programmierer kann nie vergessen, daß jede Lösung in der Computerwelt zeitweilig, provisorisch, veralternd ist. ... Die Leichtigkeit, mit der Daten übertragen werden, und die riesige Menge veränderter Daten bedeuten, daß nichts in der Computerwelt lange in einer Form bleibt.[16]

Es gibt keine feste Vergangenheit, keine vorhergesehene Zukunft, keinen Anfangs- oder Endpunkt in dieser neuen Welt, nur den endlosen Prozeß der Simulation. Selbst die neuen Grenzgebiete, die programmiert werden, sind fließend; jede Simulation hat einen Moment der Existenz, nur um rasch vom Monitor und aus dem Kopf zu verschwinden und Platz zu machen für noch ein anderes Programm. Das neue Zukunftsbild ist eher kathartisch als kumulativ. Bolter erfaßt die Bedeutung dieses monumentalen Wandels im Zeitbewußtsein vom historischen zum psychologischen Bewußtsein, wenn er sagt, der Computermensch »spricht nicht von ›Schicksal‹, sondern von ›Optionen‹«.[17]
In der schnellebigen Welt des Computerzeitalters ändern sich Realitäten mit solcher Geschwindigkeit, daß selbst wissenschaftliche Wahrheiten Hindernisse und letztlich verzichtbar werden. In allen anderen Perioden der Geschichte kam Wissen langsam. Aus diesem Grund wurde jede neue Einsicht in einen Schrein gestellt und sorgfältig gehütet. Sie wurde überhöht und zeitlos gemacht. Sie wurde etwas, nach dem man lebte. Sie überdauerte, weil große Zeiträume zwischen den Einsichten vergingen. Dies ist nicht mehr der Fall. Was wir heute wissen, wird bald überholt von dem, was wir morgen wissen. So können wir zeitlose Wahrheiten und eherne Gesetze nicht mehr tolerieren. Durch ihre Natur selbst setzen zeitlose Wahrheiten und eherne Gesetze Grenzen, und eben deshalb sind sie nun verzichtbar. Zeitlose Wahrheiten und eherne Gesetze sagen

uns, was nicht möglich ist. Sie setzen dem, was wir tun können, Obergrenzen. Sie dienen als Warnung, wie weit man gehen kann.

Wenn alles sich so schnell verändert, muß man eine zeitliche Kosmologie konstruieren, in der der Wandel als die einzige zeitlose Wahrheit anerkannt wird. Die Menschheit erreicht dies, indem sie die Natur als die Evolution von Information neu interpretiert. Die Natur wird nicht länger als ein Gefüge von Grenzen gesehen, sondern als Prozeß kreativen Fortschreitens. In diesem neuen Weltbild verlieren sogar die Gesetze der Wissenschaft ihre Macht. Sie gelten nicht mehr als Wahrheiten, sondern lediglich als bequeme Instrumente, um den Informationsprozeß voranzubringen. Nichts gilt als bleibend außer dem stetigen Prozeß des Sammelns und Verarbeitens von Information.

Das neue Zukunftsbild bringt auch eine Ethik mit sich, die dem Gefühl der Vorläufigkeit in der Computerwelt besser entspricht. Im Mittelalter und frühen Industriezeitalter wurde die Ethik als ein Kodex absoluter Prinzipien aufgefaßt, die a priori existierten. In den letzten beiden Jahrhunderten ist die zeitlose Natur ethischer Vorschriften durch das Aufkommen der utilitarischen Ethik und jüngst der Situationsethik geschwächt worden. Während wir in das Computerzeitalter eingehen, transzendiert die Ethik ihren zeitlosen Rahmen völlig und wird so beweglich und verfügbar wie der beschleunigte Zeitrahmen, in dem wir vorgehen werden. Der Philosoph und Kosmologe Eric Jantsch sagt, ethisches Verhalten werde im kommenden Informationszeitalter ein Verhalten sein, »das die Evolution fördert«.[18] Die neue Evolutionsethik, sagt Jantsch, »wird ausdrücklich die Hauptprinzipien der Evolution enthalten, z. B. Offenheit, Ungleichgewicht, die positive Rolle von Fluktuationen, Engagement und Bindungslosigkeit«.[19] Wandel um des

Wandels willen wird die neue Ethik. Jantsch schreibt, die höchste Verantwortung der Menschheit sei es, den Evolutionsprozeß voranzutreiben: »Kreative Prozesse sollten frei interagieren können und ihre eigene Ordnung bei der Entwicklung von Strukturen finden können.«[20]
Bis zur Moderne legte jede Kultur der Geschichte Wert auf Brauchtum und Tradition. Die Uhrenkultur und die Computerzeitkultur verschieben die ethischen Gesetze von der Vergangenheit in die Zukunft und von Verboten zu Kreativität. Vor der Moderne begannen alle ethischen Normen mit »Du sollst nicht«. Im Industriezeitalter verschob sich die ethische Norm auf »Sei produktiv«. Die Ethik der Computerzeitwelt ist »Sei schöpferisch«. Das Böse wird im Informationszeitalter in allem gesehen, das der Innovation, dem neuen Experiment, dem unerprobten Szenario Steine in den Weg legt.
Jantsch stellt sich einen neuen Typus des Manager-Priesters vor, der das kommende Zeitalter beaufsichtigt. Mehr fragend als verhörend, mehr der Neuerung als dem Disziplinieren zugeneigt, wäre der neue Führer in der aufkommenden Rechenzeitwelt ein Katalysator des Wandels.

Seine Aufgabe wäre vor allem die Verlängerung solcher Prozesse, die in eine kreative Richtung zu gehen scheinen, und die Beendigung solcher Prozesse, die er für nicht kreativ hält. Gleichzeitig wäre es seine Aufgabe, die Interaktion zwischen kreativen Prozessen anzuregen und zu fördern.[21]

Yoneji Masuda, der Architekt des japanischen Plans für die Informationsgesellschaft, stimmt Jantsch bei, daß das Hauptziel des kommenden Zeitalters simulierte Kreativität ist. Wie Jantsch meint Masuda, daß eine neue Ethik benötigt wird – eine, die die Suche nach ständigem Wandel belohnen

und Verhalten, das die Logik einer Zukunft mit offenem Ende hinterfragt, bestrafen wird.
Die Uhrenkultur war begleitet von der Ethik des Pragmatismus, einem Verhaltenskodex, der die Idee, materiellen Eigennutz zu fördern, moralisch unterstützen sollte. Die Computerzeitkultur behält den Pragmatismus bei, ergänzt ihn aber durch eine neue Ethik des simulierten »Kreativismus«, ein Gefüge moralischer Regeln, die die Idee, jede beliebige simulierte Aktivität zu fördern, unterstützen soll. In der »Computopie« wird selbst der Begriff der Unsterblichkeit radikal verändert. Das Heil ist nicht länger in Christus am Jüngsten Tag zu suchen, oder in dem Hirngespinst einer klassenlosen Gesellschaft am Ende der Geschichte. In der Computopie gibt es keinen Jüngsten Tag und kein Ende der Geschichte. In der neuen Welt ist Zeit Information, und Information ist unsterblich. Masuda sagt der nächsten Generation, sie solle ihren Glauben auf die Information setzen, und das Heil werde ihnen gehören. Information kann gegen die Zerstörungskraft der Zeit geschützt werden. Sie wird nicht schlecht und verfault nicht; sie wird nicht aufgebraucht.

Anders als materielle Güter verschwindet Information nicht durch den Gebrauch, und was noch wichtiger ist: Der Wert der Information kann unbegrenzt erweitert werden, indem man die existierende Information um neue Information erweitert. So werden die Menschen ständig Information weiternutzen, die sie und andere geschaffen haben, selbst wenn sie schon gebraucht worden ist.[22]

Der Astronom Carl Sagan stellte einmal die Überlegung an, wenn wir alle Informationen zur Verfügung hätten, die im genetischen Code einer Katze gespeichert sind, könnten wir diese Informationen in eine andere Galaxie übertragen, wo eine höhere Art von Wesen, uns in der Gentechnik weit voraus, vielleicht ein exaktes Duplikat des Originals programmieren könnte. Zwar würden beide physischen Katzen schließlich sterben, doch die in der genetischen Information codierten Anweisungen könnten immer wieder verwendet werden, um endlos oft die gleiche Katze zu programmieren.[23]

In der Uhrenkultur glaubten die Menschen, materieller Besitz würde den Weg zu einem irdischen Überfluß bahnen. In der Computerkultur wird die Generation unserer Kinder wahrscheinlich den Besitz von Information als den sichersten Weg zum ewigen Heil ansehen.

Das neue Zukunftsbild wird die Natur der Politik tiefgreifend beeinflussen. Im Zeitalter der Simulation werden alte politische Realitäten immer schneller neuen weichen. Die Zeitorientierung des Gemeinwesens wird so beschleunigt werden, daß zum Nachdenken wenig Zeit bleiben wird. In einer politischen Kultur, die der Geschwindigkeit und Effizienz ergeben ist, ist die Geschichte eher ein Albatros als ein Anker. Die Vergangenheit ist ein Gewicht, das die Zukunft herunterzieht. Verfassungen, Gesetze, politische Gebräuche und Verhaltensnormen haben traditionell als zeitliche Bremsen auf künftige Taten eingewirkt. Zwar hat die politische Elite immer Kontrolle über den Zeithorizont ausgeübt, doch ihre Autorität, dies zu tun, wurde immer von Protokollen der Vergangenheit beherrscht. Herrscher verpflichten sich, vergangene Visionen, Versprechungen und Verpflichtungen einzuhalten und zu erfüllen. Der Präsident legt einen Eid ab, die Verfassung zu schützen und zu verteidigen, ein historisches Dokument, das die gesammelten Versprechungen, Vertragsvereinbarungen und visionären Ziele der politischen Kultur zusammenfaßt. Es muß betont werden, daß politische Macht durch die Geschichte immer beschränkt war. Schamanen, Priester und Könige waren immer durch die Vergangenheit gezwungen, historisch gewordene Tabus, Bündnisse, Gebote, Verträge und Verfassungen einzuhalten.

Im Zeitalter der Simulation ändern sich die Umstände so rasch, daß Gesetze, Verträge und Vereinbarungen kurzlebig werden. Wirklichkeiten werden mit Lichtgeschwindigkeit simuliert, bearbeitet und revidiert, während das Gemeinwesen im Wirbel wechselnder Umstände hin- und hergeworfen wird. In einer politischen Umgebung, die mit Neuheiten bombardiert wird, ist herzlich wenig Zeit, vergangene Verpflichtungen einzuhalten. Denn je mehr Verpflichtungen aus der Vergangenheit einzuhalten sind, desto mehr Zeit muß von der Zukunft abgespart werden, um sie zu erfüllen. Da Zeit ein Wert ist, wird immer weniger davon geopfert, um frühere Versprechungen zu erfüllen, und immer mehr, um neue Optionen und Vereinbarungen zu erleichtern. Folglich werden politische Schulden gerade so wie legale Zahlungsmittel in der Inflationspolitik der Gegenwart ständig ungültig.

In der schönen neuen Informationskultur wird die Erfüllung vergangener politischer Verpflichtungen immer mehr neben der Vorwegnahme künftiger politischer Möglichkeiten ins Hintertreffen geraten. In der Computopie ist die Geschichte ein Rohstoff, der ständig umprogrammiert werden muß, um den Bedürfnissen jeder neuen Wirklichkeit zu entsprechen. Das Gedächtnis reicht in der neuen Softwarekultur wenig über die restliche Information von gestern hinaus, die die Daten liefert, um die Möglichkeiten von heute morgen zu beantworten.

In einer Kultur, wo »vorne bleiben« Befehl und »fix sein« die Regel ist, ist es leicht, vergangene politische Versprechen und Verpflichtungen zu überspielen oder beiseite zu schie-

ben. In einem solchen Kontext erlegt die Vergangenheit der Zukunft immer weniger Grenzen auf. Die Entwertung der Geschichte ist eine Vorbedingung für die freie Ausübung reiner Macht.
Um in der heutigen Informationsgesellschaft Macht auszuüben, finden die Führer, daß sie sich auf Computeringenieure und Softwarespezialisten verlassen müssen. Sie sind die neuen Orakel geworden, die Gesalbten, auf die wir uns verlassen, wenn es die Zukunft zu sichern gilt.
Computerprogramme sind dazu angelegt, Vorhersageinstrumente zu sein. Ihre Schöpfer behaupten, die Vorhersagekapazität dieser neuen Maschinen sei außerordentlich. Es kann eines Tages in nicht allzu ferner Zukunft möglich sein, Ergebnisse verschiedener Ereignisse mit so hoher Verläßlichkeit vorauszusagen, daß die Überraschung keine Funktion mehr hat. Jay Forrester, einer der Seher der neuen Bruderschaft der Vorhersager, klagt, »geistige Modelle« der Zukunft seien so »verschwommen«. Mit dem Computer, sagt Forrester, können wir beginnen, zum erstenmal in der Geschichte die Unsicherheit auszumerzen.

Die große Unsicherheit bei geistigen Modellen ist die Unfähigkeit, die Folgen der Interaktion zwischen Teilen eines Systems vorauszusehen. Diese Unsicherheit ist bei Computermodellen total ausgemerzt. Gibt man ihm einen Satz Annahmen, so findet der Computer die Folgen daraus ohne Zweifel oder Irrtum.[23]

Computer werden schon zu Vorhersagen in einer breiten Palette von Bereichen eingesetzt, die sich vor nur wenigen Jahren noch fast ausschließlich auf »geistige Modelle« verließen. In der diagnostischen Medizin beginnen Computer, die einst gesicherte Funktion des Arztes abzuschaffen. Der Professor für Computerwissenschaften Edward Feigenbaum rühmt Computer, die »oft mehr leisten als die Experten, die sie programmiert haben, weil sie nur medizinisch sind: Sie übergehen nichts, sind nie müde oder gehetzt und unterliegen keiner anderen unserer menschlichen Schwächen«.[24]

Computer werden benutzt, um vorauszusagen, wo Mineralien tief unter der Erdoberfläche lagern. Sie werden benutzt, um weltweite Wettermuster vorherzusagen und die langfristigen Wirkungen petrochemischer Stoffe auf Bodeninhaltsstoffe und Regenwasser zu modellieren. In den technisch fortgeschrittenen Ländern sind sie schon ein konstituierender Bestandteil des Wirtschaftslebens. Sie werden benutzt, um Wirtschaftstrends, wechselnde Marktbedingungen, Inventarbedarf und Kundengeschmack vorauszusagen.[25]

Die neue Vorauseherklasse der Computeringenieure und Programmierer genießt größere Macht über den Zeithorizont als jede andere Einzelgruppe der Geschichte. Joseph Weizenbaum, ein Pionier der Künstlichen Intelligenz, sagt: »Kein Dramatiker, kein Regisseur, kein noch so mächtiger Kaiser hat je solch absolute Autorität ausgeübt, um eine Bühne oder ein Schlachtfeld zu arrangieren und so unbeirrbar pflichttreue Schauspieler oder Truppen zu kommandieren.«[26]

Im kommenden Computerzeitalter wird die Macht bei denen liegen, die Zugang zu Information genießen. Eine Führungskraft in einem internationalen Konzern bemerkte neulich, daß Macht im Vorstandszimmer jetzt daran gemessen wird, wer Zugang zu den verschiedenen Informationscodes hat, die die weitverzweigten Interessen des Konzerns beherrschen. »Nur sieben Leute in der ganzen Firma«, sagte er, »hatten Zugang zu allen Informationscodes.«[27]

Eine neue Form der Klassenausbeutung entsteht am Anfang des Informationszeitalters. Während Klassenunterschied in der Uhrenkultur in Begriffen von Firmenleitung und Arbeitnehmerschaft gemessen wurde, liegt die Trennung in der Computerkultur zwischen denen, »denen der Computer sagt, was sie tun sollen«, und denen, »die dem Computer sagen, was er tun soll«.[28]

Die, die dem Computer sagen, was er tun soll, haben jetzt ein Hilfsmittel zur Verfügung, um das persönliche Leben von Millionen Menschen auf Weisen zu überwachen, zu manipulieren und zu dirigieren, die man sich vor hundert Jahren nicht hätte vorstellen können. In seinem Buch *Rise of the Computer State* erinnert uns David Burnham, ein Reporter der *New York Times,* daß vor einem Jahrhundert die einzigen Daten, die von den meisten Amerikanern aufbewahrt wurden, die der Geburts-, Heirats- und Todesurkunde waren; hinzu kamen Daten über den Besitz von Land und Häusern.[29] Heute haben raffinierte Computernetze Zugang zu einigen der intimsten Details im Leben der Menschen, etwa »ob sie bei einem Psychiater in Behandlung sind, welche Drogen sie nehmen, ob sie Alkoholiker sind«.[30] Laut Burnham gibt es sogar Computernetzwerke, die genau festhalten, wann man sein Haus verläßt, wann man den Fernseher einschaltet, wann man einen Scheck einreicht und wann man den Telefonhörer abhebt, um eine Nummer zu wählen. Die Computer wissen, wieviel man pro Jahr verdient, wieviel man auf dem Girokonto hat, welche Art Käufe man im letzten Monat getätigt hat, welche Art Ferien man mag – selbst wieviel man für sie ausgeben mag.[31]

Im Computerzeitalter ist Information Macht, und diese Macht wird immer mehr in den Händen eines kleinen Klüngels von öffentlichen Bürokratien und riesigen Konzernen zentralisiert. Burnham berichtet, daß die US-Regierung allein vier Milliarden »getrennte Daten« über US-Bürger gesammelt hat, sieben über jeden lebenden Menschen, ob Mann, Frau oder Kind.[32] »Was bedeutet es«, fragt Burnham rhetorisch, »wenn 10 000 Kaufleute im ganzen Land ein Personenblatt über jeden einzelnen von 86 Millionen Amerikanern in drei, vier Sekunden von einer einzigen Datenbank in Kalifornien haben können?«[33]

Die neue Zeitwelt der Computerära wird von den internationalen Konzernen höchst effektiv genutzt. Sie sind eine relativ neue Form institutioneller Macht, und sie rivalisieren schon mit Nationalstaaten um die Hegemonie über Territorien und Völker. Heute machen internationale Konzerne auf der ganzen Erde Geschäfte. Sie überqueren Staatsgrenzen, eignen sich Ressourcen an, beschäftigen riesige Heere von Arbeitskräften und beuten Verbrauchermärkte in jedem Winkel der Erde aus. Ihre wirtschaftliche Macht stellt die der meisten Nationalstaaten in den Schatten. Die jährlichen Verkaufserlöse von General Motors sind höher als das Bruttosozialprodukt von Belgien und der Schweiz in den siebziger Jahren.[34] Exxons Tankerflotte ist 50 Prozent größer als die der Sowjetunion.[35] Etwa zweihundert Weltkonzerne kontrollieren heute fast 80 Prozent der Produktionsmittel der nichtkommunistischen Welt.[36] Die Handelskammer der USA sagt voraus, daß diese Wirtschaftskolosse innerhalb von fünfundzwanzig Jahren Produktionsmittel für über vier Billionen Dollar besitzen werden, oder 54 Prozent von allem, was es auf der Erde zu besitzen lohnt.[37] Tatsächlich sind sechsunddreißig von den hundert größten Finanzmächten der Welt heute nicht mehr Staaten, sondern internationale Konzerne.[38] Und Computertechnik ist für ihre Machtausübung unverzichtbar.

Wie Jerry Mander erklärt, »helfen Computer nicht nur den heutigen multinationalen Konzernen, sondern sie machen sie erst möglich«[39]. Ohne raffinierte Computernetzwerke wären die internationalen Gesellschaften schlicht nicht imstande, »augenblicklich mit Millionen von Informationen aus der ganzen Welt schrittzuhalten«.[40] Die heutigen internationalen Konzerne machen überall Geschäfte, sind aber »nirgendwo lokalisierbar als im Computer selbst«[41]. Der Computer ist ihre Kommunikationsmethode, ihre Uhr, ihr Manager, ihr Vorherseher. Die Multinationalen nehmen ihre Macht mit, wohin sie auch gehen. Sie sitzt tief in der Mikrowelt der Silikonchips und elektronischen Schaltkreise, die die Daten und Informationen hüten, die zur Programmierung der zeitlichen Angelegenheiten örtlicher Gemeinden und ganzer Länder benutzt wird.

12. Zeitpyramiden und Zeitghettos

Seit dem ersten Anfang der sozialen Erfahrung bis zur Gegenwart haben Zukunftsvorhersagen und Machtausübung in einer symbiotischen Beziehung gestanden. Wie erwähnt hatten die großen Führer in der Geschichte eine Reihe von Hilfsmitteln zur Voraussage, einschließlich Prophezeiung, Offenbarung, Wissenschaft und Technik, um Kontrolle über den menschlichen Zeithorizont zu bekommen. Sie haben diese Fähigkeiten der Vorhersage benutzt, um die Menschen mit außergewöhnlichen Zukunftsvisionen zu umgarnen. Sie haben die Errettung ins Gelobte Land vorausgesagt, das Kommen des ewigen Heils, das Zeitalter des Fortschritts, und jetzt halten sie das Gespenst einer vollsimulierten künstlichen Umwelt am Zeithorizont hoch. Sie haben versprochen, uns in diese anderen Welten zu führen, und die Gläubigen aufgefordert, ihre Zeit für das Ziel zu opfern, diese Zukunftsvisionen zu verwirklichen.
Die Menschen ihrerseits haben geantwortet. Sie haben dem Glockenspiel für eine bessere Welt gelauscht und denen, die für die Zukunft zu sprechen behaupteten, ihre Zeit und ihr Leben zur Verfügung gestellt. Einige Führer haben ihre Gefolgschaft ermutigt, offen an dem Prozeß der Steuerung der gesellschaftlichen Zukunft teilzunehmen. Aber meist waren die großen Führer darauf bedacht, ein Machtmonopol über die Zukunft zu behalten. Sie haben ihre Gefolg-

schaft inspiriert, ihre Sicht von der sie erwartenden, perfekten Welt zu akzeptieren, und haben gleichzeitig dafür gesorgt, daß sie völlig von ihrer Führerschaft abhängen, um dorthin zu gelangen. Kurt Lewin beschreibt den Prozeß:

Für die ferne Zukunft offenbart der autokratische Führer seinen Untertanen natürlich häufig irgendein hohes Idealziel. Doch wenn es um unmittelbares Handeln geht, ist es ein akzeptiertes Mittel autokratischer Führung, seiner Gefolgschaft nicht mehr zu offenbaren als den unmittelbar nächsten Schritt seiner tatsächlichen Pläne. Auf diese Weise kann er nicht nur die Zukunft ihrer Mitglieder in seinen eigenen Händen behalten; er macht zusätzlich die Mitglieder von sich abhängig, und er kann sie von Moment zu Moment in jede Richtung steuern, die ihm beliebt.[1]

Erfolgreiche Führer behalten also ein Monopol über das Wissen und die Hilfsmittel, die notwendig sind, um die Zukunft vorherzusagen und zu beeinflussen, und dadurch halten sie das Volk in Abhängigkeit von ihrer Führung. In alten Tagen waren die Menschen in der Gewalt von Palastpriestern und Orakeln. Heute sind sie in der Gewalt der »Experten«.

In jeder Gesellschaft der bezeugten Geschichte hatte die Zeithierarchie von Machtlosen zu Machthabern das gleiche Gefälle. Am unteren Ende der Pyramide sind die Massen, deren Zeitspanne eng auf die Gegenwart beschränkt ist. Dies sind die Menschen, die nicht darin unterwiesen wurden, vorauszuplanen und ihre eigene Zukunft zu sichern. Ein Machtmonopol beginnt in jeder Gesellschaft damit, die Menschen von der Kontrolle über ihre eigene Zukunft zu trennen und sie zu Gefangenen der Gegenwart zu machen. Weil sie keinen Zugang zur Zukunft gewinnen können, werden sie zum Pfand in der Hand derer, die an der Spitze der Zeitpyramide stehen und den menschlichen Zeitrahmen kontrollieren.

Zeitghettos sind nicht weniger wichtig als physische Ghettos. Menschen, die in einem engen Zeitabschnitt gefangen sind und ihre eigene Zukunft nicht planen können, sind machtlos, auf ihr politisches Schicksal Einfluß zu nehmen. Die Geheimpolizeien in totalitären Regimen haben das Auslöschen der Zeitorientierung von Menschen als Machtmittel verstanden; Gehirnwäschetechniken sind darauf ausgerichtet, das Opfer von der Kontrolle über sein Zeitgefühl zu trennen. Gefangene werden pausenlosem elektrischem Licht ausgesetzt, dürfen nicht schlafen und werden von Uhren oder Hinweisen auf die Zeit ferngehalten. Sie werden der Erinnerung beraubt und dazu gebracht, an ihren eigenen Erinnerungen an vergangene Erfahrungen zu zweifeln. Man verweigert ihnen jede Hoffnung auf die Zukunft und zwingt sie, von einem Moment zum anderen zu leben. Nur die Gegenwart existiert; die Zukunft wird unzuverlässig, unberechenbar. Die Opfer verlieren jedes Gefühl des Zeitbewußtseins und werden total manipulierbar, bereit, die Definition ihrer Inquisitoren für Vergangenheit und Zukunft blind zu akzeptieren. Sie gehorchen willig.

Zeitnot ist in den Zeitrahmen jeder fortschrittlichen Gesellschaft eingebaut. In Industriekulturen sind die Armen arm an Zeit ebenso wie materiell arm. Zeitnot und materielle Not bedingen einander tatsächlich. Eine Anzahl soziologischer Studien, die über die letzten drei Jahrzehnte angestellt wurden, bestätigt die Wechselbeziehung zwischen der wirtschaftlichen Klasse und der Zeitorientierung. Wie in der Vergangenheit werden die, die am meisten gegenwartsorientiert sind, in eine Zukunft mitgerissen, die andere für sie entworfen haben.

In einer bahnbrechenden Studie mit dem Titel »Time Orientation and Social Class« fand der Soziologe Lawrence L. LeShan, daß die Zeitorientierung der Unterklassen viel gegenwartsbezogener ist und die der Mittel- und Oberklassen viel zukunftsbezogener. Die unteren Klassen neigen mehr dazu, in »schnellen Sequenzen von Spannung und Erleichterung« sozial zu interagieren.[2] Sie kümmern sich weniger um Planung und ferne Ziele. Laut LeShan nehmen die Unterklassen die Zukunft als »eine unbestimmte, vage, diffuse Gegend« wahr, »und ihre Belohnungen sind zu ungewiß, um viel Motivationswert zu haben«.[3] Die Mittel- und Oberklassen neigen dagegen zu viel längeren »Spannung-Erleichterung-Sequenzen«. Sie planen ihre Zukunft weit voraus und handeln dann nach ihren Plänen.[4]

In den wirtschaftlichen Unterklassen ist die Zukunft weniger vorhersehbar und wirtschaftliche Sicherheit problematischer. Die Menschen finden es schwierig vorauszuplanen, weil das tägliche Überleben das Entscheidende ist. Kinder, die in solchen Umgebungen aufwachsen, werden eher auf unmittelbare Belohnungen und Strafen konditioniert. Sie neigen weniger dazu, den Eintritt ins Arbeitsleben zu verschieben, um eine Ausbildung als Vorbereitung für eine bessere Zukunft zu machen. Kinder der Mittel- und Oberklassen hingegen werden eher daraufhin konditioniert, unmittelbare Befriedigung in Erwartung größerer Belohnungen in der Zukunft aufzuschieben.[5]

LeShan hat hundertsiebzehn Kinder im Alter von acht bis zehn Jahren auf Zeitorientierung getestet. Vierundsiebzig von ihnen waren aus der Unterklasse, dreiundvierzig aus der Mittelklasse. Sie wurden gebeten, eine Geschichte zu erzählen, und dann wurden die Geschichten »auf den Zeitraum untersucht, der von der Handlung der Geschichte abgedeckt wird«. Die Ergebnisse bestätigten LeShans Hypothese. Die Mittelklassekinder erzählten Geschichten,

»die von Anfang bis Ende eine längere Zeitspanne abdeckten« als die der Unterklassekinder.[6]

H. Nowotny bemerkt, daß die geringe Zeitspanne der Armen eine logische Antwort auf die Realitäten ist, denen sie gegenüberstehen. Eine gegenwartsbezogene Zeitorientierung bildet die einzige rationale Strategie zum Überleben in einer Umwelt, die hochgradig ungewiß, mit Risiken außerhalb der Kontrolle und Einflußnahme des einzelnen befrachtet ist und über die nur ein Minimum an Information erreichbar ist.[7]

In seinem Buch über Armut in den Städten Amerikas, *The Unheavenly City*, schloß auch Edward Banfield, daß Zeitnot und wirtschaftliche Not untrennbar verknüpft sind:

> Extreme Gegenwartsbezogenheit, nicht das Fehlen von Einkommen oder Wohlstand, ist die Hauptursache der Armut im Sinn der »Kultur der Armut«.[8]

Das gesamte Arbeitsleben der Industriegesellschaft ist gesättigt mit zeitlicher Diskriminierung. Ungelernte und angelernte Beschäftigungen erfordern wenig vergangenes Wissen und sogar noch weniger Vorhersage- oder Planungsfähigkeiten. Lehrberufe erfordern beides. Der Hilfsarbeiter, dem die Zeitfähigkeiten fehlen, mit denen er aufsteigen könnte, bleibt gefangen in einer Reihe von Sackgassenjobs, aus denen es offenbar kein Fortkommen gibt. Zeitfähigkeiten begrenzen seine (oder ihre) wirtschaftlichen Möglichkeiten. Fehlende wirtschaftliche Möglichkeiten untergraben die Hoffnung auf eine bessere Zukunft und die Bereitschaft, vorauszuplanen und sich Fernziele zu setzen. Der Arbeiter bleibt stecken in einem gegenwartsbezogenen Zeitghetto; er kann nicht die Hand ausstrecken, um einen Anteil an der Kontrolle über die Zukunft zu beanspruchen.

Der Stadtanthropologe Elliot Liebow faßt die enge Beziehung gut zusammen, die zwischen Zeitorientierung und Klassenposition besteht:

Die Zukunftsorientierung der Mittelklasse setzt unter anderem voraus, daß ein »Überschuß« von Ressourcen in die Zukunft investiert wird, sowie den Glauben, daß die Zukunft stabil genug sein wird, um sowohl diese Investition zu rechtfertigen (Geld auf der Bank, Zeit und Mühe für einen Beruf, Einsatz der eigenen Person in Ehe und Familie usw.) als auch zu ermöglichen, daß diese Investition wann, wo und wie man möchte und zur größeren Zufriedenheit konsumiert werden kann. Doch der Mann an der Straßenecke lebt in einem Meer des Mangels. Er hat gewöhnlich keinen »Überschuß« an Ressourcen, weder wirtschaftlich noch psychisch. Stillung des Hungers und die Sehnsucht nach einfachen, kreatürlichen Befriedigungen können nicht lange aufgeschoben werden ... Der Mann an der Straßenecke lebt am Rand des wirtschaftlichen und psychischen Überlebens und muß daher all seine Ressourcen aufwenden, um von einem Moment zum anderen zu überleben.[9]

Liebow identifiziert »Überschuß« als einen Schlüsselfaktor für die Feststellung, wo die Menschen in der Zeithierarchie stehen. Überschuß oder aufgesparter Reichtum ist einer der revolutionären Begriffe in der Geschichte unserer Spezies und trägt dazu bei, die Zeitpyramide in jeder Zivilisation zu definieren. Die Spezies Mensch lebte 99 Prozent ihrer Existenz hindurch ohne die Idee des Überschusses. Die ganze, lange Altsteinzeit lebten Jäger und Sammler von Tag zu Tag, den Wechselfällen der Natur unterworfen und nie imstande, für ein sicheres Morgen zu sorgen. Die Idee der Vorratshaltung selbst mußte auf die Entwicklung einer neuen Technik warten: die Behälter.
Erst in der frühen Neusteinzeit begannen Frauen, mit gro-

ber Töpferei zu experimentieren, und so gab es Gefäße zum Aufbewahren von Getreide und anderen Nahrungsmitteln. Vorratshaltung des Überschusses ermöglichte es den Menschen, sich von den Periodizitäten der Umwelt zu befreien. Sie konnten erstmals vorausplanen, indem sie Getreidevorräte hielten, und sich so vor Dürre, Flut und anderen Katastrophen schützen.

Der Überschuß schuf nicht nur Wohlstand, sondern auch eine Flut ungelöster Fragen. Wieviel Überschuß sollte aufbewahrt werden, wer sollte über die Vorräte entscheiden und die Kontrolle haben, wer sollte den Überschuß verteilen und wie sollte er verteilt werden? So begann mit dem ersten Tongefäß die Politik.

Der Überschuß erlaubte es den Menschen zum erstenmal, die Bedingungen der Zukunft zu bestimmen. Die Verwaltung des Überschusses und die Sicherung der Zukunft wurden ein und dasselbe. Wer den Vorrat kontrollierte, kontrollierte unweigerlich auch die Zukunft.

Wenn es je nötig war, die Bedeutung von Vorräten für die Machtausübung zu bestätigen, so liefert das Industriezeitalter die ideale Fallstudie. Der Rohstoff des Industriezeitalters ist überschüssiges Sonnenlicht, gespeichert in lang begrabenen Lagerstätten von Kohle, Öl und Erdgas. Zum erstenmal in der Geschichte konnten die Menschen sich von der totalen Abhängigkeit von der Energie der Sonnenstrahlen befreien. Die Menschheit tauchte ein in die Grabstätten des Karbonzeitalters und beutete Millionen von Jahren gelagerter Sonne aus, machte sie nutzbar und riß sich von der uralten Abhängigkeit von Sonnenrhythmen los.

Als wir gespeicherte Sonne zur Verfügung hatten, konnten wir den natürlichen Rhythmen pflanzlichen und tierlichen Lebens und den sozialen Rhythmen des menschlichen Lebens neue, beschleunigte, mechanische Rhythmen aufpfropfen. Die neue Form konzentrierten Reichtums gab der Menschheit die überschüssige Energie, die sie brauchte, um den Lebenszyklus sowohl der Natur als der Kultur nach immer strengeren Effizienzstandards zu beschleunigen.

Die Einzelpersonen, Gruppen, Klassen und Institutionen, die diese neue Form gespeicherten Reichtums kontrollierten, diktierten die Bedingungen der neuen Industrielandschaft. Sie bestimmten, wie der Zeithorizont auszufüllen war, indem sie über den Einsatz des neuen Reichtums bestimmten. Die neue Kultur fossiler Brennstoffe ging mit einer Fülle neuer wirtschaftlicher und sozialer Formen einher, etwa der Einführung automatischer Maschinen, dem Massenverkehr, der Entwicklung einer mobilen Arbeiterschaft und verstädterten Lebensmustern. Diese radikalen Neuerungen veränderten die Zeitorientierung eines Großteils der Menschheit dramatisch.

Der Nationalstaat, die Firma, die Klasse der Kaufleute, die bürgerlichen Unternehmer, Wissenschaftler und Techniker kamen auf und waren die Handelnden des neuen Zeitrahmens. Sie verwalteten den neuen, gespeicherten Reichtum, und mit ihm den Zukunftshorizont und die menschliche Zeitdimension.

Nun, da wir den Übergang aus dem Industriezeitalter vollziehen, wird Information zu einer neuen Form gespeicherten Reichtums. Im Computerzeitalter wird zeitliche Macht definiert werden als Zugriff auf und Kontrolle über Rohdaten aus vergangener Erfahrung sowie als Fähigkeit, künftige Realitäten effektiv zu programmieren. Schon schafft die Schlacht um die Kontrolle dieses neuen Reichtums Spannungen zwischen verschiedenen gesellschaftlichen Gruppen. Gewerkschaften, Bürgerinitiativen und Bürgerrechtler, die alle von der Computerrevolution betroffen sind, fordern Zugriff auf und langfristig Kontrolle über gespeicherte Information, die die Zukunft der Gesellschaft entscheiden könnte.

Zugriff auf solche Information hat selbst die Aufmerksamkeit hochgebildeter Computerkrimineller geweckt; sie lernen, in die raffiniertesten Computerprogramme einzubrechen, um wichtige Informationen zu manipulieren oder zu stehlen und daraus wirtschaftliche Vorteile zu ziehen. Computerpiraterie ist heute eine Hauptsorge der Informationsindustrie. Es scheint, daß der, der die Daten und Software der Nanosekundenkultur kontrolliert, bestimmen wird, wie die Zukunft programmiert wird. Die Schlachtlinien werden tatsächlich zwischen denen gezogen, die an »erweiterte Informationskenntnisse« glauben, und denen, die nicht mit dem Computer umgehen können. Dies beschwört ein neues Bild von Klassenunterschieden herauf, die die Mächtigen von den Machtlosen, die Privilegierten von den Ausgebeuteten trennen.[11]

TEIL IV

Kosmische Zeitmesser und politische Legitimität

13. Das Uhrwerksuniversum

Wir haben beschrieben, wie Gesellschaften die Zeit ihrer Mitglieder mit Zeitverteilungsmechanismen wie Kalendern, Arbeitszeitplänen und Computerprogrammen aufteilen. Die Menschen geben die Kontrolle über ihre eigene Zeit bereitwillig für das Versprechen ihrer Führer auf, eine idyllische, zeitlose Zukunft werde ihre Belohnung sein. Wie wir nun sehen werden, beanspruchen die Machthaber eine kosmische Legitimität für die Art, wie sie die Zeit ihrer Untertanen manipulieren und ausbeuten, und dazu formulieren sie eine Auffassung von Natur, die zu der Art paßt, wie sie die zeitlichen Angelegenheiten der Gesellschaft organisieren und kontrollieren. Im Industriezeitalter malten abendländische Kosmologen und Philosophen das Bild eines »Uhrwerksuniversums«, ein Bild der Natur, das die Schlüsselannahmen der Uhren- und Zeitplankultur spiegelte. Nun, da wir ins Computerzeitalter eintreten, definiert eine neue Generation von Intellektuellen den Kosmos neu als »Informationsuniversum«, eine Realität, die recht gut zu den Annahmen des aufkommenden Nanosekunden-Zeitrahmens paßt. Kosmologien dienen also als endgültige Form der Rechtfertigung für unsere alltägliche zeitliche Betätigung. Sie ermöglichen der sozialen Ordnung die Fortsetzung der Fiktion, ihr Verhalten sei konform »mit der natürlichen Ordnung der Dinge«.

1377 prägte der französische Wissenschaftler und Philosoph Nicole d'Oresme den Ausdruck »Uhrwerksuniversum«.[1] Oresme sah zum Himmel und sah dieselben Prinzipien am Werk, die im Werk einer Meisteruhr zu finden waren. Durch die folgenden Jahrhunderte griffen die europäischen Gelehrten zunehmend zu der Uhrenmetapher, um das Funktionieren des Universums, der Natur, lebender Systeme und des Gemeinwesens zu erklären. Die Uhr ordnete den Zeitrahmen und das Zeitbewußtsein in einem Großteil Europas neu, und sie galt auch als passendes Modell für die Neuordnung der Metaphysik des Daseins. So wurde Gott zum ersten Opfer des neuen Uhrwerksuniversums.

Auf der Höhe der kirchlichen Herrschaft über das mittelalterliche Europa verglich Thomas von Aquin Gott mit einem Handwerker, einem Künstler, der seine Schöpfung fachmännisch gemacht hatte und dann weiter mit den bestellten Vertretern daran arbeitete, sein Werk zu vervollkommnen. Die modernen Gelehrten gaben Gott einen neuen Beruf. Er wurde der meisterliche Uhrmacher, der das Universum nach den gleichen mechanistischen Prinzipien zusammengesetzt hatte, nach denen eine Uhr zusammengesetzt wird. Statt des persönlichen Gottes, der in die Geschicke der Welt eingriff und sich tatsächlich am Leben seiner Schöpfung beteiligte, trat ein distanzierter Uhrmachergott, der, wenn nicht gleichgültig, so doch wenigstens unparteiisch war.

Es war schlicht kein Raum in dieser ordentlichen Welt für einen parteiischen oder launischen Gott, oder gar für einen Gott, der beschließen konnte, von Zeit zu Zeit die Regeln zu ändern. Gerade, wie eine schön konstruierte Uhr nach festgelegten Prinzipien und Regeln läuft, so läuft auch das Uhrwerksuniversum und alles in ihm. Gott, so meinte man, würde ebensowenig in den Funktionsmechanismus des Universums eingreifen wie ein Uhrmacher in seine fein abgestimmte Uhr.

In der Tat war es eine der am heißesten umstrittenen Fragen der Periode, ob Gott überhaupt eingreifen mußte, nachdem er die kosmische Uhr zu Anbeginn der Zeit aufgezogen hatte. Gottfried Wilhelm Leibniz diskutierte gerade diese Frage mit Isaac Newton und schalt den großen Mathematiker, weil er eine Theorie physischer Kraft und Zeit habe, die erforderte, daß Gott die kosmische Uhr von Zeit zu Zeit aufzog. Gewiß, bemerkte Leibniz, hätte Gott in seiner unendlichen Weitsicht und Weisheit dafür gesorgt, die Idee des »Perpetuum mobile« in seine Weltuhr einzubauen.[2]

Leibniz dachte nicht daran, die Tür zu öffnen, damit Gott in die Angelegenheit der Welt zurückkehren konnte. So sagte er, es wäre unpassend, auch nur anzudeuten, Gott müsse vielleicht die Weltuhr neu regulieren. Da Gott der vollkommene Uhrmacher war, konnte es nur so sein: »Seine Maschine dauert länger und bewegt sich regelmäßiger als die jedes anderen Künstlers.«[3]

Der einzig logische Schluß, zu dem man kommen konnte, war laut Leibniz: »Die Weisheit Gottes besteht darin, daß er von Anfang an die vollkommene und vollständige Idee eines Werkes ersann, das begann und weitergeht … durch die andauernde, ununterbrochene Ausübung seiner Macht und Herrschaft.«[4]

Nachdem sie Gott die Rolle des kosmischen Uhrmachers gegeben hatten, waren die europäischen Philosophen verständlicherweise begierig, seine irdische Schöpfung mit uhrengemäßen Metaphern umzudefinieren. Wie Gott wurde die Natur ein Opfer des neuen zeitlichen Reduktionismus. Im *Novum Organum* vergleicht Francis Bacon das Funktionieren einer Uhr mit dem Funktionieren der Planeten und der Lebenskraft von Tieren. Er schließt: »Das Herstellen von Uhren ... ist gewiß eine feine und genaue Arbeit; ihre Räder scheinen die himmlischen Kreise zu imitieren, und deren Wechsel in geordneter Bewegung den Puls der Tiere.«[5]

Descartes schloß sich an und verglich Tiere mit »seelenlosen Automaten«, deren Bewegungen sich wenig von denen der automatischen Puppen unterschieden, die an der Straßburger Uhr tanzten. Wenn ein Tier wimmert oder schreit, erklärte Descartes, so zeigt es nicht Gefühl oder Schmerz, sondern es ertönen nur Laute und Geräusche aus seinen inneren Zahnrädern und Mechanismen. »Es erscheint vernünftig«, meinte Descartes, »da die Kunst die Natur kopiert und der Mensch etliche Automaten machen kann, die sich ohne zu denken bewegen, daß die Natur ihre eigenen Automaten produziert, viel herrlicher als die künstlichen. Diese natürlichen Automaten sind die Tiere.«[6]

Die Uhrenmetapher fesselte die Phantasie der besten Köpfe in Europa. Philosophen und Dichter, Naturwissenschaftler und Theologen projizierten die Sprache der Uhr auf das Universum. Die Uhr wurde das Instrument zur Neuschaffung der sozialen und wirtschaftlichen Ordnung, und sie erwies sich als ebenso wichtig zur Revidierung unserer Auffassung vom Dasein insgesamt.

Während andere über die Uhrenmetapher nachdachten, verwandelte Isaac Newton die Analogie in ein Synonym. Seine Gesetze von Materie und Bewegung wurden der Welt als schlagender Beweis dafür vorgestellt, daß dieselben »universellen Gesetze, die die kleinste Taschenuhr beherrschen, auch die Bewegungen der Erde, der Sonne und der Planeten regierten«.[7] Newton wurde der gefeierte Autor einer neuen Zeitauffassung. Er bestätigte, was seine Vorgänger schon geahnt hatten: Zeit ist ein objektives Phänomen, unabhängig von Ereignissen, die Menschen mit ihr verbinden mögen. Laut Newton »fließt absolute, mathematische Zeit von selbst, von Natur aus, gleichmäßig, ohne Bezug auf irgend etwas Äußeres«.[8]

Es wurde gesagt, die Wissenschaft verdanke der Dampfmaschine mehr als die Dampfmaschine der Wissenschaft. Das gleiche könnte von der Uhr gesagt werden. Schon bevor Newton die neue Wissenschaft von der Zeit in seinen *Principia* vorgestellt hatte, war die Auffassung teilweise schon in das Alltagsritual eingegangen. Frauen und Männer begannen, die Uhr als eine Art fremder Macht zu betrachten, einen distanzierten, unparteiischen Aufseher, der die Zeit mit gnadenloser, strenger Regelmäßigkeit austeilt, offensichtlich unberührt von der Entwicklung natürlicher Phänomene sowie sozialer Geschehnisse.

Newton und seine Zeitgenossen isolierten die Uhrzeit von den Widersprüchen und Unvorhersehbarkeiten des sozialen Lebens. Sie war eine unabhängige Kraft, die kein bloßer Sterblicher beeinflussen konnte, wie sie das Leben jedes Menschen beeinflußte. Diese neue Form zeitlicher Macht war beeindruckend. Man stelle sich eine Kraft vor, die jede Nuance der Wirklichkeit regulierte, eine so starke, umfassende Macht, daß sie über die Planeten und Sterne herrschen und gleichzeitig selbst die unbedeutendste Angelegenheit von Pflanzen, Tieren und Menschen regulieren konnte.

Wenn die Architekten der Moderne auf der Suche nach Ordnung waren, so erreichten sie ihr Ziel – und noch mehr. In dem neuen Uhrwerksuniversum war jedes einzelne Ding so geordnet, daß es den strengen Standards der neuen, mechanischen Zeit entsprach. Nichts war dem Zufall überlassen. Alles war sicher und gewiß gemacht, und vor allem berechenbar.

Selbst die Annahmen, die der politischen Philosophie und

der Wirtschaftstheorie zugrunde lagen, wurden der neuen Uhrwerksmetapher angepaßt. Der große politische Philosoph John Locke schrieb, dieselben uhrengemäßen Prinzipien, die die Naturgesetze des Universums bildeten, sollten die Geschäfte der Menschen auf Erden regeln. Der schottische Wirtschaftswissenschaftler Adam Smith bemerkte, so, wie ein Pendel die Funktion einer Uhr reguliere, wirke auch die unsichtbare Hand der Natur, die die rechte Regulierung von Angebot und Nachfrage auf dem Markt sichere.

Die Philosophen der Moderne entwarfen ihr Bild von Welt, Natur und menschlichem Handeln so, daß es zur Legitimierung der Uhrenkultur diente. Ihr neues Bild von Gott und Wirklichkeit hätte von der Klasse der Kaufleute, Unternehmer und Fabrikbesitzer nicht wärmer aufgenommen werden können. Sie konnten von nun an die neue Zeitauffassung, die sie der Kultur auferlegten, mit dem Argument rechtfertigen, sie sei nur eine Spiegelung der »natürlichen Ordnung der Dinge«. Die Uhr wurde also benutzt, um die Idee des Uhrwerksuniversums heraufzubeschwören, und das Uhrwerksuniversum wiederum dazu, die Uhr zur Regulierung der sozialen und wirtschaftlichen Ordnung zu rechtfertigen. Die neue Uhrenkultur wurde zur Gefangenen in ihrer eigenen tautologischen Gefängniszelle.

In nur einigen kurzen Jahrhunderten hatte es die Klasse der Bourgeoisie erreicht, die mechanische Uhr auf den Stadtturm zu hieven und dann ihren Geist in den Himmel zu heben, wo sie wie der Engel Gabriel das Kommen des Reiches verkündete. Das Gelobte Land trug jedoch auffallend weltliche Züge. Gottes Angesicht, das einst so hell geleuchtet hatte, warf nur noch einen blassen Schatten. Die Klänge göttlicher Seligkeit waren nicht mehr zu hören. Sie waren aufgefressen von dem unbarmherzigen Ticken der riesigen kosmischen Uhr. Unter ihrem wachsamen Blick

rannten die Gläubigen hin und her, panisch bemüht, mit der Zeit Schritt zu halten, und voller Angst, auch nur einen einzigen Schlag zu versäumen und dann in jene Unterwelt verbannt zu werden, wo es keine Uhren gab und wo alles drunter und drüber ging.
Das Uhrwerksuniversum blieb nicht ohne Kritiker. Da waren jene, die aus religiösen, ästhetischen und wirtschaftlichen Gründen weniger begierig waren, sich dieser neuen Ordnung in ihrer philosophischen Verbrämung oder in ihrer weltlichen Form zu verschreiben. Tatsächlich hatte die Uhr ihr Debüt in der Welt kaum gemacht, als ein früher Kritiker 1340 ihre dominante Präsenz bitterböse kommentierte:

Verwünscht sei die schwarzgesichtige Uhr an der Seite der Bank, die mich weckte! Mögen ihr Kopf, ihre Zunge, ihre beiden Seiten und ihre Räder verfaulen; ebenso ihre Gewichte aus dummen Kugeln, ihre Mündungen, ihr Hammer, ihre Enten, die quaken, als erwarteten sie den Tag und seine stets ruhelosen Werke. Diese aufrührerische Uhr klackt lächerliche Geräusche wie ein betrunkener Flickschuster. ... Das Winseln eines Hundes, das in einer Pfanne widerhallt! Das unablässige Geschwatze eines Kreuzgangs. Eine düstere Mühle, die die Nacht hinwegmahlt![9]

Wenn schon die Uhr eine Quelle der Störung war, so wurde die Kosmologie, die sie begleitete, mit noch größerer Verachtung begrüßt. Einige, wie der Jesuitenpater Guillaume Bougeant, glaubten nicht, daß Descartes und seinesgleichen versuchten, die ganze Natur, selbst Tiere, auf uhrengemäße Prinzipien zu reduzieren:

Ich fordere alle Cartesianer der Welt heraus, dich zu überzeugen, daß deine Hündin eine bloße Maschine ist. ... Stell dir einen Mann vor, der seine Uhr liebt, wie wir einen Hund lieben, und sie streichelt, weil er glaubt, sie liebe ihn innig, so, daß er denkt, wenn sie auf zwölf oder ein Uhr zeigt, tut sie dies mit Wissen und aus Zärtlichkeit gegen ihn.[10]

Jonathan Swift nahm die neue Uhrwerkskosmologie in *Gullivers Reisen* mit beißender Satire aufs Korn. Er beschreibt die Reaktion der Liliputaner, als sie Gullivers Uhr zum erstenmal sehen:

Aus der rechten Tasche hing eine dicke Silberkette mit einer wunderbaren Art Maschine am Ende. ... Er hielt seine Maschine an unsere Ohren, und sie machte ein unaufhörliches Geräusch wie eine Wassermühle. Und wir nehmen an, es ist entweder irgendein unbekanntes Tier oder der Gott, den er anbetet. ... Aber wir neigen eher zu der letzteren Meinung, denn er versicherte uns, daß er selten etwas tut, ohne sie zu Rate zu ziehen. Er nannte sie sein Orakel und sagte, sie zeige die Zeit für jede Handlung seines Lebens an.[11]

Der Dichter Alexander Pope begriff, daß die Uhr immer mehr von Politikern benutzt wurde, um die Machenschaften der Staatsmacht und politische Intrigen zu definieren, zu erklären und zu rechtfertigen, und er spekulierte: »Vielleicht geht es mit Staaten wie mit Uhren – sie müssen ein totes Gewicht haben, das an ihnen hängt und ihnen hilft, die Bewegung der feineren, nützlicheren Teile zu regulieren.«[12]

14. Das Informationsuniversum

Das Uhrwerksuniversum von Bacon, Descartes, Newton und Locke wird von einem neuen Schema herausgefordert, dessen Grundannahmen direkt von den Arbeitsprinzipien der neuen Computertechnik geborgt sind. Eine neue Kosmologie zeichnet sich am Horizont ab, und mit ihr eine neue Sprache zur Deutung der Wirklichkeit. Heute sprechen Kosmologen nicht länger davon, die kosmische Uhr »aufzuziehen«, die Wirklichkeit »zusammenzusetzen« oder Kräfte zu »gewichten«. Sie sprechen vielmehr davon, den universalen Computer zu »programmieren«, Phänomene zu »verarbeiten«, negative und positive Rückkoppelungsschleifen zu halten. Das Uhrwerksuniversum der Moderne geht auf im neuen Computeruniversum. Philosophen, Naturwissenschaftler und Theologen weihen unsere neueste Technik mit der höchsten Ehre, mit der ein menschliches Artefakt bedacht werden kann. Sie denken und machen die Welt neu, damit sie mit den wesentlichen Attributen der neuesten Errungenschaft übereinstimmt.

Eine machtvolle neue Form des Reduktionismus breitet sich in der ganzen intellektuellen Gemeinschaft aus, fesselt die Aufmerksamkeit und befeuert die Phantasie einer ganzen Generation von Vordenkern. Der alte, mechanische Uhrwerks-Reduktionismus, der jahrhundertelang das inspirierte Denken über die Natur bestimmte, scheint am Ende zu sein. An seiner Stelle sprechen die Intellektuellen erregt und erwartungsvoll über die »computerähnliche« Weise, in der sich alle physischen und biologischen Phänomene zu verhalten scheinen. Diese Sicht der Natur gibt der neuen Technik einen Anstrich der Legitimität, denn die ganze Wirklichkeit scheint nach einer Reihe beherrschender Prinzipien zu funktionieren, die denen des Computers bemerkenswert ähnlich sind. Das Gefüge von Prinzipien, das der Computertechnik zugrunde liegt, ist als Informationstheorie bekannt. Es sind diese Prinzipien, die jetzt benutzt werden, um unser Weltbild neu zu definieren.

Die Informationstheorie war das geistige Kind des Claude Shannon von den Bell Laboratories. 1948 veröffentlichte Shannon zwei Arbeiten mit Theoremen darüber, wie Botschaften auf die effizienteste Weise von einem Ort zum anderen geschickt werden. Die intellektuelle Gemeinschaft bahnte sich einen Weg zu der neuen Theorie, deren Bedeutung sie mit Newtons Gesetz der Bewegung verglich. Shannons Theorie sollte die wissenschaftliche Basis für die aufkommende Computertechnik werden; sie wurde mit großer Begeisterung von einer Reihe wissenschaftlicher Disziplinen aufgegriffen, weil ihre Annahmen so leicht auf ein so breites Spektrum von Phänomenen anwendbar waren. Sie waren ein neues Ordnungsprinzip mit praktischer und gleichzeitig metaphysischer Bedeutung. Als Gefüge von Theoremen bot sie der Entwicklung der neuen Computertechnik einen fruchtbaren Boden. Als wissenschaftliches Konzept bot sie der Menschheit eine neue Brille, durch die sie die Wirklichkeit betrachten konnte.[1]

Die Informationstheorie ist schon verwendet worden, um so verschiedene Wissensgebiete wie Astronomie, Biologie und Psychologie neu zu definieren. Astronomen wie David Layzer von Harvard sehen jetzt das expandierende Univer-

sum als ein sich unablässig entwickelndes Informationssystem. Laut Layzer generiert das Universum ständig etwas Neues, Inseln der Information, die mit der Zeit komplexer werden. Planeten, Sterne und Galaxien stellen reiche Informationsinseln dar, die an Komplexität ständig zunehmen – auf Kosten einer größeren Entropie im Universum als Ganzem. Die alte Sicht des Universums stellte sich die kosmische Uhr vor, die langsam in Richtung Gleichgewicht und Wärmetod ablief. Die neue Sicht stellt sich das Universum als ein Feld vor, in dem Energie verbraucht wird und dabei mehr Information entsteht. Im alten Uhrwerksuniversum war die Zeit ganz am Anfang der Schöpfung eingestellt worden und tickte dann linear weiter, bis die Feder locker wurde und die Zahnräder stillstanden. Im neuen Informationsuniversum ist Zeit Information und expandiert weiter. Information zeugt Information; Komplexität zeugt Komplexität in einem immer stärker strukturierten Kosmos[2].
Das neue Universum funktioniert also mehr wie ein Computer als wie eine Uhr: Information generiert auf jeder Stufe neue Information, und die Komplexität wird immer dichter und strukturierter. In der neuen Computerzeitwelt werden Entwicklung von Information und Entwicklung von Bewußtsein austauschbar und tautologisch. Das neue Universum ähnelt einem riesigen Computerhirn, das sich stetig ausdehnt und neue Information, neues Wissen schafft, das den Kosmos mit immer höheren Stufen des Bewußtseins füllt.
Viele Computerprogrammierer identifizieren sich mit der neuen Sicht eines wachsenden universalen Bewußtseins. Sie sehen ihre eigene Arbeit in der Künstlichen Intelligenz als eine schöpferische Tat, als Vermehrung der Information in der expandierenden Geisteskraft des Universums. Die Soziologin Sherry Turkle sagt über diese neue Priesterklasse:

»Sie kommunizieren miteinander nicht nur als technische Experten, sondern als kreative Künstler.«(wie 14) Sie sind Geistingenieure, Schöpfer neuer Formen simulierter Intelligenz. Ihre Mission ist ganz anders als die der besten Köpfe der Uhrwerkskultur, die sich auf der Suche nach effizienteren Mitteln für die Steigerung der materiellen Leistung abmühten. Deren Nachfolger schauen auf einen ganz anderen Horizont. »Sie verlieren sich in der Idee von Geist, der Geist baut, und in dem Gefühl, ihren Geist mit einem universalen System zu verschmelzen.«(wie 15)

Um zu begreifen, wie Information Ordnung und wachsende Komplexität schafft, muß man ein zweites theoretisches Konzept verstehen, das der Computertechnik zugrunde liegt. Die Kybernetik folgte der Informationstheorie auf dem Fuße und lieferte die Erklärung, wie Information sich immer weiter aufbauen konnte, während das Universum selbst sich immer weiter abbaut. Norbert Wiener, der Vater der kybernetischen Theorie, begann damit, Information zu definieren als die zahllosen Botschaften, die zwischen Dingen und ihrer Umgebung hin- und hergehen. Kybernetik wiederum ist die Theorie darüber, wie diese Botschaften oder Informationen miteinander interagieren, um berechenbare Verhaltensformen hervorzubringen.

Nach der kybernetischen Theorie ist die Rückkopplung der Steuerungsmechanimus, der alles Verhalten reguliert. Zum Beispiel der Thermostat: Er regelt die Raumtemperatur, indem er Temperaturänderungen im Raum überwacht. Wenn der Raum abkühlt und die Temperatur unter die eingestellte Marke sinkt, wirft der Thermostat den Ofen an, und der Ofen bleibt an, bis die Raumtemperatur mit der eingestellten Temperatur übereinstimmt. Dann stellt der Thermostat den Ofen ab, bis die Raumtemperatur wieder absinkt und zusätzliche Wärme erfordert.

Dies ist ein Beispiel für negative Rückkopplung. Alle Systeme erhalten sich selbst durch negative Rückkopplung. Ihr Gegenstück, die positive Rückkopplung, erbringt ganz andere Resultate. Bei der positiven Rückkopplung lebt ein Wechsel in der Aktivität von sich selbst, er verstärkt und intensiviert den Prozeß, statt ihn anzupassen und zu dämpfen. Halsweh führt zum Beispiel dazu, daß man hustet, und der Husten macht das Halsweh schlimmer.
In der Kybernetik geht es vor allem um die negative Rückkopplung. Wie das Beispiel illustriert, gibt die Rückkopplung der Maschine Information über ihre jeweilige Leistung, und diese wird mit der erwarteten Leistung verglichen. Die Information erlaubt es der Maschine, ihre Tätigkeit entsprechend anzupassen, um die Lücke zwischen der erwarteten und der tatsächlichen Leistung zu schließen. Die Kybernetik ist die Theorie von der Selbstregulierung von Maschinen in sich verändernder Umgebung. Mehr noch – die Kybernetik ist die Theorie, die »zweckgerichtetes Verhalten« bei Maschinen erklärt. Für Wiener läßt sich alles zweckgerichtete Verhalten auf »Informationsverarbeitung« reduzieren.

Es wird plausibel, daß Information ... zu den großen Begriffen der Wissenschaft gehört, wie Materie, Energie und elektrische Ladung. Unsere Anpassung an die Welt um uns hängt von den Informationsfenstern ab, die unsere Sinne uns geben.[3]

In der Informationstheorie und der Kybernetik hatten die Technologen die wissenschaftlichen Prinzipien, die sie brauchten, um die erste Generation automatischer Rechner zu entwerfen – Maschinen, die mit der Umgebung interagieren konnten und sich selbstregulierend an sie anpassen konnten. Wiener und seine Kollegen gaben sich allerdings nicht damit zufrieden, ihre Theorien auf Maschinen zu beschränken. In der Überzeugung, sie hätten die Grundlagen des zweckgerichteten Verhaltens im ganzen Universum erschlossen, machten sich die Informationstheoretiker der frühen fünfziger Jahre daran, ihre Theoreme auf jeden Aspekt der Wirklichkeit auszudehnen, einschließlich lebender Systeme.

Wieners These war: »Das physische Funktionieren des Lebewesens und das Funktionieren einiger der neueren Kommunikationsmaschinen sind genau parallel.«[4] Wiener verglich die neuen automatischen Maschinen mit Nervensystemen bei Tieren und schloß, sie seien »grundsätzlich ähnlich«. Lebewesen und Maschinen sammeln gleichermaßen Information, die es ihnen ermöglicht, sich wechselnden Bedingungen in der Außenwelt anzupassen.

In den letzten dreißig Jahren sind Informationstheorie und Kybernetik direkt in die Lebenswissenschaften eingegangen und haben biologische Phänomene effektiv so neudefiniert, daß sie zu der Sicht passen, die Männer wie Shannon und Wiener zuerst entwickelt haben. Die Prinzipien, die die Computerrevolution in Gang gebracht haben, sind so vollständig in die Welt der Biologie integriert worden, daß es für Lebewesen und Computer jetzt eine gemeinsame Sprache gibt.

In ihrem Buch *Current Problems in Animal Behavior* bemerken der Psychologe Oliver Zangwill und der Zoologe William Thorpe von der Universität Cambridge: »Die Prinzipien aus dem Kontroll- und Kommunikations-Ingenieurwesen werden immer mehr auf biologische Probleme angewandt, und ›Modelle‹, die aus diesen Prinzipien abgeleitet sind, erweisen sich als fruchtbar in der Erklärung des Verhaltens.«[5] Tatsächlich definieren Biologen viel von der Fachsprache ihrer Disziplin neu, um sie den Grundprinzipien der Informationstheorie und Kybernetik anzupassen. William Thorpe und andere Biologen sehen Lebewesen jetzt als Systeme, die »Information aufnehmen und speichern, ihr Verhalten aufgrund dieser Information ändern und ... spezielle Organe für die Wahrnehmung, Sortierung und Organisation dieser Information haben«.[6] Wie viele seiner Kollegen entlehnt Thorpe die Idee der Computerprogramme, um zu erklären, wie der Lebensprozeß funktioniert. »Die wichtigste biologische Entdeckung der letzten Jahre«, sagt der Zoologe, »ist, daß die Lebensprozesse von Programmen gesteuert werden ... und daß das Leben nicht nur programmierte Aktivität ist, sondern selbstprogrammierte Aktivität.«[7]

Wo Wissenschaftler und Philosophen der Aufklärung die Prinzipien der mechanischen Uhr auf den Plan der Natur projizierten, projiziert eine neue Generation von Wissenschaftlern und Philosophen die Prinzipien der neuen Computertechnik auf Lebewesen. Heute wird Leben als ein Code gesehen, der Millionen von Bits an Information enthält, die auf Myriaden verschiedene Weisen programmiert werden können.

Der Philosoph Kenneth Sayre von der Universität Notre Dame faßt den neugefundenen Konsens zusammen, wenn er feststellt: »Die grundlegende Kategorie des Lebens ist Information.«[8] Der weltberühmte französische Biologe Pierre Grassé geht noch weiter und meint, alles Leben könne in kybernetischen Begriffen neu definiert werden. Grassé vergleicht die Funktionsprinzipien des Computers und das Programmieren mit der Funktion des genetischen Codes eines Organismus und schließt, beide seien von den Prinzipien der Informationstheorie und Kybernetik bestimmt.

Grassés Wahl der Metapher ist nicht überraschend. Man

sollte nicht vergessen, daß sogar ganz am Anfang des genetischen Zeitalters die Biophysiker James Watson und Francis Crick ihre Entdeckung der DNS-Doppelhelix mit der neuen Informationssprache erklärten. Das Gen, verkündeten sie, ist ein Code, der viele, in spezifischen Sequenzen programmierte Informationen enthält.

Informationstheorie und Kybernetik werden auch verwendet, um die Evolutionstheorie zu modernisieren. Die alte, darwinistische Sicht vom »Überleben des am besten Angepaßten« wird jetzt hier und da zugunsten einer neuen Sicht vom »Überleben des am besten Informierten« aufgegeben. Laut der neodarwinistischen Standard-Orthodoxie kann jede Spezies in der Evolutionslinie knappe Ressourcen effektiver nutzen. Die neue Theorie charakterisiert jede Spezies in der Evolutionskette als besser im Verarbeiten von mehr Information in kürzerer Zeit. Im Uhrwerksuniversum sah man Organismen als »meisterlich gebaute Maschinen«. Im neuen Informationsuniversum gelten Organismen als »gut entworfene Programme«.[9]

In der alten Industriezeitwelt behaupteten Philosophen wie Adam Smith und John Locke, jeder Mensch suche sein eigenes materielles Wohlergehen zu maximieren, und indem er das tue, fördere er unabsichtlich das Allgemeinwohl. Darwin verlieh solchen Behauptungen einen Anstrich wissenschaftlicher Legitimität, als er in der Natur ein ähnliches Muster fand. Obwohl jeder Organismus für sein eigenes Überleben kämpft, fördert er unabsichtlich das Gemeinwohl, weil er seine verbesserten Eigenschaften in den Evolutionsprozeß einbringt.

Im Informationsuniversum wird die Idee des maximierten Eigennutzes durch die Idee der maximierten Selbstorganisation ersetzt. Nach dem neuen Schema sucht jeder Organismus seine Selbstorganisation zu maximieren, indem er mit seiner Umwelt Information austauscht. Während jede Spezies nur ihre eigene Selbstorganisation sucht, generiert sie Informationen, die die Quelle weiterer evolutionärer Entwicklung sind. Jeder neue Fortschritt in der Evolution wiederum steigert die Gesamtkomplexität des Systems und integriert alle Information weiter in ein reicheres Labyrinth von Beziehungen.

Diese kybernetische Erklärung der Evolution gibt der Menschheit eine modernisierte Rechtfertigung für ihre fortgesetzte Manipulation der Umwelt. In einem Zeitalter, das in der Informationsmystik versunken ist, können sich die Menschen mit dem Glauben trösten, daß ihre eigenen Bemühungen, größere Mengen an Information zu generieren und zu kontrollieren, nicht nur ihre Selbstorganisation fördern, sondern zur Stärkung aller Beziehungen in der Natur beitragen, weil sie das Maß an Interaktion, Vernetzung und Synchronisation im gesamten System steigern.

Die Informationstheorie wird sogar als Rechtfertigung dafür gebraucht, warum der Mensch eine privilegierte Stellung im Evolutionsschema einnimmt.

> Der Mensch... ist überragend in dem Erwerb von Information und in der Vielseitigkeit der Informationsverarbeitung... Weil Überlegenheit im Sammeln und Verarbeiten von Information überlegenen Anpassungsfähigkeiten gleichkommt, liegt hier der Grund für die menschliche Dominanz über andere Arten.[10]

Die Grundprinzipien der Computertechnik haben unser Denken über die Welt um uns weitgehend beeinflußt, doch ihre größte Wirkung üben sie auf die Art aus, wie wir die Natur und Funktion der menschlichen Psyche wahrnehmen. Informationstheorie und Kybernetik sind rücksichtslos durch das Feld der Psychologie getrampelt und haben einen Großteil dieser Disziplin zu einer Wegstation für die letzten Ideen im Computerdenken gemacht.

Viele Psychologen haben es in den letzten Jahren als ausgemacht angesehen, daß ... Menschen und Computer lediglich zwei verschiedene Spezies einer abstrakteren Gattung namens informationsverarbeitende Systeme sind.[11]

Einige Psychologen waren so enthusiastisch in ihrer Antwort auf die neue Technik, daß sie in den letzten Jahren eine neue Disziplin geschaffen haben. Kognitive Psychologie bringt Computerwissenschaft, Informationswissenschaft und Psychologie in ein einziges Forschungsgebiet zusammen.

Im kognitiven Modell des menschlichen Geistes wird Information vom System aufgenommen, in Pufferspeichern oder permanenten Speichern festgehalten, nach einer intelligenten Routine verarbeitet und eingesetzt, um Reaktionen im Verhalten und andere Reaktionen zu initiieren.[12]

Sherry Turkle gibt einen Einblick, warum die neue Disziplin der kognitiven Psychologie so effektiv bei der Bekehrung neuer Anhänger gewesen ist. Sie findet, die traditionelle Freudsche Psychologie wirke »spekulativ auf die einen und literarisch auf die anderen, während das Computermodell mit der autoritativen Stimme der Naturwissenschaft im Hintergrund daherkommt«.[13] Die echte Gefahr bei dieser neuen Ehe zwischen Computerwissenschaften und Psychologie liegt in der Wahrnehmung der Psyche. Es war einmal so, daß Menschen in menschlichen Begriffen vom Computer dachten. Doch sie beginnen, von sich selbst immer mehr »in Computerbegriffen«[14] zu denken.

Frau Turkle hat etliche Jahre lang MIT- und Harvard-Studenten zum Thema menschlicher Intellekt gegen Computerintellekt befragt und gefunden: »Die Idee, von sich selbst wie von einem Satz Computerprogrammen zu denken, ist weit verbreitet.«[15] Viele Studenten verglichen das menschliche Hirn mit Computer-Hardware und das menschliche Denken mit Computer-Software. Das Hirn enthält Neuronen, Synapsen, elektrische Impulse – ebenso, wie der Computer elektronische Schaltkreise und Bits enthält. Der Geist formt Bilder und Gedanken, ebenso wie ein Programm Informationen zu Handlungsanweisungen verarbeitet.[16]
Interessanterweise sehen viele von denen, die auf diese neue Weise über die Natur des Denkens sprechen, in ihren Modellen keinen Raum für den freien Willen. Mark, ein Student am MIT, war unmißverständlich überzeugt, daß eine solche Vorstellung reine Illusion sei, als er über den Begriff des freien Willens befragt wurde:

Man denkt, man trifft eine Entscheidung, aber tut man das wirklich? Wenn man zum Beispiel eine kreative Idee hat, was geschieht? Ganz plötzlich fällt einem etwas ein, richtig? Falsch. Es ist einem nicht eingefallen. Es ist nur durchgesickert. ... Eine kreative Idee bedeutet nur, daß einer der Prozessoren eine Verbindung zwischen zwei unverbundenen Dingen hergestellt hat, weil er dachte, sie gehörten zusammen.[17]

Auf die Frage, ob der menschliche Geist »mehr ist als das Gefühl, ihn zu haben«, antwortete Mark auf eine Weise, die das ganze Zeitbewußtsein der ersten Generation von Computer-Zwangsneurotikern auszudrücken scheint. Er sagte: »Man muß aufhören, von seinem Geist zu sprechen, als würde er denken. Er läuft einfach.«[18]
In der Frage, wo Emotionen ihren Platz in diesem neuen

kognitiven Modell haben, würden viele mit Masanoa Toda, einem angesehenen japanischen Psychologen, übereinstimmen, der behauptet: »Emotionen sind Entscheidungsfindungsprogramme, die durch Evolution entwickelt wurden.«[19] Als Mark über Emotionen befragt wurde, sagte er: »Okay. Machen wir ein Modell auf einem Zettel.«[20]

Die Nanosekundenkultur bringt eine neue, virulentere Form des Reduktionismus mit sich. Das Uhrwerksuniversum der Industrieära weicht schnell dem Computeruniversum der postindustriellen Ära. Seit etlichen hundert Jahren hat die westliche Kultur Geist und Materie in mechanistischen Begriffen definiert und die ganze Wirklichkeit auf die Grundprinzipien der Uhrmachertechnik reduziert. Nun beginnt eine neue Reise. Im kommenden Jahrhundert werden unsere Kinder wahrscheinlich ihre Umwelt mit der Sprache der Informationstheorie und Kybernetik neu definieren und versuchen, ein Bild der Natur heraufzubeschwören, das den Grundprinzipien der neuen Computertechnik entspricht. Wir treten in eine neue Zeitwelt ein, wo die Zeit in Nanosekunden zerstückelt und die Zukunft im voraus programmiert ist, wo die Natur als codierte Information umgedeutet und das Paradies als voll simulierte, künstliche Umwelt gesehen wird.

15. Zeittrecks und Zukunftsoptionen

Im letzten Jahrhundert ist die Spezies Mensch in die vierte große Ära des Zeitbewußtseins eingetreten. Jede Ära ging mit ihrer je eigenen Zeitwirklichkeit einher.

Wir haben unser Leben und unsere Zeit an den Jahreszeiten, den Sternen, den Uhren ausgerichtet – und jetzt an Computern. Jedes neue »Zeitrechnungssystem« ging mit einem neuen »Zeitordnungssystem« einher. Wir haben Rituale, Kalender, Zeitpläne und nun Programme benutzt, um die Spezies Mensch in Lebensgemeinschaften zu binden.

Beim Übergang von einer Zeitära zur anderen haben unsere Vorstellungen von Bedeutungen und Zielen, unser Verständnis von *eidos* und *telos,* neue Gestalt und Form angenommen. Unsere früheren Vorfahren strebten nach dem Kreis, denn sie nahmen die Zeit wahr als ewige Wiederkehr, als unablässige Wiederholung eines endlosen Kreises von Geburt, Leben, Tod und Wiedergeburt. Als später das rituelle Bewußtsein dem religiösen Bewußtsein wich, ersetzte die vertikale Linie des geistlichen Emporstrebens den Kreis im Abendland: Frauen und Männer erwarteten ihre zeitliche Inspiration vom Himmel. Während der kurzen Herrschaft des historischen Bewußtseins war die horizontale Linie des Fortschritts die unangefochtene Handschrift der Periode. Nun, noch in den ersten Jahrzehnten des psychologischen Bewußtseins, ist es die Spirale, die unsere Aufmerksamkeit fordert. Sie ist das neue Symbol der Schöpfung; sie steckt sowohl in der Doppelhelix als auch in der kybernetischen Vision, wo Rückkoppelungsschleifen neue Welten simulieren, die in den Spalten von Millionen Silikonchips pulsieren.

Mit jedem neuen Zeitrechnungs- und Zeitordnungssystem hat die Menschheit sich weiter von den Rhythmen der Natur entfernt. Von der teilnehmenden Einheit über astronomischen Überblick und mechanisches Eingreifen zu elektrischer Simulation führt die Spur fort von der Intimität geteilter Zeitlichkeit, die Leben an Leben bindet, Mensch an Tier und Tier an Pflanze. Wir nahmen die Zeit einmal als eingebettet in natürliche Ereignisse wahr. Nun nehmen wir sie als ein äußerliches Symbol wahr, eine quantifizierte Abstraktion.

Die lebende Erde, deren einst machtvolle Rhythmen mit Klarheit widerhallten, erscheint nun schwach und erschöpft angesichts eines Feldes künstlicher Rhythmen, die den Planeten überziehen und in die Weiten des Kosmos hinaufstrahlen.

Die Menschheit ist in ihrer kurzen Geschichte auf der Erde durch viele verschiedene Zeitzonen gereist. Mit jeder neuen Reise konnten wir neue Einsichten in das Funktionieren der Zeit gewinnen. Wir konnten zurücktreten und riesige Zeiträume überschauen, um die vielen Verbindungen und Kausalzusammenhänge zu sehen, die die Zeitwelt der Natur bezeichnen. Unsere verbesserten Gedächtnisfähigkeiten und Vorhersagetechniken haben uns ein tiefes Verständnis für die Zeitdimensionen der biologisch-physischen Reiche gegeben, die wir bewohnen.

Das Wissen, das wir gewonnen haben, war eine Offenbarung, doch wir haben es teuer erkauft. Wir haben begriffen, wie die Dinge zusammenpassen, indem wir uns selbst von der biologischen Uhr der Natur getrennt haben. Unsere Sicht hat uns viele Einzelheiten geliefert, doch die Distanz, die wir zwischen uns und die übrige Schöpfung setzten, hat uns weit von den Rhythmen intimer zeitlicher Teilnahme entfernt. Wir haben Perspektive gewonnen und dabei den Grund unseres zeitlichen Daseins unter den Füßen verloren. Unser Wissen ist unsere Entfremdung geworden. Unser wachsendes Verstehen der Natur ist mit selbstauferlegtem Exil von der biologischen Zeit einhergegangen.

An jeder zeitlichen Wegkreuzung unseres Lebens haben wir eine bewußte Entscheidung getroffen, unsere größere Perspektive zum Erwerb größerer Macht zu benutzen. Wir haben die Weisheit der Gewalt geopfert und Wissen als Waffe gebraucht, unsere zeitliche Herrschaft zu sichern.

Die Verbindung von Perspektive und Macht hat uns dazu gebracht, die Welt auf die beschränkteste Weise zu sehen. Wir haben tatsächlich freiwillig unsere teilhabende Einheit mit der übrigen Schöpfung verlassen und die Welt als binäres Feld neu definiert, wo nur Subjekte und Objekte existieren. Wir haben der Teilhabe die Autonomie vorgezogen, der Kommunikation die Isolation, und haben unsere Macht benutzt, um die Phänomene der Welt zu Objekten der Manipulation und Aneignung zu machen. Unser wachsendes Zeitbewußtsein ist in den Dienst der Herrschaft gestellt worden. Wir haben unsere zeitlichen Fähigkeiten des Nachdenkens und Vorausdenkens, des nach hinten und nach vorn Schauens als Zeitfallen benutzt, um die Rhythmen der Lebenswelt zu fangen und auszubeuten und unsere Mitmenschen zu unterdrücken und zu versklaven. Wir haben die Zeitwelt der Erde zu unserem Vorteil umgebogen und die Rhythmen der Natur zur Anpassung an unser eigenes, soziales Gefühl von Sequenz, Dauer, Tempo und Zeitplanung gezwungen.

Es ist eine Ironie, daß wir all dies im Namen der Sicherheit getan haben. Wir haben versucht, die Zeit zu benutzen, um unsere Zukunft zu sichern, und am Ende scheint unsere Zukunft täglich ungewisser und düsterer. Die zeitgenössische westliche Kultur ist besessen von der Idee, Zeit zu sparen und Dauer auszudehnen. Doch anscheinend haben wir unseren Kindern immer weniger Zukunft gelassen. Nukleare Sprengköpfe bringen uns in Minutennähe zur völligen Vernichtung. Luft, Wasser und Land sind verseucht von saurem Regen, chemischen und nuklearen Abfallhalden und Tausenden petrochemischer Verbindungen, die nicht wiederaufbereitet werden können.

Die High-Tech-Welt der Uhren und Zeitpläne, Computer und Programme sollte uns von einem Leben der Mühe und Not befreien, doch mit jedem Tag wird die Menschheit mehr versklavt, ausgebeutet und mißhandelt. Millionen sterben, während einige wenige in Glanz und Gloria leben. Die Menschheit bleibt von sich selbst und von der natürlichen Welt getrennt, die ihre ursprüngliche Gemeinschaft ist.

Die Allianz von Perspektive und Macht ist ungeheuer schlagkräftig. Wir orchestrieren heute eine künstliche Zeitwelt, die durch die elektronischen Schaltkreise von Silikonchips saust und die völlig fremd von der Zeit ist, die eine Frucht zum Reifen braucht, oder die das Sinken der Flut braucht. Wir haben uns aus der Zeitwelt der Natur in eine künstliche Zeitwelt katapultiert, wo Erfahrung nur simuliert, aber nicht mehr erlebt werden kann. Unsere wöchentliche Routine und unser Arbeitsleben sind von künstlichen Rhythmen bestimmt, der unheiligen Allianz von Perspektive und Macht. Und mit jeder elektrischen Morgen- und Abenddämmerung entfernen wir uns weiter voneinander, werden isolierter und einsamer, kontrollierter und weniger selbstgewiß.

So ängstlich sind wir in dieser immer frenetischeren und

unbeständigeren Welt der Computer und Uhren, Programme und Zeitpläne geworden, daß wir oft die Tage bis zum nächsten Urlaub zählen, bis wir entkommen können in die Stille eines bewaldeten Tales, eines Strandes am Meer, einer Wiese – irgendwo weit weg von dem unaufhörlichen Lärm mechanischer Schläge und elektronischer Summer. Ferien scheinen die einzige Atempause von den beschleunigten Zeitforderungen der modernen Welt zu sein. Unsere Wochenenden und Urlaubswochen nutzen wir zu einem hastigen Rückzug von den Rhythmen der Kultur, zurück zu den Rhythmen der Natur – einem Versuch, wieder mit den Ursprüngen unserer Existenz in Berührung zu kommen: der organischen Zeitwelt, in der wir einst lebten.

Unsere Experten sagen uns, unsere Versuche, wieder in die natürliche Welt zu kommen, seien fruchtlos, wir könnten nie die Natur erleben wie einst unsere Vorfahren. Die menschliche Psyche ist zu gut entwickelt, um zu einer vorbewußten Existenz zurückgehen zu können. Die Experten sagen uns, wir könnten die Geschichte unseres Bewußtseins ebensowenig ausradieren, wie wir die Zeit unserer Reise umkehren können.

Zwar ist es wahr, daß wir nicht mehr in einen undifferenzierten Naturzustand zurückkommen können, doch wir können eine Entscheidung treffen, vorwärts zu einer neuen Partnerschaft mit der übrigen lebenden Welt zu gehen – einer Partnerschaft, die auf einer tiefen, bleibenden Achtung vor den Rhythmen des Planeten gründet. Dazu müßten wir bereit sein, die langgediente Allianz von Perspektive und Macht aufzugeben und eine neue Zeitorientierung zu suchen, die auf einer empathischen Einheit mit den biologischen und physischen Uhren der Natur gründet.

Vor uns liegt die große Herausforderung, das menschliche Zeitbewußtsein zu entwickeln: endlich Perspektive und

Macht zu trennen und die erstere in einer neuen Allianz mit Empathie zu verbinden.

In der neuen Allianz benutzen wir Perspektive, um eine empathische Würdigung und ein Engagement für das Reich des Lebens zu entwickeln. Empathie heilt die klaffenden Wunden, die die Objektivierung der Welt geschlagen hat. Empathie ist ein Weg, der von der Perspektive zu inniger Teilhabe führt. Bei allen empathischen Reisen geht das »Ich« über sich selbst hinaus, läßt sich selbst zurück und tritt ein in die Seele des anderen. Empathisch sein heißt, sich im anderen verlieren, willig sein, die eigene Autonomie und Identität aufzugeben, Isolation und Trennung zu verlassen, um Teil einer organischen Gemeinschaft zu werden.

Wir alle haben Ekstase erfahren, jene besonderen Momente undefinierbarer Zeit, wenn wir die Kontrolle über unsere Zukunft und die der anderen fahrenlassen. Wir werden unsere Umgebung. Unsere Zeit dehnt sich aus und umfaßt alle anderen Dinge; wir werden die Welt. Wir haben vollkommen teil an einer gemeinsamen Zeitlichkeit, wo keine Zeithierarchie, keine privilegierte Minderheit, kein Innen und Außen existiert, kein »Ich« und »Die anderen«. Dies sind die Momente der Seligkeit, nach denen wir uns sehnen und die nur durch empathische, gemeinsame Teilhabe erreicht werden können.

Die Allianz von Perspektive und Empathie ist eine neue Erfahrung. Die meisten Menschen in der Geschichte haben in beiden Welten des Zeitbewußtseins gelebt, wobei in der einen Perspektive mit Empathie gepaart ist, in der anderen Perspektive mit Macht. Zwar haben beide Formen des Bewußtseins von Anbeginn der menschlichen Kultur existiert, doch die Geschichte zeigt, daß mit wenigen, seltenen Ausnahmen das empathische Bewußtsein ins Privatleben verbannt wurde und das Machtbewußtsein das öffentliche

Leben der Zivilisation bestimmte. Immer wieder wurde Perspektive benutzt, um Macht über die Zukunft auszuüben. Zeitpolitik war Machtpolitik.
Wenn wir unsere private Erfahrung der Empathie in die öffentliche Politik übertragen, beginnen wir eine neue Reise, bei der Zeitbewußtsein gebraucht wird, um empathisch mit der Zukunft umzugehen. In dieser neuen Zeitwelt wird die Zeitpolitik zu empathischer Politik. Das Schauen in die Vergangenheit und die Zukunft wird nicht länger dazu benutzt, um Macht über die Zukunft zu gewinnen oder beschleunigte, künstliche Rhythmen auf die natürliche Zeitwelt zu pfropfen. Auf dieser neuen Zeitebene benutzen wir unser Bewußtsein, um Perspektive zu gewinnen, wie Natur und Leben sich in der Zeit entfalten. Wir werden empfänglicher für die Vorgänge ökologischer und kultureller Abfolge. Wir lernen, Leben nicht als gefrorene Zukunftsstücke zu sehen, die zu manipulieren sind, sondern als unendliches Kontinuum, das pfleglichen Umgang und Achtung verlangt. In einer empathischen Zeitwelt ist Ausbeutung weniger wahrscheinlich. Sklaverei gedeiht nicht so leicht in einer Welt, wo Zeit wahrhaft geteilt wird.
In einer empathischen politischen Ordnung ist das unveräußerlichste aller Rechte das Recht auf gerechten Anteil an der Zeit. Jeder hat ein Recht auf den gleichen Zugang zu Vergangenheit wie Zukunft. In einer empathischen Zeitwelt ist die Planung der Zukunft ein gemeinschaftliches Unterfangen und Erinnerung an die Vergangenheit eine gemeinsame Tat. Niemand denkt daran, die Zeit zu besitzen oder gar die Zeit der anderen zu manipulieren, um sich einen Vorteil über die Zukunft zu sichern. Menschen ihrer Vergangenheit und Zukunft zu berauben ist ein unerhörtes Verbrechen in einer gesellschaftlichen Ordnung, wo Empathie das herrschende Paradigma ist.

Die Demokratisierung der Zeit wird die beherrschende Priorität in einer Gesellschaft, wo Empathie die Stelle der Macht einnimmt. Zeitpyramiden werden gemieden, und hierarchische Zeitpläne und Programme weichen Aufgaben mit gemeinsamer Zeit, wenn die Menschen Zeit als kollektive Erfahrung sehen statt als Mittel, um Macht über andere auszuüben.

In einer hierarchischen Zeitkultur wird Status oft dadurch beschrieben, wie wertvoll die Zeit einer Person ist. Die Zeit, die man die Armen warten läßt, während man auf die zeitlich Privilegierten wartet. Materielle Entschädigung ist weniger von der Arbeit bestimmt, die jemand leistet, sondern von der Vorstellung, daß die Zeit mancher Menschen wertvoller ist als die der anderen und daher eine größere Bezahlung verdient.

Politische Tyrannei beginnt in jeder Kultur mit der Entwertung der Zeit der anderen. Die Ausbeutung von Menschen ist in der Tat nur in pyramidalen Zeitkulturen möglich, wo Herrschaft immer auf der Vorstellung beruht, daß die Zeit mancher Menschen wertvoller und die anderer Menschen dehnbarer ist. In einer demokratischen Zeitkultur ist jedermanns Zeit wertvoll, und niemandes Zeit ist dehnbarer als die eines anderen. In einer Kultur, wo die Heiligkeit allen Lebens zuerst zählt, kann es keine andere Sicht der Zeit geben.

Die Auffassung, daß jedermanns Zeit gleich wertvoll sei, ist wahrhaft revolutionär. Die Demokratisierung der Zeit führt zu einer ganz anderen Gesellschaftsordnung, in der Zeitprioritäten und Zeitbeschränkungen gleichmäßig verteilt werden. In einer solchen Gesellschaft behandelt jeder die Zeit der anderen mit der gleichen Achtung wie seine eigene. Die Neuwertung der Zeit ist Voraussetzung für die Neuwertung des Lebens.

16. Jenseits von Links und Rechts

Die Zeit hat die politischen Künste von Anfang an durchdrungen und gesättigt, doch ihre Hauptrolle in den Geschicken der Gesellschaft blieb unentdeckt und weitgehend ungeprüft. Bis heute existierte Zeitbewußtsein direkt unter der Oberfläche des Bewußtseins, beeinflußte und formte immer die Erfahrung unserer Spezies, genoß aber nie viel offene Aufmerksamkeit als Schlüsselkraft im historischen Prozeß. Nun ist das Zeitbewußtsein an die Oberfläche unseres kollektiven Bewußtseins gestiegen und beginnt, eine Vielfalt neuer, metaphorischer Chancen zu bieten, um den politischen Prozeß neu zu bedenken und zu erdenken. Wahrscheinlich werden Zeitüberlegungen in den folgenden Jahren eine direktere Rolle in der Bestimmung der Richtlinien politischen Handelns spielen. Nirgends wird ihr Einfluß deutlicher zu spüren sein als in der Neudefinierung politischer Identifikationen. Parteiloyalität wurde lange in räumlichen Metaphern bezeichnet. Wir brauchen nur die traditionellen Etiketten betrachten, mit denen politische Überzeugung in den meisten Gesellschaften bedacht wurden: Rechts und Links. Viele finden es immer schwieriger, sich mit einer der beiden »Seiten« des vorherrschenden politischen Spektrums zu identifizieren. In einer Welt, die zunehmend die zeitlichen Grundlagen politischen Handelns begreift, verliert die altgediente räumliche Definition politischer Zugehörigkeit langsam, aber sicher ihren metaphorischen Wert.

Es ist also möglich, daß die räumliche Skala von rechts bis links von einer neuen, zeitlichen Skala herausgefordert wird, weil wachsendes Zeitbewußtsein unser Begriffsvokabular durchdringt. Die vagen Umrisse einer solchen Skala beginnen schon, sich dem politischen Prozeß aufzuprägen. Das neue Zeitspektrum reicht von ökologischen Rhythmen auf der einen Seite bis zu künstlichen Rhythmen auf der anderen. Die, die sich auf die Seite der ökologischen Zeitdynamik stellen, rufen nach der »Resakralisierung« des Lebens auf jeder Stufe, von der Mikrobe bis zum Menschen. Die, die sich auf die Seite der künstlichen Dynamik stellen, rufen nach einer effizienter simulierten Umwelt, um das Allgemeinwohl der Gesellschaft zu sichern.

Der Rhythmus der ersten Dynamik ist langsam, rhapsodisch, spontan, verletzlich und teilhabend. Das Gewicht liegt auf der Wiederherstellung einer zeitlichen Gemeinschaft mit den natürlichen biologisch-physischen Rhythmen und auf der harmonischen Koexistenz mit den Kreisläufen, Jahreszeiten und Periodizitäten des größeren irdischen Organismus. Der Rhythmus der anderen Seite ist beschleunigt, berechenbar und zweckmäßig. Das Gewicht liegt auf der Unterwerfung der natürlichen, biologisch-physischen Rhythmen und der Schaffung einer künstlich kontrollierten Umwelt, die eine unablässig steigende wirtschaftliche Wachstumsrate für gegenwärtige und künftige Generationen sichern kann.

Jeder dieser neuen Zeitpole hat ein radikal anderes Zeitgefühl – beide sind verlockend und gleichermaßen attraktiv. Letzten Endes aber sind diese beiden Zeitorientierungen völlig unvereinbar. Sie mögen vielleicht eine Zeitlang in einer Welt, die an die Vorstellung gewöhnt ist, Widersprüche zu adsorbieren und Kompromisse auszuhandeln, koexistieren, doch am Ende wird eine dieser beiden Zeitorientierungen sich durchsetzen und einen Kontext für eine neue Sicht der sozialen Ordnung liefern.

Die ökologische Zeitorientierung führt zu der Vorstellung des pfleglichen Umgangs mit der Zukunft. Ihre Vertreter möchten eine neue Partnerschaft mit der übrigen Welt des Lebenden eingehen. Der Kern dieser neuen Vision des Bundes ist ein Engagement, eine wirtschaftlich-technische Infrastruktur aufzubauen, die sich mit den Sequenzen, Zeitdauern, Rhythmen und synergetischen Beziehungen der natürlichen Produktion und der Recycling-Tätigkeit der irdischen Ökosysteme verträgt. Ihre Vertreter glauben, daß soziale und wirtschaftliche Tempi mit den natürlichen Tempi der Umwelt harmonisiert werden müssen, wenn das Ökosystem sich selbst heilen und wieder ein vitaler, lebendiger Organismus werden soll.[1]

Die künstliche Zeitorientierung führt zu einer High-Technology-simulierten Vision von der Zukunft. In dieser Zeitwelt wird ein immer komplexeres und raffinierteres Labyrinth künstlicher Rhythmen unsere langgewohnte Abhängigkeit von den langsameren Rhythmen der natürlichen Umwelt immer mehr ersetzen. Die Befürworter der künstlichen Orientierung haben eine Umwelt im Sinn, die von den Sequenzen, Zeitdauern, Rhythmen und synergetischen Interaktionen von Computern, Robotern, Gentechnik und Weltraumtechnik reguliert ist – eine Umwelt, wo Ordnung, Voraussicht, Berechenbarkeit und Effizienz die Ungewißheiten und Ängste ersetzt haben, die die menschliche Familie seit dem Morgengrauen der Zivilisation heimgesucht haben.

Die Befürworter der künstlichen Zeit glauben, daß Sicherheit durch Kontrolle über die Zeitlichkeit der Natur zu erreichen sei. Die Befürworter der ökologischen Zeit glauben, daß Sicherheit erreicht werde, wenn man gemeinsam an dem Puls der größeren Gemeinschaften teilnimmt, die die Ökosysteme der Erde bilden. Der scharfe Kontrast zwischen diesen beiden Zeit- und Politikauffassungen wird schon in dem wachsenden Konflikt darüber deutlich, wie die gewöhnlichsten Aktivitäten unseres Alltagslebens zu handhaben sind. Man bedenke das Gesundheitswesen, die Architektur, die biologische Forschung, die Energieentwicklung, die Landwirtschaft und den Arbeitsplatz als interessante Zeichen für die neue Zeitpolarisierung und Zeitpolitik.

In medizinischen Fakultäten gründet sich die übliche Auffassung von der Gesundheitsfürsorge noch auf die Idee, Kontrolle über die unmittelbare Umgebung des Problems zu gewinnen. Oft wird der Körper wie eine Maschine behandelt, die repariert werden muß. Dabei ist die medizinische Behandlung oft kalt, mechanisch und gefühllos. Die Ärzte werden immer distanzierter gegenüber den Patienten, so daß zwischen beiden wenig oder gar kein physischer Kontakt besteht. Statt der warmen, fürsorglichen Berührung eines anderen Menschen wird der Patient von einer unpersönlichen Reihe komplizierter Maschinen durchleuchtet, abgesucht, geprüft und überwacht. Die moderne Medizin legt Wert auf Geschwindigkeit und Effizienz. Operative und pharmazeutische Eingriffe sind generell darauf ausgerichtet, das Tempo der Besserung zu beschleunigen. Das Ziel ist, die natürlichen Wiederherstellungsrhythmen nicht zu ergänzen, sondern vielmehr zu ersetzen.

Doch es gibt Anzeichen dafür, daß eine neue, ökologische Auffassung der Medizin sich als praktizierbare Alternative durchsetzt. Die holistische Gesundheitsbewegung betont eine nährende, teilnehmende Interaktion zwischen Heilendem und Patienten. Die Patienten werden ermutigt, sich mit ihren eigenen Körperrhythmen zu identifizieren und mit, statt gegen den körpereigenen Heilungszeitplan zu arbeiten. Der Körper wird nicht isoliert behandelt, sondern als Bestandteil der größeren Umgebung, mit der er rhythmisch ständig zusammenlebt. Die Betonung liegt darauf, die ganze Umwelt bei der Wiederherstellung der richtigen Zeitbeziehungen des Körpers mithelfen zu lassen.

Eine ökologische Auffassung von medizinischer Behandlung legt mehr Wert auf Vorbeugung als auf Heilung. Zum Beispiel die beiden wichtigsten Krankheiten, die die Industriegesellschaft heute bedrohen: Krebs und Herzerkrankungen. Diese beiden Krankheiten haben immer existiert, doch in den letzten Jahrzehnten haben sie epidemische Ausmaße angenommen. Eine Flut klinischer Studien weist eine kausale Beziehung zwischen der schlechten Ernährung, dem Streß, der krebsfördernden Umwelt, die wir geschaffen haben, und dem Ausbruch von Krebs und Herzkrankheiten auf.

Die ökologische Schule der Medizin konzentriert ihre Forschung auf Methoden, um die Ursache des Problems auszumerzen. Die Aufmerksamkeit wird darauf gerichtet, den Streß abzubauen, indem man das frenetische Tempo des Lebens drosselt, die Ernährungsgewohnheiten zu ändern und die verseuchte Umwelt zu reinigen versucht.

Diese holistische Auffassung steht in krassem Gegensatz zu den traditionelleren Formen der Medizin, die die Ursache des Problems vernachlässigen und sich statt dessen auf operative Eingriffe und künftig auf genetische Manipulation konzentrieren, damit die Menschen weiter in der verseuchten Streßumwelt leben können, die diese Krankheiten mit auslöst.

Die Architektur bietet ein weiteres Beispiel für die beiden

verschiedenen Zeitorientierungen. Viele zeitgenössische Architekten träumen davon, einen Wolkenkratzer zu bauen, ein Monument der Unbesiegbarkeit, das selbstgenügsam und isoliert stehen kann und seine Umgebung in fürstlicher Höhe überragt. Sie sind stets auf der Suche nach neuen Baumaterialien, neuen Werkzeugen, neuen Organisationsprinzipien, mit denen sie eine Festung bauen können, die alle denkbaren Angriffe von der Umwelt aushalten und überleben kann. Die Architekten von Wolkenkratzern verfolgen die Idee der maximierten Macht und Kontrolle über die Natur. Ihre Kunstwerke sind darauf ausgerichtet, ihre Umgebung zu beherrschen, zu enteignen. Der Sears Tower in Chicago, das höchste Gebäude der Welt, funktioniert zum Beispiel so schnell, daß er in den vierundzwanzig Stunden jedes Tages mehr Energieressourcen verbraucht als die ganze Stadt Rockford, Illinois, mit ihren 147 000 Einwohnern.

Dann gibt es die neuen Architekten, deren Auffassung von Architektur von ganz anderen Überlegungen geleitet wird. Sie träumen davon, ein passives Sonnenhaus zu bauen, das so elegant und unaufdringlich ist, so verschmolzen mit den Sequenzen, Dauern und Tempi der natürlichen Umwelt, daß es schwer zu unterscheiden ist, wo ihre Zeitorientierung aufhört und die natureigenen Zeitpläne beginnen. Sie sind daran interessiert, Materialien, Werkzeuge und Konstruktionsprinzipien zu entwickeln, die sich mit den Umweltrhythmen vertragen. Sie sehen ihr Gebäude nicht als Festung, sondern als Umwelt in der Umwelt, als Verlängerung ihrer Umgebung, die voll an den Taktschlägen und Periodizitäten einer weiteren Umgebung teilhat. Ihre Gebäude haben teil an der Wärme und dem Licht der Sonne, den Kreisläufen der Jahreszeiten, dem Strömen und Fluten von Wind und Wasser. Ihre Gebäude gehören zur Umwelt.

Diese Architekten verfolgen die Idee empathischer Teilhabe an den Rhythmen der natürlichen Welt.
Diese beiden Arten von Architekten drücken zwei sehr unterschiedliche Auffassungen von Sicherheit in ihrem Streben nach Wissen aus. Für den Architekten von Wolkenkratzern kommt die Sicherheit vom Bau eines unerschütterlichen Turmes, einer Struktur, die ihre Umgebung kontrollieren und beherrschen kann. Für den Architekten des passiven Sonnenhauses kommt die Sicherheit vom Bau einer Struktur, die Teil einer größeren, schon etablierten Gemeinschaft werden kann – des Ökosystems.
In jedem Wissensgebiet fordert eine neue Generation von Studenten und Lehrern die orthodoxe Vorstellung von Machtwissen mit der radikal anderen Idee des empathischen Wissens heraus. In biologischen Fakultäten fragen Gentechniker zum Beispiel nach dem »Wie« der Natur, damit sie effizientere, wirtschaftlichere Formen des Lebens konstruieren können. Auf der anderen Seite sind die Ökologen, die nach den subtilen Beziehungen und Interaktionen zwischen allem Lebenden suchen, damit sie lernen können, die sozialen und wirtschaftlichen Rhythmen in die biologischen Rhythmen der übrigen Lebewesen zu integrieren.
In ingenieurwissenschaftlichen Fakultäten gibt es Forscher, die an raffinierten Kernfusionsreaktoren arbeiten und versuchen, einen Energievorrat nutzbar zu machen, der mächtiger ist als die Sonne, um uns noch größere Kontrolle über die Umwelt zu geben, als wir jetzt haben. Dann gibt es eine andere Art von Ingenieuren, die mit der Energie von Wind, Sonne und Wasser arbeiten, um geeignete Techniken zu entwickeln, die zu den Rhythmen der Natur passen.
Die Landwirtschaft ist ein weiteres Beispiel dafür, wie die Zeitpolarisierung die Entscheidungen über die Routinetätigkeiten der Gesellschaft beeinflußt. High-Tech-Bauern

sind ständig auf der Suche nach neuen, exotischeren Formen der Manipulation von Pflanzen und Boden, um größere Kontrolle über die Kräfte der Natur auszuüben. Für sie ist Landwirtschaft ein Schlachtfeld geworden, auf das es immer raffiniertere Waffen in Form chemischer Dünger und Insektenvertilgungsmittel zu bringen gilt, um einen möglichst großen Tribut aus dem Boden und den kultivierten Pflanzen zu pressen. In der hochtechnisierten Landwirtschaft liegt das Gewicht auf maximalem Ertrag in minimaler Zeit. Indem man eine Reihe von Chemikalien aus dem Labor in den Boden bringt und die Genstruktur der Pflanzen manipuliert, um homogenere Rassen zu schaffen, kann man die Leistung kurzfristig dramatisch steigern, doch um den Preis, daß der Boden erodiert und auslaugt und die Pflanzen langfristig ihre genetische Vielfalt verlieren.

Im Gegensatz dazu entwickeln Biobauern ein hohes Wissen um das heikle Gleichgewicht der Beziehungen, die die Zyklen der Pflanzen bestimmen. Sie bringen organischen Dünger und natürliche Insektenvertilger aus und sind sehr darauf bedacht, die natürlichen Rhythmen von Produktion und Recycling wiederherzustellen. Biobauern sehen ihre Rolle eher ernährend als dirigierend. Ihr Anliegen ist die Erhaltung des Bodens und der natürlichen Pflanzenrassen, um den künftigen Generationen angemessene Reserven zu hinterlassen. Kurzfristig erzielen Biofarmer wahrscheinlich weniger Ertrag als High-Tech-Bauern. Langfristig wird ihr Ertrag viel höher sein, weil sie dem Boden und den Pflanzen erlaubt haben, sich über viele Zyklen und Jahreszeiten hinweg zu erholen.

Nirgends ist der Kontrast zwischen der künstlichen und der ökologischen Zeitorientierung offensichtlicher als am Arbeitsplatz. Die künstliche Zeitorientierung legt Wert auf Geschwindigkeit und Berechenbarkeit. Zu diesem Zweck wird persönliche Beteiligung am Arbeitszyklus auf ein Minimum reduziert. Die einzelnen Arbeiter werden sowohl vom Arbeitsprozeß als auch voneinander isoliert und gezwungen, in einem engen Zeitstreifen zu arbeiten, wo ihnen Zugang zu Vergangenheit und Zukunft verwehrt wird. Obwohl sie im Arbeitsprozeß stecken, haben sie nicht teil an ihm. Statt dessen werden sie in die Zeitlichtkeit gerissen, die Maschinen und Management ihnen aufzwingen, und müssen sich einer streng definierten Reihe von Sequenzen, Zeitdauern und Rhythmen anpassen, über die sie wenig oder gar keine Kontrolle haben.

Eine neue Generation von Firmen im Besitz der Belegschaft versucht nun, eine radikal andere Zeitorientierung zu etablieren; sie soll die gesamten Zeitbedürfnisse der einzelnen Arbeitenden mit den Zeitvorgaben des Produktionsprozesses in Einklang bringen. In demokratisch geführten Unternehmen hat jeder Arbeitnehmer eine Stimme und ein Stimmrecht in den Entscheidungen, die sein (oder ihr) Arbeitsleben betreffen. Gruppenbeteiligung bei jedem Aspekt der Arbeit sichert, daß jeder einzelne bei der Festsetzung des Tempos für arbeitsbezogene Aktivitäten mitzureden hat. Firmen im Besitz der Belegschaft legen mehr Wert auf persönliche Interaktion und auf Empathie mit den je eigenen Zeitbedürfnissen jedes Arbeitnehmers.

Viele Firmen im Besitz der Belegschaft setzen geeignete »sanfte« Techniken ein, die in Harmonie mit den natürlichen biologischen Rhythmen des menschlichen Körpers funktionieren. Die Verwertung von Ressourcen und Abfällen wird in Firmen im Besitz der Belegschaft oft besser an den Zeitplan der weiteren Umwelt angepaßt als an traditionelleren Arbeitsstätten. Weil die Besitzer-Arbeitnehmer auch in den Gemeinschaften leben, in denen sie arbeiten, sind sie eher geneigt, die natürlichen Ressourcen zu erhalten, von denen ihr Leben abhängt, und Abfälle wiederzuverwerten, um nicht ihren eigenen Lebensraum zu verseuchen. Die Rhythmen der Arbeitsstätte werden den Rhythmen des größeren Ökosystems und des Gemeinschaftslebens im weiteren Sinn angepaßt.

Der künstliche Zeitrahmen und die ökologische Zeitorientierung reflektieren zwei verschiedene Auffassungen von Produktivität. Die erste mißt Produktivität anhand des Wertes Effizienz, die zweite anhand des Wertes der Haltbarkeit. Wenn der Maßstab zur Definition von Produktivität Effizienz ist, stehen immer kurze Fristen und unmittelbare Ergebnisse im Vordergrund – auf Kosten der langfristigen Wirkungen, der Erhaltung von Material und Rohstoffen.

Ein Beispiel ist der Gegensatz zwischen dem Bau einer großen Kathedrale und eines modernen Bürohochhauses. Der Bau einer großen Kathedrale ist nicht sehr effizient. Der Prozeß erfordert sehr viel Zeit, Arbeit, Energie und Kapital. Die letzte große, protestantische Kathedrale wird gerade jetzt in Washington fertig, nach einer Bauzeit von über achtzig Jahren. Doch wenn nicht eine Naturkatastrophe oder unvorhergesehene Umstände eintreten, wird sie wahrscheinlich ein Jahrtausend überdauern, wie die anderen großen Kathedralen in Europa. Die neuen Büro-Fertighochhäuser, die überall in Washington gebaut werden, werden mit ganz anderen Vorstellungen von Produktivität geplant und hochgezogen. Das Ziel ist, das effizientest mögliche Gebäude zu erstellen – d. h., den Ertrag in einem Minimum an Zeit, Energieeinsatz, Arbeit und Kapital zu maximieren. Büro-Fertighochhäuser können in ein paar Monaten erstellt werden, bleiben aber wohl nur dreißig bis fünfzig Jahre stehen.

Wie bei den Hochhäusern liegt bei dem größten Teil dessen,

was die moderne Gesellschaft tut, das Augenmerk auf Effizienz statt Haltbarkeit, auf kurzen statt auf langen Fristen. Das Ergebnis ist eine immer schnellebigere Kultur, in der Kontinuität mit der Vergangenheit und Achtung vor der Zukunft im Namen unmittelbarer Nutzeffekte in der Gegenwart geopfert werden.

Nirgends ist diese Schnellebigkeit deutlicher als in der standhaften Weigerung vieler Industrieländer, ihre Staatsschulden zu bewältigen. Die USA und andere Länder scheinen nicht willens, Verpflichtungen aus der Vergangenheit durch Abzahlung ihrer Schulden einzulösen, und nehmen weiter Kredite auf, um die unvernünftigen Ausgaben der Gegenwart zu finanzieren. So erhöhen sie die Schuldenlast der künftigen Generationen.

Es ist auch interessant, festzustellen, daß die Führer in Politik und Wirtschaft bei der ganzen Diskussion um die Staatsschulden und den Ausgleich des Staatshaushaltes systematisch die wichtigste Bilanz ignoriert haben: die zwischen Gesellschaft und Natur. Die Staatsschulden spiegeln noch größere Schulden der Wirtschaft gegenüber der Umwelt. Die meisten Länder der Erde produzieren und verbrauchen Rohstoffe heute in kürzerer Zeit, als die Natur zum Recycling und zum Auffüllen des Verbrauchten benötigt. Saurer Regen, Treibhauseffekt, wachsende chemische und atomare Müllhalden, die Erschöpfung des Bodens, der Verlust der Artenvielfalt durch Monokulturen und die massenhafte Ausrottung von Tier- und Pflanzenarten sind beredte Zeichen für die Kräfte, die hier am Werk sind.

Die Wirtschafts- und Umweltkrise der Gegenwart ist im wesentlichen eine Zeitkrise. Wenn wir unser Konto mit der Natur ausgleichen wollen, müssen wir das Tempo unserer Wirtschaftstätigkeit so drosseln, daß es sich mit den Zeitplänen der Natur verträgt. Die Staatsschulden sind nämlich ein

Symptom für die Schulden an die Umwelt. Wenn wir weiter die Ressourcen der Erde schneller aufbrauchen, als sie nachwachsen können, werden wir die Ökosysteme erschöpfen und künftige Generationen zwingen, den Preis in Umwelt und Wirtschaft zu zahlen.

Eine Umorientierung der Produktivität von kurzfristigem Nutzeffekt zu langfristiger Haltbarkeit und von einem künstlichen zu einem ökologischen Zeitrahmen wird zu den dringendsten Aufgaben der nächsten Generation gehören, wenn sie die aufkommende neue Zeitpolitik in Angriff nimmt.

Zwar dreht sich das politische Leben der Erde zumeist um die Frage, wie man an die Macht kommt, doch es entstehen Gemeinschaften und Interessengruppen, die sich auf revolutionäre Weise bemerkbar machen. Für sie ist der Zugang zur Macht weniger wichtig als die Zugehörigkeit zu einer Gemeinschaft. Ihre Politik ist die Politik der Empathie und Teilhabe. Diese neuen politischen Gruppen sind weniger an einer Stimme im herrschenden politischen Lager interessiert und mehr an der Entwicklung eines ganz neuen gesellschaftlichen Kontexts außerhalb der bestehenden Ordnung.

Die Ordnung, die sie wollen, ist nicht ausschließend. Sie hat keine Zeitwände zwischen Menschen und keine Zeitzäune, die die Menschheit von der übrigen Natur trennen. In dieser neuen politischen Umgebung bringt Bewußtsein Perspektive hervor, und Perspektive führt zu Empathie, Teilnahme und Annahme. Im alten politischen Raster herrschen Produktivität, Nützlichkeit und Effizienz. Im neuen politischen Raster herrscht die Heiligkeit aller Dinge.

Viele neue Bewegungen sind in den letzten Jahren aufgekommen, und alle vertreten Aspekte einer ökologischen Zeitauffassung. Die Umweltbewegung, die Tierschutzbewegung, die jüdisch-christliche Bewegung des Schöpfungsauftrags, die öko-feministische Bewegung, die ganzheitliche Gesundheitsbewegung, die alternative Landwirtschaftsbewegung, die Bewegung der sanften Technologie, die Bioregionalismus-Bewegung, die Selbstversorgungsbewegung, die wirtschaftliche Demokratiebewegung und die Abrüstungsbewegung sind bekannt.

Wenn die Aktivitäten dieser neuen Bewegungen oft apolitisch wirken, dann nur deshalb, weil ihre Methoden politischen Engagements oft so anders sind als das, was wir inzwischen von neuen Gruppen erwarten, die ja traditionell Zugang zur Macht gesucht haben. Es ist noch ein Rest Interesse an der traditionellen Politik vorhanden, ein Interesse, von den traditionellen Politikern als ihresgleichen anerkannt zu werden; doch es gibt auch eine deutliche Abwendung. Denn diese neuen Gruppen haben die Politik der Gemeinschaftlichkeit im Sinn, im Gegensatz zum Prozeß der Machtpolitik.

Wir neigen dazu, uns politischen Wandel als Reform oder Revolution vorzustellen. Diese neuen Gruppen neigen dazu, sich politischen Wandel als persönliche und kollektive Veränderung vorzustellen. Ihr Interesse liegt nicht darin, die Geschichte zu ändern, sondern darin, das Bewußtsein umzuorientieren. Sie glauben, daß die Umorientierung der Psyche der Umwandlung der institutionellen Umgebung vorausgeht. Viele Angehörige dieser neuen Gruppen drükken ihre Politik durch ihren Lebensstil aus. Für sie reicht Politik weit über Wahlen und Gesetzesentwürfe, Volksabstimmungen und Abberufung gewählter Beamten hinaus. Politik ist ein lebenslanges Engagement für die Aufrechterhaltung eines empathischen Kontexts, in dem Leben sich entfalten kann.

Alle neuen, empathischen Bewegungen teilen eine bleibende Ehrfurcht und Achtung vor den Rhythmen der natürlichen Welt und engagieren sich für die Errichtung einer sozialen Zeitwelt, die sich mit der natürlichen Zeitordnung verträgt und sie ergänzt. Für jede dieser Gruppen kommen die heiligen Rhythmen des Lebens vor den effizienten Rhythmen der Produktion. In diesem Sinn bedeutet ihre bloße Gegenwart eine grundsätzliche Bedrohung für die politische Macht in Ost wie West.

Interessanterweise gibt es Anzeichen dafür, daß ein breiteres Publikum der neuen, ökologischen Zeitpolitik zustimmt. Eine Harris-Umfrage ergab vor etlichen Jahren, daß 79 gegenüber 17 Prozent der Menschen mehr Wert darauf legten, daß man lernte, mehr mit den wesentlichen Dingen zu leben, als »einen höheren Lebensstandard zu erreichen«. 76 gegenüber 17 Prozent würden es vorziehen, »Freude aus nichtmateriellen Erfahrungen« zu schöpfen, statt »unsere Bedürfnisse nach mehr Gütern und Dienstleistungen zu befriedigen«. 59 Prozent meinten, wir sollten »uns wirklich bemühen, die Dinge zu vermeiden, die die Umwelt verschmutzen«, statt »Wege zu finden, um die Umwelt zu reinigen, während die Wirtschaft wächst«. 82 Prozent würden lieber »die Verkehrsmittel verbessern, die wir schon haben« und nur 11 Prozent glaubten, wir »sollten Wege finden, um schneller mehr Orte zu erreichen«. 77 gegenüber 17 Prozent der Amerikaner würden lieber »mehr Zeit aufwenden, einander besser als Menschen kennenzulernen, auf einer persönlichen Basis«, statt »unsere Fähigkeit zur Kommunikation durch bessere Technologie zu verbessern und zu beschleunigen«. Schließlich sagten fast zwei Drittel der Befragten, es sei wichtiger, »mehr innere und persönliche Befriedigung aus der Arbeit zu bekommen«, als »die Produktivität der Arbeit zu steigern«; »große Dinge aufteilen und zu einer humaneren Lebensweise zurückkommen« sollte den Vorrang haben vor der »Entwicklung größerer, effektiverer Arten, Dinge zu tun«; »lernen, menschliche Werte höher zu schätzen als materielle Werte« sollte den Vorrang haben vor »Wege finden, um mehr Arbeitsplätze zu schaffen und mehr Güter zu produzieren«.[2]

Es ist nie eine leichte Sache, Empfindungen in Engagement umzusetzen, besonders wenn es darum geht, das Zeitbewußtsein der Kultur zu wandeln. In einer Welt, die in Geschwindigkeit, Effizienz und Nützlichkeitsdenken verfangen ist, fragt sich, wie man es anstellen soll, die Begriffe Empathie, Teilhabe, Gemeinschaft in das Gemeinwesen einzuführen.

Der Übergang von einer auf Macht gegründeten Politik zu einer auf Empathie gründenden Politik erfordert ein Neuüberdenken der Natur des freien Willens. »Wollen« heißt, sich eine Zukunft vorstellen und seine Energien auf die Erfüllung dieser Vorstellung konzentrieren. Durch weite Teile der westlichen Geschichte haben wir Autonomie gewollt. Wir haben uns eine Reihe von festungsähnlichen Zukünften vorgestellt, in denen künstlich kontrollierte Zeitrahmen den Rhythmen der Natur aufgezwungen werden. Unser höchstes Ziel war es, uns von den festen Grenzen der Natur zu befreien. Wir haben den freien Willen lange damit in Verbindung gebracht, unsere zeitlichen Bindungen an die Ökologie der Erde zu lösen und die Bindungen unserer sozialen Autonomie zu stärken. Soviel philosophische Literatur ist der innigen Beziehung zwischen Willensfreiheit und Autonomie gewidmet, daß sie praktisch bedeutungsgleich geworden sind. Seinen freien Willen ausüben bedeutet inzwischen, Autonomie ausüben. Dadurch, daß wir Willensfreiheit auf diese Weise definiert haben, haben wir unsere Sicht von politischer Zukunft sehr eingeschränkt.

Nun beginnt eine neue Generation, sich zu einer neuen Zukunftsvision vorzutasten. Die Politik des nachatomaren Zeitalters ersetzt den »Willen zur Macht« durch den »Willen zur Empathie«, eine Politik der Wandlung, für die es in der Geschichte nur wenige isolierte Beispiele gibt, die als Vorbilder dienen können.

Vor zweitausend Jahren verbreitete ein Zimmermann aus Galiläa die Botschaft von der Wandlung in Dörfern am Ostrand des Römischen Reiches. In diesem Jahrhundert inspirierten ein schwarzer Prediger aus den amerikanischen Südstaaten und ein zum Mahatma gewordener indischer Anwalt die empathische Vision bei Millionen, als sie die Frohbotschaft der Gemeinschaft verbreiteten und ihre Landsleute aufforderten, eine andere Zukunft für ihr Leben zu wünschen.

Die empathische Auffassung vom freien Willen geht von Annahmen aus, die denen der Machtauffassung genau entgegengesetzt sind. Willensfreiheit wird nicht mehr am Grad der Autonomie gemessen, die man ausübt, sondern am Grad der Gemeinschaft und Teilhabe, den man erlebt.

Es gibt keinen Grund, warum Willensfreiheit weiter an die Vorstellung der Unabhängigkeit gebunden sein muß. Man kann frei sein, um Beziehung statt Selbstgenügsamkeit zu wählen. Der empathische Geist tut genau dies. Er will eine Zukunft des pfleglichen Umgangs statt einer Zukunft der Manipulation. Dazugehören wird wichtiger als Besitzen. Der empathische Zeithorizont ist mit Verantwortlichkeit gesättigt, und jeder Willensakt auf der Zeitlinie ist darauf ausgerichtet, die heiligen Rhythmen des Lebens zu bewahren. Im empathischen Weltbild ist die Natur eine Lebenskraft, nicht ein bloßer Rohstoff. Menschen entscheiden sich, zum Schrittempo der Natur zurückzukehren und ihr langes Streben aufzugeben, der biologischen Welt ein Gefüge künstlicher Zeitzwänge aufzuerlegen. Organische Zeit ist kein zu überwindendes Hindernis mehr und wird statt dessen ein Vorbild, dem man nacheifert, während die politische Ordnung versucht, die sozialen Uhren wieder auf die Zeitzyklen der Natur einzustellen.

In einer empathischen Zeitwelt legt der Geist weniger Wert auf manipulatives Wissen und mehr Wert auf offenbarendes Wissen. Manipulatives Wissen gibt uns Kontrolle, doch auf Kosten der Weisheit. Wir werden geschickte Handwerker und lernen, wie man Oberflächen umarbeitet, ohne ein tiefes Verständnis des Inneren zu gewinnen. Manipulatives Wissen wird immer an den Außenrändern der Wirklichkeit eingesetzt. Offenbarendes Wissen wird immer in der Tiefe erfahren. In einer Welt, wo der Wille nur in der Kunst unterwiesen wird, zu fragen, wie man Dinge besitzt, wird die Zukunft ein immer befremdlicheres Reich, wo Technik die Offenbarung ersetzt. In einer solchen gewollten Welt werden wir mit Erklärungen zufriedengestellt, wie man Dinge ausbeuten kann, statt warum es sie gibt. Wir werden die Macher des Universums.

Was ist also unser letztes Ziel? Wollen wir, daß die Welt neu gemacht wird oder daß sie offenbart wird? Tatsache ist, daß das manipulative Wissen nicht leicht zu offenbarender Erfahrung führt. Das erstere erfordert die Erkenntnis der Kontrolle. Die letztere erfordert die Erkenntnis der Hingabe.

Offenbarung wird in einem Aufgeben, einem Sichausstrekken erlebt. Das Wesen der Dinge wird uns offenbart, wenn wir uns ihnen hingeben wollen, ihnen auf ihre Weise begegnen, sie akzeptieren, wie sie sind. Es ist unmöglich, das Wesen der Dinge zu erleben, wenn man von dem Gedanken besessen ist, sie den eigenen Erwartungen anzupassen. In einem seltsamen, ironischen Sinn ist die Machtzeitwelt, die wir geschaffen haben, tief in Illusionen versunken. Wir begegnen niemals den Dingen, wie sie sind. Statt dessen erfahren wir die Wirklichkeit immer unter der Voraussetzung, wie wir sie gern hätten. In einer Machtzeitwelt weicht das Wesen der Nützlichkeit. Wir machen die Welt ständig neu nach unserem eigenen Bilde, und dabei nehmen wir uns nie die Zeit, die Welt ohne das Beiwerk unserer Illusionen zu erfahren.

In einer empathischen Zeitwelt entspricht unsere Realität der Natur. Wir tauschen Parteilichkeit für Partnerschaft ein und rühmen uns unserer Gemeinschaft mit den vielen Zeitwelten, die das Universum erfüllen.

Wir sind wirklich frei, zwei ganz verschiedene Zukünfte zu wollen. In der ersten suchen wir Kontrolle über die Kräfte der Natur und das Leben der Menschen. In der zweiten suchen wir die Wiedereingliederung in die zeitlichen Grenzen der größeren Lebensgemeinschaften, die die Biosphäre der Erde ausmachen.

Autonomie wollen oder Gemeinschaft wollen. Macht ausüben oder Empathie erleben. Eine künstliche Zeitlichkeit kontrollieren oder zur rhythmischen Welt zurückfinden, die tief in die Seele unseres biologischen Seins eingeprägt ist. Letzten Endes müssen wir uns fragen, was wir von unserer Zukunft wollen. Suchen wir Herrschaft oder Offenbarung? Kontrolle oder Selbsterkenntnis? Zwei Zukünfte erwarten uns, jede mit ihrem eigenen Zeitmandat. Der Wille zur Macht, der Wille zur Empathie. Die Wahl ist unser. Die Zeit ist jetzt.

Anmerkungen

Die neue Nanosekunden-Kultur

1 Vincent E. Giuliano, »The Mechanization of Office Wort«, in *The Information Technology Revolution,* ed. Tom Forester (Cambridge, MIT Press 1985), S. 301. Einige Experten haben geschätzt, daß bis 1988 fast 60 % der amerikanischen Arbeitnehmer mit elektronischen Arbeitsgeräten zu tun haben werden. Gegenwärtig gibt es in den amerikanischen Schulen mehr als 350 000 Computer, und in Wall Street sind ständig fünfmal soviel Computer wie Menschen miteinander im Gespräch. Vgl. Craig Brod, *Technostress* (Reading, MA, Addison-Wesley 1984), S. 1–5.

2 Tracy Kidder, *The Soul of a New Machine* (Boston, Little & Brown 1981), S. 137.

3 Sherry Turkle, *The Second Self: Computers and the Human Spirit* (New York, Simon & Shuster 1984), S. 84.

4 Ibid.

5 Ibid., S. 84–85.

6 Ibid., S. 87. Turkle fügt an: »Jeder weiß, daß das Spiel ›irgendwann‹ zu Ende sein wird, aber ›irgendwann‹ ist potentiell endlos.«

7 Brod, *Technostress,* S. 115–116.

8 Geoff Simons, *Silicon Shock: The Menace of the Computer* (Oxford, Basil Blackwell 1985), S. 165. Für eine tiefergehende historische Analyse der psychischen und sozialen Veränderungen aufgrund der »Technologisierung der Welt« vgl. Walter J. Ong, *Interfaces of the Word: Studies of the Evolution of Consciousness and Culture* (Ithaca, N. Y., Cornell University Press 1977); *Orality and Literacy* (New York, Methuen 1982); Marshall McLuhan, *The Gutenberg Galaxy: The Making of Typographic Man* (Toronto, University of Toronto Press 1962); Harold A. Innis, *Empire and Communications* (Toronto, University of Toronto Press 1972).

9 Brod, *Technostress*, S. 94.

10 Ibid., S. 93. Laut Brod verliert der technozentrierte Computer-Zwangsneurotiker jedes Zeitgefühl – Stunden und Minuten werden bedeutungslos, »weil das gegenwärtige Problem oder Programm Bewußtsein *verbraucht*« (Hervorhebung von mir).

11 Zitiert ibid.

12 Ibid., S. 105.

13 Ibid. Vgl. Simons, S. 116 und Brod, S. 45.

14 David Bolter, *Turing's Man* (Chapel Hill, University of North Carolina Press 1984), S. 101.

15 Ibid.

16 Simons, *Silicon Shock*, S. 113.

17 Brod, *Technostress*, S. 26. Eine Einzelbefragung von 1263 Büroangestellten (im Auftrag der Verbatim Corporation, eines Herstellers von Floppy-Disks) zeigte 1982, daß 63 % der Befragten sich um die Belastung der Augen sorgten und 36 % um die des Rückens. Fast acht von zehn forderten bessere Lichtverhältnisse und 79 % periodische Ruhepausen (S. 31).

18 Jerry Mander, »Six Grave Doubts About Computers«, in *Whole Earth Reveiw 44* (1985), S. 14–15. Vgl. auch David Burnham, *The Rise of the Computer State* (New York, Random House 1982); Robert Sardello, »The Technological Threat to Education« in *Teachers College Record* 85 (Sommer 1984), S. 631–639.

19 Zitiert bei Brod, *Technostress*, S. 126.

20 Ibid. S. 127. Jacques Ellul hat in seiner grundlegenden Arbeit *The Technological Society* (New York, Vintage Books 1964, S. 328–333) darauf hingewiesen, daß die Technik menschliche und biologische Zeit zerreißt und umformt, indem sie Zeit und auch Bewegung kontrolliert.

21 John Davy, »Mindstorms in the Lamplight«, in *Teachers College Report* 85 (Sommer 1984), S. 550. Für eine allgemeinere Besprechung des beschleunigten, gehetzten Tempos des modernen Kindes vgl. David Elkind, *The Hurried Child* (Reading, MA, Addison-Wesley 1981).

22 Harriet K. Cuffaro, »Microcomputers in Education: Is Earlier Better?« in *Teachers College Report* 85 (Sommer 1984), S. 561.

23 Ibid.

24 Ibid., S. 562. Vgl. auch Hubert L. Dreyfus und Stuart E. Dreyfus, »Putting Computers in Their Proper Place: Analysis Versus Intuition in the Classroom« in *Teachers College Record* 81 (Sommer 1980), S. 578–601; Hope Jensen Leichter, »A Note on Time and Education« in *Teachers College Report* 81 (Frühjahr 1980),

S. 360–370. Vgl. Seymour Papert, *Mindstorms: Children, Computers, and Powerful Ideas* (New York, Basic Books 1980).
25 Zitiert bei Brod, *Technostress*, S. 129–130.
26 Zitiert ibid.
27 Mander, »Six Grave Doubts«, S. 18–19.

Chronobiologie: Die Uhr, nach der wir gehen

1 G. J. Whitrow, *The Natural Philosophy of Time* (Oxford University Press 1980), S. VII. Etwa drei Jahrzehnte später fügte Karl von Frisch hinzu, er kenne kein anderes Lebewesen, das so leicht lerne wie die Biene, wann es nach seiner »ewigen Uhr« Zeit sei, zu Tisch zu kommen. Karl von Frisch, *Tanzsprache und Orientierung der Bienen* (Berlin, Springer 1965).
2 Colin Pittendrigh, »On Temporal Organization in Living Systems« in *The Future of Time*, ed. Henry Yaker et al. (New York, Anchor/Doubleday 1972), S. 196–197.
3 Ibid., S. 197.
4 Diese bahnbrechende Studie wurde 1955 abgeschlossen und in der Zeitschrift *Naturwissenschaften* von dem Biologen M. Renner dargestellt, Nr. 42 (1955), S. 540–541. Vgl. auch Winthrow, op. cit., S. 133.
5 Es gibt viele gut bekannte und gut beobachtete Daten über Vögel, die jedes Jahr genau am gleichen Tag in ihr Sommerquartier kommen. Neben den Schwalben von Capistrano kehrt der weniger berühmte Putengeier Ohios jeden Frühling genau am fünfzehnten März aus dem Süden zurück.
6 Whitrow, op. cit., S. 141. 1758 wiederholte ein anderer Franzose, Henri-Louis Duhamel du Monceau, Mairans Experiment und bestätigte nicht nur die Fähigkeit der Pflanze, die Zeit in der Dunkelheit zu messen, sondern auch die, dies unabhängig von der Temperatur zu tun.
7 Ibid., S. 143–144.
8 C. P. Richter, »Psychopathology of Periodic Behavior in Animals and Man« in *Comparative Psychopathology*, ed. J. Zubin et al. (New York, Grune & Stratton 1967). Vgl. auch Gay Gaer Luce, *Biological Rhythms in Human and Animal Physiology* (New York, Dover Publications 1971), S. 15 sowie Body Time: *Physiological Rhythms and Social Stress* (New York, Bantham 1973), S. 138, 190–191, 213–215.
9 John Orme, »Time: Psychological Aspects – Time Rhythms, and

Behavior« in *Making Sense of Time*, ed. Tommy Carlstein et al. (New York, John Wiley & Sons 1978), S. 67.

10 Leonhard W. Doob, *Patterning of Time* (New Haven, Yale University Press 1971), S. 69–70. Vgl. auch Jürgen Aschoff, »Circadian Rhythms in Man« in *Science* 148 (1965), S. 1427–1432. Auf einer mehr sozialen oder psychologischen Ebene entspricht die Idee »das Richtige zur richtigen Zeit« zu tun, dem griechischen Begriff *kairos*. Die Zeit des Kairos ist gleichzeitig teilnehmend und empathisch.

11 Whitrow, op. cit., S. 146.

12 Ibid.

13 Ibid. Es gibt eine ganze Palette periodischer Phänomene, für die es keinen normal beobachtbaren äußeren Reiz oder Zeitgeber gibt. Diese endogenen biologischen Rhythmen sind vielleicht nicht allein durch den »Umweltzyklus«, sondern auch durch die stetig laufende Uhr des Tieres bestimmt. Vgl. etwa Martin C. Moore-Ede et al., *The Clocks That Time Us: Physiology of the Circadian Timing System* (Cambridge, Harvard University Press 1982), S. 51–81.

14 E. T. Pengelley und K. C. Fisher, »The Effect of Temperature and Photoperiod on the Yearly Hibernating Behavior of Captive Golden-Manteled Ground Squirrels« in *Canadian Journal of Zoology* 41 (1963), S. 1103–1120.

15 Vgl. F. A. Brown, »A Unified Theory for Biological Rhythms« in *Circadian Clocks* (Amsterdam, North Holland 1965), S. 231–261. Ein ganzes Kapitel ist Browns bahnbrechender Arbeit in Richie Wards Buch gewidmet: *The Living Clocks* (New York, Alfred A. Knopf 1971), S. 259–278.

16 Zitiert in Luce, *Rhythms*, S. 12–13.

17 Orme, »Time«, S. 66.

18 Martin C. Moore-Ede et al., op. cit., S. 319–320.

19 Die sozialen und psychologischen Auswirkungen der Sommerzeit sind viel weitreichender, als man denken könnte. Für eine detaillierte Studie der sozialen und historischen Ursprünge der Sommerzeit vgl. Oliver B. Pollack, »Efficiency, Preparedness, and Conservation: The Daylight Savings Time Movement« in *History Today* 31 (1981), S. 5–9.

20 Vgl. Len Hilts, »Clocks That Make Us Run« in *Omni* (Sept. 1984), S. 52–54. Vgl. auch W. Herbert, »Punching the Biological Timeclock« in *Science News*, 31. 7. 1982, S. 69.

21 Hilts, op. cit., S. 52.

22 J. N. Mills »Transmission Processes Between Clock and Manifes-

tations« in *Biological Aspects of Circadian Rhythms,* ed. J. N. Mills (New York, Plenum Press 1973), S. 57.

23 Luce, *Rhythms,* S. 48. Dieser besondere Rhythmus (die Glykogenkurve) ist sehr wichtig für Ärzte, um Diabetes zu behandeln und Reaktionen auf Gifte und Medikamente zu verstehen.

24 Ibid., S. 10. Vgl. auch Luce, *Body Time,* S. 15–16, 31–32.

25 Ibid., S. 56.

26 Ibid. Vgl. auch T. Wilkinson, »Evoked Response and Reaction Time« in *Acta Psychologica* 27 (1967), S. 235–245.

27 Hudson Hoagland, »Some Biochemical Considerations of Time« in *The Voices of Time,* ed. J. T. Fraser (Amhurst, University of Massachusetts Press 1981), S. 312–329.

28 John Cohen, *Psychological Time in Health and Disease* (Springfield, Ill., Charles C. Thomas 1967), S. 30. Vgl. auch Michel Siffre *Beyond Time* (New York, McGraw-Hill 1964).

29 Luce, *Rhythms,* S. 5.

30 Zitiert in Hilts, »Clocks«, S. 100.

31 Zitiert ibid., S. 52.

32 Ibid.

33 J. G. Bohlen, »Circadian and Circannual Rhythms in Eskimos« (Forschungsbericht, University of Wisconsin, Madison 1969).

34 Joost A. M. Meerloo, *Along the Fourth Dimension* (New York, John Day Co. 1970), S. 79.

35 Boyce Rensberger, »Spring Fever Not Imaginary, Study Finds«, *Washington Post,* 11. 3. 1985, S. A5.

36 Ibid.

37 Meerloo, op. cit., S. 67. Vgl. auch K. Hammer, »Experimental Evidence for the Biological Clock« in *The Voices of Time,* cit., sowie Sharon Sharp, »Biological Rhythms and the Timing of Death« in *Omega* 12 (1981–1982), S. 15–23 und George L. Engel, »The Need for a New Model: A Challenge for Biomedicine« in *Science* 196 (8. 4. 1977), S. 129–136 sowie Gina Kolata, »Heart Attacks at 9 AM« in *Science* 233 (25. 7. 1986), S. 417–418.

38 W. S. Condon und W. D. Ogston, »Sound Film Analysis of Normal and Pathological Behavior Patterns« in *The Journal of Nervous and Mental Disease* 143 (1966), S. 338–346.

39 W. S. Condon, »A Primary Phase in the Organization of Infant Responding Behavior« in *Studies in Mother-Infant Interaction,* ed. H. R. Schaffer (New York, Academic Press 1977), S. 167. Vgl. auch Alexander Thomas et al., »The Origin of Personality« in *Scientific American* 223 (1970), S. 104; Luce, *Rhythms,* S. 38; Esther Thelen, »Rhythmical Behavior in Infancy: An Ethological Perspective« in *Development Psychology* 17 (1981), S. 237–257.

40 Vgl. etwa Sigmund Freud, *Das Unbehagen in der Kultur* (Frankfurt/Hamburg, Fischer 1953) und N. O. Brown, *Life Against Death* (Middletown, Conn., Wesleyan University Press [2]1986) sowie Herbert Marcuse, *Triebstruktur und Gesellschaft* (Frankfurt/M., Suhrkamp 1979). Es gibt eine Reihe von Büchern, die speziell die Psychologie des Zeitbewußtseins behandeln. Einige der besseren sind: Paul Fraisse, *Psychologie der Zeit* (München/Basel, Reinhardt 1985); Robert E. Ornstein, *On the Experience of Time* (Baltimore, Penguin Books 1969); Bernard S. Gorman/Alden E. Wessmann (ed.), *The Personal Experience of Time* (New York, Plenum Press 1977); Frederick Towne Melges, *Time and the Inner Future* (New York, John Wiley & Sons 1982); Matthew Edlund, *Psychological Time and Mental Illness* (New York, Gardner Press 1986).

41 Edmund Bergler/Géza Roheim, »Psychology of Time Perception« in *Psychoanalytic Quarterly* 15 (1946), S. 198. Vgl. J. T. Frasers Bemerkungen zu Freud in Fraser, *Of Time, Passion, and Knowledge* (New York, George Braziller 1975), S. 278–294. Vgl. auch Edmund Bergler, »Psychoanalysis of the Ability to Wait and of Impatience« in *Psychoanalytic Review* 26 (1939), S. 11–32; Louis Schneider, »The Deferred Gratification Pattern: A Preliminary Study« in *American Sociological Review* 18 (1953), S. 142–149; M. Guy Thompson, *The Death of Desire* (New York University Press 1985), S. 118–135.

42 Freud, *Das Unbehagen in der Kultur* (Frankfurt, Fischer 1953), S. 133. Für eine eher existentielle Sicht der Beziehung zwischen libidinösem Trieb und Zeitlichkeit vgl. Alphonso Lingis, *Libido: The French Existential Theories* (Bloomington, University of Indiana Press 1985), S. 66–69 und 75–80.

43 Lawrence Joseph Stone/Joseph Church, *Childhood and Adolescence/A Psychology of the Growing Person* (New York, Random House 1957), S. 184. Vgl. auch Thomas J. Cottle/Stephen Klineberg, *The Present of Things Future* (New York, The Free Man Press/Macmillan 1974), S. 70–101.

44 Vgl. Melvin Wallace/Albert I. Rabin, »Temporal Experience« in *Psychological Bulletin* 57 (1960), S. 213–236.

45 Cottle/Klineberg, op. cit., S. 93.

Anthropologische Zeitzonen

1 Daniel J. Boorstin, *The Discoverers* (New York, Random House 1983), S. XVII. John O'Neill befaßt sich in seiner einfühlsamen

Kritik gegenwärtiger Entwicklungen in der kritischen Theorie mit der Vorstellung menschlicher Zeit *innerhalb* des historischen Kontexts. Wir müssen uns an die Vergangenheit erinnern und ihr Körper geben, wenn wir die Gegenwart oder Zukunft kritisch besprechen wollen. Die Rolle des Erinnerns ist ein wesentliches Werkzeug für den sozial bewußten Historiker, wie O'Neill darlegt; es sollte nicht nachlässig oder ohne die Hilfe eines scharfen *historischen* Gedächtnisses angewandt werden. Milan Kundera hat im literarischen Genre ebenfalls die »Politik des Gedächtnisses« angesprochen. Vgl. John O'Neill, »Critique and Remenbrance« in *On Critical Theory,* ed. ders. (New York, Seabury Press 1976). S. 1–11; Milan Kundera, *Das Buch vom Lachen und vom Vergessen* (Frankfurt/M., Suhrkamp 1980). Für eine eigens über Zeitlichkeit und Gedächtnis geschriebene Besprechung vgl. Steinar Kvale, »The Temporality of Memory« in *The Journal of Phenomenological Psychology* 5 (1974), S. 7–31.

2 Immer mehr Literatur befaßt sich mit Zeit, Zeitlichkeit und der wachsenden »Pünktliehkeit der Familie«. Die Ökologie der Familie – Eltern zu Kindern, Geschwister untereinander – hat viele faszinierende zeitliche Dimensionen. Vgl. z. B. Fred Darnley, »Periodicity in the Family: What Is It and How Does It Work?« in *Family Relations* 30 (1981), S. 31–37; Ronald Cromwell/Bradford Keeney/Bert N. Adams »Temporal Patterning in the Family« in *Family Process* 15 (1975), S. 345–347; David Kantor/William Lehr, *Inside The Family: Toward a Theory of Family Process* (San Francisco, Jossey-Bass Publishers 1975), besonders S. 43–84.

3 Edward T. Hall, *The Dance of Life: The Other Dimension of Time* (New York, Anchor/Doubleday 1973), S. 170.

4 Lois Pratt, »Business Temporal Norms and Bereavement Behavior« in *American Sociological Review* 46 (1981), S. 317–333.

5 Robert McCaffery, *Managing the Employee Benefits Program* (New York, American Management Association 1972), S. 125.

6 Pratt, op. cit., S. 326.

7 Ibid., S. 330–331.

8 Ibid., S. 327.

9 Ibid.; vgl. auch Robert Fulton, »The Sacred and the Secular: Attitudes of the American Public Toward Death and Funeral Directors« in *Death and Identity* ed. ders. (New York, John Wiley & Sons 1965), S. 89–105; David Stannard, *The Puritan Way of Death* (New York, Oxford University Press 1977).

10 Zit. bei Thomas Cottle/Stephen Klineberg, *The Present of Things Future* (New York, The Free Press/Macmillan 1974), S. 168.

11 P. M. Bell, »Sense of Time« in *New Science* 15 (1975), S. 406. Ähnliches Verhalten haben Kinder von australischen Aboriginals gezeigt. Obwohl diese Kinder insgesamt von ähnlicher geistiger Kapazität wie weiße Kinder sind, finden sie es außerordentlich schwierig, die Zeit von der Uhr abzulesen. Vgl. etwa C. J. Whitrow *The Natural Philosophy of Time*, cit., S. 55.

12 Pitirim A. Sorokin/Robert K. Merton, »Social Time: A Methodological and Functional Analysis« in *The American Journal of Sociology* 42 (1937), S. 619.

13 Zitiert bei E. P. Thompson, »Time, Work-Discipline, and Industrial Capitalism« in *Past and Present* 38 (1967), S. 58. Jede Tiefenstudie primitiver Kulturen sollte die tiefe Beziehung der Primitiven zur Zeit und zu Naturereignissen beleuchten. Mircea Eliade hat zum Beispiel diesen Bereich in seiner philosophischen Anthropologie anhand der Kategorien »heilig« und »profan« ausführlich besprochen. Stanley Diamonds anthropologische »Suche nach dem Primitiven« hat ebenfalls Einblicke in das Zeitbewußtsein der frühen Menschen ergeben. Vgl. Eliade, *Das Heilige und das Profane* (Frankfurt, Insel 1984) und Stanley Diamond, *In Search of the Primitive* (New Brunswick, N. J., Transaction Books 1981), S. 203–226.

14 Zitiert bei Amos Hawley, *Human Ecology* (New York, Ronald Press 1950), S. 296–297.

15 Robert Levine/Ellen Wolff, »Social Time: The Heartbeast of Culture« in *Psychology Today* 19 (1985), S. 28–30.

16 Ibid., S. 30.

17 Eviatar Zerubavel, *Hidden Rhythms: Schedules and Calendars in Social Life* (Chicago University Press 1981), S. 49–50.

18 A. Irving Hallowell, »Temporal Orientation in Western Civilization and in a Preliterate Society« in *American Anthropologist* 39 (1937), S. 652.

19 Hawley, op. cit., S. 300.

20 Zitiert bei Sorokin/Merton, op. cit., S. 621–622. Die taoistische Sicht ist sehr ökologisch, denn die Rhythmen der Erde werden sorgfältig beobachtet und respektiert. Für eine zeitliche, historische und religiöse Exegese der taoistischen Kosmologie vgl. R. G. H. Siv, *Chi: A Neo-Taoist Approach to Life* (Cambridge, MA, MIT Press 1974). Für die Beziehung zwischen Ökologie und Taoismus vgl. Russell Goodman, »Taoism and Ecology« in *Environmental Ethics* 2 (1980), S. 73–80.

21 Sorokin/Merton, op. cit., S. 621–622.

22 Hall, op. cit., S. 172.

23 Ibid.
24 Ibid.
25 Zitiert bei Zerubavel, op. cit., S. 16.
26 Robert Knapp/John Garbutt, »Time Imagery and Achievement Motive« in *Journal of Personality* (1958), S. 427–428. Vgl. auch Knapp/Garbutt, »Variation in Time Descriptions and Need Achievement« in *The Journal of Social Psychology* 67 (1965), S. 269–272.
27 Hallowell, op. cit., S. 649–650.
28 Ibid.
29 Zitiert bei Levine/Wolff, op. cit., S. 34.
30 Ibid.
31 Hall, op. cit., S. 154.
32 Ibid., S. 154–155.
33 Ibid., S. 155.
34 Ibid., S. 150.
35 Ibid.
36 Oren Lyons, »An Iroquois Perspective« in *American Indian Environments: Ecological Issues in Native American History*, ed. Christopher Yecsey/Robert Venables (New York, Syracuse University Press 1980)

Kalender und Treffer

1 Zitiert in Stephen Kern, *The Culture of Time and Space 1880–1918* (Cambridge, MA, Harvard University Press 1983), S. 19–20.
2 Pitirim A. Sorokin, *Sociocultural Causality, Space, Time* (New York, Russell & Russel 1964), S. 173. Vgl. auch Rudolf Rezsöházy, »The Concept of Social Time: Its Role and Development« in *International Social Science Journal* 24 (1972), S. 26–36.
3 Eviatar Zerubavel, *Hidden Rhythms*, S. 73.
4 Zitiert ibid., S. 74.
5 Ibid.
6 Ibid. Der jüdische Sabbat hat durch die gesamte Geschichte als außerordentlich bedeutsame symbolische Funktion gedient. Die Einhaltung des Sabbat spiegelt nicht nur das tiefsitzende Bedürfnis der Juden, sich von ihrer nichtjüdischen Umwelt abzuheben, sondern sie betont auch ihre Einzigartigkeit als soziale Gruppe.
7 Daniel J. Boorstin, *The Discoverers*, cit., S. 597–598.
8 Lawrence Wright, *Clockwork Man* (New York, Horizon Press 1969), S. 47.
9 Eviatar Zerubavel, »Easter and Passover: On Calendars and Group

Identity« in *American Sociological Review* 47 (April 1982), S. 287–288.

10 Zitiert ibid., S. 287.

11 Ibid., S. 288. Vgl. auch Eviatar Zerubavels neue Arbeit über die soziale und politische Funktion der Sieben-Tage-Woche, *The Seven Day Circle* (New York, The Free Press/Macmillan 1985).

12 Thomas Darby, *The Feast: Meditation on Politics and Time* (Toronto, University of Toronto Press 1982), S. 59.

13 Zerubavel, *Hidden Rhythms* S. 85. Für eine traditionellere und dennoch lehrreiche Interpretation der politischen Säkularisierung der öffentlich-religiösen Sphäre vgl. Hannah Arendt, *Between Past and Future* (New York, Penguin Books 1977), S. 63–75.

14 Zerubavel, *Hidden Rhythms* S. 89–90.

15 Ibid., S. 90–91.

16 Ibid., S. 92.

17 Vgl. zum Beispiel Sebastian de Grazia, *Of Time, Work, and Leisure* (New York, The Twentieth Century Fund 1962), S. 119.

Zeitpläne und Uhren

1 George Woodcock, »The Tyranny of the Clock« in *Politics* 1 (1944), S. 265–266.

2 Sebastian de Grazia, op. cit., S. 41.

3 Zitiert ibid., S. 54.

4 *Die Benediktsregel – Eine Anleitung zum christlichen Leben*, ed. Georg Holzherr Abt von Einsiedeln (Zürich, Benziger 1980), Kap. 48.

5 Ibid., Kap. 8 [Anm. d. Ü.: Quellenangabe im Original falsch]

6 Eviatar Zerubavel, *Hidden Rhythms*, S. 33.

7 *Die Benediktsregel*, Kap. 22.

8 Zerubavel, op. cit., S. 32.

9 Reinhard Bendix, *Max Weber* (Garden City, N. Y., Anchor 1962), S. 318.

10 Zitiert bei Lawrence Wright, *Clockwork Man*, cit., S. 208.

11 Daniel J. Boorstin, *The Discoverers*, cit., S. 38.

12 Wright, op. cit., S. 62.

13 David Landes, *Revolution in Time* (Cambridge, MA, Harvard University Press 1983), S. 194.

14 F. C. Haber: »The Cathedral Clock and the Cosmological Metaphor« in *The Study of Time* II, ed. J. T. Fraser et al. (New York, Springer 1975), S. 401.

15 Ibid.

16 Woodcock, »Tyranny of the Clock«, S. 266. Die Wissenschaft, Geschichte und Kunst des Uhrenbaus wird gemeinhin Horologie genannt. Die Horologen haben in ihrem Studium der Geschichte und Entwicklung von Uhren einen Reichtum relevanten Materials zusammengetragen. Vgl. etwa Carlo Cippola, *Clocks and Culture 1300–1700* (New York, Walker 1967); Joseph Needham/Wang Ling/Derek J. de Solla Price, *Heavenly Clockwork: The Great Astronomical Clocks of Medieval China* (Cambridge, MA. At the University Press 1960); Daniel W. Hering, *The Lure of the Clock* (New York University Press 1932); Eric Bruton, *The History of Clocks and Watches* (London, Orbis 1979).

17 Wright, op. cit., S. 62

18 Ibid.

19 Lewis Mumford, *Technics and Civilization* (New York, Harcourt, Brace & World 1934), S. 15.

20 Landes, op. cit., S. 16.

21 Ibid., S. 72–73.

22 Jacques Le Goff, *Time, Work and Culture in the Middle Ages* (Chicago, The University of Chicago Press 1980), S. 59. Deutsche, gekürzte Ausgabe: *Für ein anderes Mittelalter – Zeit, Arbeit und Kultur im Europa des 5.–15. Jahrhunderts* (Frankfurt/M., Ullstein 1984).

23 Zitiert in Jack Goody, »Time: Social Organization« in *International Encyclopaedia of the Social Sciences*, Bd. 16, ed. David Sills (New York, The Free Press/Macmillan 1968), S. 38–39.

24 Vgl. Mumford op. cit., S. 16.

25 Landes, op. cit., S. 12. Für eine viel breitere Besprechung der Rolle der Uhr bei der Ausformung des abendländischen Bewußtseins und der abendländischen Kultur vgl. Samuel Macey, *Clocks and the Cosmos* (Hamden, Conn., Archon Books 1980).

Zeitpläne und Fabrikdisziplin

1 Sebastian de Grazia, op. cit., S. 59.

2 Sidney Pollard, *The Genesis of Modern Management* (Cambridge, Harvard University Press 1965), S. 161.

3 Ibid., S. 162.

4 Ibid., S. 161.

5 Ibid., S. 173.

6 Daniel J. Boorstin, *The Discoverers*, S. 72.

7 Wilbert E. Moore, *Man, Time, and Society* (New York, John Wiley & Sons 1963), S. 28.

8 Lawrence Wright, op. cit., S. 118–119.
9 E. P. Thompson, »Time, Work-Discipline and Industrial Capitalism« in *Past and Present* 38 (1967), S. 81.
10 Ibid., S. 82.
11 Ibid.
12 Ibid.
13 Pollard, op. cit., S. 184.
14 Ibid., S. 184.
15 Anonymus, *Chapters in the Life of a Dundee Factory Boy* (Dundee 1887), S. 10.
16 Pollard, op. cit., S. 185. In den Minen von Cumberland zum Beispiel begannen Kinder im Alter von 5 bis 7 zu arbeiten, und noch 1842 waren 250 der 1400 Arbeiter in den Minen von Lonsdale unter 18.
17 Ibid., S. 188.
18 Ibid.
19 Ibid., S. 91.
20 Thompson, op. cit., S. 87.
21 Ibid.
22 Zitiert ibid., S. 84.
23 Ibid., S. 85.
24 Wright, *Clockwork Man*, S. 121.

Programme und Computer

1 Vgl. Gene Bylinsky/Alicia Hills Moore, »Flexible Manufacturing System« in *The Information Technology Revolution*, ed. Tom Forester (Cambridge, MA, MIT Press 1985), S. 187–289. Obwohl Japans »fünfte Generation« bemerkenswerte »Fortschritte« in der Computerisierung der Fabrik macht, sollte auch ihre jüngste Forschung zu »Künstlicher Intelligenz« zur Kenntnis genommen werden. Vgl. etwa Edward A. Feigenbaum/Pamela McCorduck, *The Fifth Generation: Artificial Intelligence and Japan's Computer Challenge to the World* (New York, New American Library 1984).
2 Ibid.
3 Marshal McLuhan, Understanding Media: The Extensions of Man (New York, McGraw-Hill 1965), S. 346. Siehe auch McLuhans Besprechung von Uhren im gleichen Text, S. 145–156.
4 David Bolter, *Turing's Man* (Chapel Hill, The University of North Carolina Press 1984), S. 101.

5 Ibid., S. 102.
6 Ibid.
7 Ibid., S. 102–103.
8 Sherry Turkle, *The Second Self: Computers and the Human Spirit*, cit., S. 13.

Die effiziente Gesellschaft

1 Harry Braverman, *Labor and Monopoly Capital* (New York, Montly Review Press 1974), S. 70.
2 Adam Smith, *The Wealth of Nations* (New York, New Modern Library 1937), S. 7.
3 Samuel H. Macey, *Clocks and the Cosmos: Time in Western Life and Thought* (Hamden, Conn., Archon Books 1980), S. 35.
4 Zitiert ibid.
5 Daniel Bell, »The Clock Watchers: Americans at Work«, in *Time*, 8. Sept. 1975, S. 55.
6 Macey, op. cit., S. 36.
7 Bell, op. cit., S. 55.
8 Braverman, op. cit., S. 88.
9 Ibid., S. 88.
10 Frederick Taylor, *The Principles of Scientific Management* (New York, W. W. Norton 1947), S. 37–38.
11 Ibid., S. 235–236.
12 Ibid., S. 39, 63.
13 Braverman, op. cit., S. 173–174.
14 Ibid., S. 177.
15 Ibid., S. 178.
16 Ibid., S. 321.
17 Stephen Kern, op. cit., S. 12.
18 Ibid.
19 David S. Landes, *Revolution in Time*, cit., S. 285–286.
20 Ibid., S. 286.
21 Ibid.
22 Kern, op. cit., S. 13.
23 Robert H. Lauer, »Temporality and Social Case of the 19th Century in China and Japan«, in *The Sociological Quarterly* 14 (1973) S. 452–453.
24 Ibid., S. 453. Vgl. auch Chung-ying Cheng, »Greek and Chinese Views on Time and the Timeless«, in *Philosophy East and West* 24 (1974), S. 155–159.
25 Ibid., S. 454. Für eine ausgezeichnete Darstellung des chinesischen

Zeitbewußtseins und der starken zeitlichen Orientierung an der Vergangenheit vgl. Joseph R. Levenson, *Confucian China and Its Modern Fate: A Trilogy* (Berkeley, The University of California Press 1968).

26 Zitiert ibid.

27 Ibid.

28 Ibid., S. 457.

29 Nyozekan Hasegawa, *The Japanese Character* (Tokyo, Kodansha International 1965), S. 101–102.

30 Lauer, op. cit., S. 461. Mehrere Sinologen haben darauf hingewiesen, daß Japans Tokugawa-Periode die asiatische Entsprechung der Ära der »protestantischen Ethik« im Westen war. Vgl. etwa Robert Bellah, *Tokugawa Religion* (New York, The Free Press/Macmillan 1957). Es scheint offensichtlich, daß fast alle Gesellschaften, die sich industrialisieren, die Art von Einstellungen entwickeln, die Weber in seinem klassischen Werk bespricht.

31 Ibid., S. 458. Vgl. auch W. Caudhill/H. A. Scarr, »Japanese Value Orientations and Culture Change«, in *Ethology* 1 (1962), S. 53–91; Marius Jansen, *Changing Japanese Attitudes Towards Modernization* (Princeton University Press 1965); Hajime Nakamura, »Time in Indian and Japanese Thought«, in *The Voices of Time*, cit., S. 77–91.

32 Craig Brod, *Technostress*, cit., S. 39–40. Für einen allgemeinen Überblick über die Wirkungen der Automation in bezug auf die Zeit vgl. George Soule, *What Automation Does to Human Beings* (New York, Arno Press 1977), S. 86–101, 130–146.

33 Christopher Rawlence, ed., *About Time* (London, Jonathan Cape 1985), S. 39.

34 Ibid.

35 Brod, op. cit., S. 45.

36 Ibid.

37 Ibid.

38 Rawlence, op. cit., S. 39.

39 Vic Sussman, »Going Nowhere Fast«, *Washington Post Magazine*, 7. Sept. 1986, S. 77.

Der zeitlose Staat

1 Frederick L. Polak, *The Image of The Future*, Bd. 1 (Leiden, A. W. Sitjhoff 1961), S. 49.

2 S. G. F. Brandon, *History, Time and Deity* (New York, Barnes & Noble 1965), S. 206.

3 Jean Guitton, *Man in Time* (Notre Dame, Ind., The University of Notre Dame Press 1966), S. 28–35. Vgl. auch Martin Buber, *Pfade in Utopia* (Heidelberg, Schneider 1950); Norman Cohn, *The Pursuit of the Millenium* (New York, Harper & Row 1961); Wilbert E. Moore, *Man, Time, and Society* (New York, John Wiley & Sons 1963), S. 151–152; John Passmore, *The Perfectibility of Man* (New York, Charles Scribner's Sons 1970), S. 304–327.
4 André Neher, »The View of Time and History in Jewish Culture«, in *Cultures and Time*, ed. L. Gardet et al. (Paris, The Unesco Press 1976), S. 149–155.
5 Polak, op. cit., S. 174–180.
6 Neher, op. cit., S. 155–156.
7 Polak, op. cit., S. 177.
8 Daniel J. Boorstin, *The Discoverers*, cit., S. 567.
9 Polak, op. cit., S. 185.
10 Ibid., S. 159.
11 Ibid., S. 163.
12 Mircea Eliade, *The Myth of the Eternal Return* (Princeton, N. J., Princeton University Press 1954), S. 105–107.
13 Ibid., S. 107. Vgl. auch J. L. Russell, »Time in Christian Thought«, in *The Voices of Time*, cit., S. 59–76.
14 Polak, op. cit., S. 152. Vgl. Römer 14, 17 und 1 Kor. 15, 50.
15 Brandon, op. cit., S. 26–27.
16 Ibid., S. 27.
17 Polak, op. cit., S. 168–171.
18 Ibid., S. 168–170.
19 Ibid., S. 147–151.
20 Wendell Bell/James A. Mau, »Images of the Future: Theory and Research Strategies«, in *Theoretical Sociology*: Perspectives and Developments, *ed. Edward A. Tiryakian* (New York, Appleton, Century, Crofts Meredith 1970), S. 213.

Das Bild des Fortschritts

1 Frederick L. Polak, *The Image of the Future* 1, cit., S. 202.
2 Jacques Le Goff, op. cit., S. 59.
3 Ibid., S. 59–61.
4 Ricardo J. Quinones. *The Renaissance Discovery of Time* (Cambridge, MA., Harvard University Press 1972), S. 59.
5 Le Goff, op. cit., S. 51.
6 Ibid., S. 29.
7 Ibid., S. 61. *Nihil inde sperantes.*

8 Ibid.
9 Ibid., S. 30.
10 Zitiert bei William J. Bouwsma, »Anxiety of the Formation of Early Modern Culture«, in *After the Reformation*, ed. Barbara Coralament (Philadelphia, The University of Pennsylvania Press 1980), S. 230.
11 Francis Bacon, *Novum Organum*, Buch 1, Aphorismus 2.
12 Jean Houston: »Prometheus Rebound: An Inquiry into Technological Growth and the Psychology of Change« in *Alternatives to Growth*, ed. Dennis Meadows (Cambridge, Bollingen 1977), S. 274.
13 John Herman Randall, *The Making of the Modern Mind* (Cambridge, Houghton Mifflin 1940), S. 241.
14 Zitiert ibid., S. 241–242.
15 Zitiert in Leo Strauss, *Natural Rights and History* (Chicago, The University of Chicago Press 1953), S. 258.
16 Adam Smith, *An Inquiry into the Nature and Causes of the Wealth of Nations* (London, Methuen 1961), S. 475.
17 Stephen Kern, *The Culture of Time and Space*, cit., S. 95.
18 J. B. Priestley, *Man and Time* (New York, Dell 1964), S. 164.
19 Lawrence Wright, *Clockwork Man*, cit., S. 126.
20 Ibid., S. 128.
21 Ibid., S. 149.
22 Daniel Bell, »The Clock Watchers«, cit., S. 55.
23 Wright, op. cit., S. 154.
24 Ibid., S. 159.
25 Ibid., S. 158.
26 Ibid., S. 112. Laut Wright galt London als die »am schlechtesten beleuchtete« Hauptstadt Europas, bis die Stadt 1736 Fischöllampen einzusetzen begann. Am Ende des Jahrzehnts »gab es 15 000 ›Gemeindelampen‹, die das ganze Jahr hindurch mit Fischöl brannten« (107). »Selbst dann«, sagt Wright, »war das Nachtleben nichts für einen respektablen Bürger.«
27 Zitiert bei Kern, op. cit., S. 29.
28 Marquis de Condorcet, »Outline of an Historical View of Progress of the Human Mind«, zitiert in John Hallowell, *Main Currents in Modern Political Thought* (New York, Holt, Rinehart & Winston 1950), S. 132.

Die Vision simulierter Welten

1 Sherry Turkle, *The Second Self*, cit., S. 267.
2 Zitiert bei Craig Brod, op. cit., S. 8.

3 David Bolter, op. cit., S. 187–188.

4 Edward A. Feigenbaum, *The Fifth Generation: Artificial Intelligence and Japan's Computer Challenge to the World* (New York, New American Library 1984), S. 251.

5 Ibid., S. 15. Für eine mehr philosophische Behandlung der Künstlichen Intelligenz vgl. Herbert A. Simon, *The Sciences of the Artificial* (Cambridge, MIT Press 1969); Gary Clark, »Artificial Intelligence and Philosophers«, in *Philosophy Today* 29 (1985), S. 326–331. Drei ausgezeichnete Besprechungen fassen jüngste Trends in der KI zusammen: Frank Rose, *Into the Heart of Mind: An American Quest for Intelligence* (New York, Harper & Row 1984); Roger Schank, *The Cognitive Computer: On Language, Learning, and Artificial Intelligence* (Reading, MA, Addison-Wesley 1984); Donald Michie, »Current Developments in Artificial Intelligence and Expert Systems«, in *Zygon* 20 (1985), S. 375–390.

6 Ibid., S. 11.

7 Ibid.

8 Ibid., S. XVI. Vgl. auch Theodore Rozaks neue Besprechung über Computer und den bequemen Zugriff auf Wissen in *The Cult of Information* (New York, Pantheon 1986).

9 Yoneji Masuda, *The Information Society* (Washington, D. C., World Future Society 1980), S. 3.

10 Ibid., S. 148.

11 Ibid.

12 Ibid., S. 74.

13 Ibid., S. 71.

14 Turkle, op. cit., S. 307.

15 Ibid.

16 Bolter, op. cit., S. 224.

17 Ibid., S. 225. Vgl. Herbert Dreyfus, *What Computers Can't Do: A Critique of Artificial Reason* (New York, Harper & Row 1972).

18 Erich Jantsch, *The Self-Organizing Universe: Scientific and Human Implications of the Emerging Paradigm of Evolution* (New York, Pergamon Press 1980), S. 263.

19 Ibid., S. 265.

20 Ibid., S. 271.

21 Ibid. Man beachte im gleichen Zusammenhang Michel Foucaults Kritik an der Politik der »Biomacht« in der Macht-Wissen-Dialektik. Foucault, *Power/Knowledge: Selected Interviews and Other Writings 1972–1977* (New York, Pantheon 1980); Hubert L. Dreyfus/Paul Rabinow, *Michel Foucault: Beyond Structuralism and*

Hermeneutics (Chicago, University of Chicago Press 1982), S. 126–142.

22 Masuda, op. cit., S. 150.

23 Jeremy Rifkin, *Algeny* (New York, Viking Press 1983), S. 225.

24 Zitiert in Joseph Weizenbaum, *Computer Power and Human Reason* (San Francisco, W. H. Freeman 1976), S. 247.

25 Edward Feigenbaum, op. cit., S. 251.

26 Masuda, op. cit., S. 3.

27 Weizenbaum, op. cit., S. 115.

28 Interview mit dem Autor, Rockport, MA, 25. 7. 1985.

29 Craig Brod, op. cit., S. 39–40.

30 David Burnham, *The Rise of the Computer State* (New York, Random House 1982). Vgl. auch Burnham, »Data Protection«, in *The Information Technology Revolution*, ed. Tom Forester (Cambridge, MIT Press 1985), S. 546.

31 Burnham, »Data Protection«, S. 546–547.

32 Ibid., S. 547.

33 Ibid., S. 548.

34 Ibid.

35 Alvin Toffler, *The Third Wave* (New York, Bantam 1980), S. 320.

36 Ibid.

37 Howard Perlmutter, »Supergiant Firms in the Future«, in *Wharton Quarterly* (Winter 1968).

38 Statistik von Tudd Polk, Leitender Ökonom in der Handelskammer der USA, zitiert in Richard Barriet/Ronald E. Mueller, *Global Reach* (New York, Simon & Schuster 1975), S. 26.

39 World Almanac 1975 (New York, Newspaper Enterprise Association 1974), S. 587. Council on Economic Priorities, *Guide to Corporations: A Social Perspective* (Chicago, Swallow Press 1974), S. 2–3.

40 Jerry Mander, »Six Grave Doubts«, cit., S. 20.

41 Ibid.

42 Ibid. Vgl. auch Langdon Winner, »Mythinformation«, in *Whole Earth Review* 44 (1985), S. 28.

Zeitpyramiden und Zeitghettos

1 Kurt Lewin, »Time Perspective and Morale«, in *Civilian Morale*, ed. Goodwyn B. Watson (New York, Cornwall 1942), S. 63.

Lawrence LeShan, »Time Orientation and Social Class«, in *Journal of Abnormal Psychology* 47 (1952), S. 589.

3 Ibid.

4 Ibid.
5 Ibid., S. 590–591.
6 Ibid., S. 591.
7 H. Nowotny, »Time Structuring and Time Measurement: On the Interrelation Between Time-Keepers and Social Time«, in *The Study of Time II*, cit., S. 328. Vgl. auch D. Lewis, *Five Families: Mexican Case Studies in the Culture of Poverty* (New York, Basic Books 1959); S. M. Miller/F. Riesmann/A. A. Seagull, »Poverty and Self-Indulgence: A Critique of the Non-Deferred Gratification Pattern«, in *Poverty in America*, ed. L. A. Forman et al. (Ann Arbor, University of Michigan Press 1965).
8 Edward C. Banfield, *The Unheavenly City: The Nature and Future of Our Urban Crisis* (Boston, Little & Brown 1968), S. 125–126.
9 Elliot Liebow, *Tally's Corner: A Study of Negro Streetcorner Men* (Boston, Little & Brown 1967), S. 65. Vgl. auch Thomas J. Cottle/Stephen L. Klineberg, *The Present of Things Future*, cit., S. 187–188.
10 Lewis Mumford, *The Myth of the Machine I* (New York, Harcourt, Brace & World 1967), S. 140–141.
11 Vgl. Douglas Noble, »Computer Literacy and Ideology«, in *Teachers College Record* 85 (1984), S. 602–614; Joseph Menosky, »Computer Literacy and the Press«, ibid., S. 615–621. Für eine kritische Untersuchung des modernen Fetischs Beherrschung von Information und Computer vgl. Henryk Skolimowski, »Information – Yes, But Where Has All Our Wisdom Gone?« in *The Ecologist* 14 (1984), S. 232–234.

Das Uhrwerksuniversum

1 Daniel J. Boorstin, op. cit., S. 71.
2 Samuel L. Macey, *Clocks and the Cosmos*, cit., S. 73.
3 Zitiert ibid., S. 107.
4 Ibid.
5 Zitiert ibid., S. 74.
6 Zitiert ibid., S. 76. Descartes sollte die gleiche Analogie auch für sein mechanisches Universum gebrauchen. In seinen *Principien* sagt Descartes, er »habe die Erde und die ganze sichtbare Welt beschrieben, als sei sie einfach eine Maschine...« (4.228). Für eine anregende Kritik an Descartes' »Uhrwerk«-Auffassung von Natur und Tieren vgl. Stephen Walker, *Animal Thought* (London, Routledge & Kegan Paul 1983).

7 Boorstin, op. cit., S. 71–72.
8 Cornelius Benjamin, »Ideas of Time in the History of Philosophy« in *The Voices of Time,* cit., S. 18.
9 Dies sind die beißenden Worte des walisischen Barden Dafydd ap Gwvilyn, zitiert von Lawrence Wright, op. cit., S. 68.
10 Zitiert bei Macey, op. cit., S. 155.
11 Ibid., S. 162.
12 Zitiert ibid., S. 134.

Das Informationsuniversum

1 Vgl. z. B. Jeremy Campbell, *Grammatical Man: Information, Entropy, Language, and Life* (New York, Simon & Schuster 1982). Man könnte leicht einwenden, daß der zeitgenössische »Hang zur Linguistik« in der Philosophie (etwa das Werk von Derrida, Habermas oder Barthes) nur ein intellektuelles Nebenprodukt des zeitgenössischen Interesses an Informations- und Kommunikationstheorien sei. Für eine beeindruckende Kritik der Semiotik, ihrer Beziehung zur Sprachtheorie und der möglichen Rolle solcher Disziplinen im sozialen Milieu vgl. J. Ransdell, »Semiotics and Linguistics«, in *The Signifying Animal,* ed. I. Rauch et al. (Bloomington, The University of Indiana Press 1980), S. 135–185. Vgl. auch William Barrett, *Death of the Soul: From Descartes to the Computer* (New York, Anchor/Doubleday 1986); Walter J. Ong, *Interfaces of the Word* (Ithaca, N. Y., Cornell University Press 1977). Jürgen Habermas' paralinguistischer Versuch, die Modernität über den »Sprechakt« zu zerstören, ist ein gutes Beispiel für den Pragmatismus, der sich im philosophischen Reden der Gegenwart findet. Dieser Ansatz, so haben David Held und andere eingewendet, ignoriert praktisch präkognitive oder präverbale Dimensionen des Bewußtseins. Vgl. Henning Ottmann, »Cognitive Interests and Self-Reflection«, in *Habermas: Critical Debates,* ed. John B. Thompson/David Held (Cambridge, MIT Press 1982), S. 79–97.
2 Campbell, S. 73–74 und 253.
3 Norbert Wiener, *The Human Use of Human Beings* (New York, Avon Books 1954), S. 278.
4 Ibid.
5 William H. Thorpe/Oliver L. Zangwill, *Current Problems in Animal Behavior* (Cambridge, MA, At the University Press 1980), S. 303.
6 William H. Thorpe et al., »The Frontiers of Biology«, in *Mind in*

Nature, ed. John B. Cobb et al. (Washington, D. C., The University Press of America 1977), S. 3.
7 Ibid.
8 Kenneth Sayre, *Cybernetics and the Philosophy of Mind* (Highlands, N. J., Humanities Press 1976), S. XI.
9 Pierre-P. Grassé, *Evolution of Living Organisms: Evidence for a New Theory of Transformation* (New York, Academic Press 1977), S. 223–226.
10 Sayre, op. cit., S. 231.
11 George A. Miller, »Language, Learning, and Models of the Mind«, in unveröffentlichtem Manuskript, Juni 1972.
12 Geoff Simons, *Silicon Shock,* cit., S. 9.
13 Sherry Turkle, *The Second Self,* S. 309.
14 Ibid., S. 17. Vgl. auch Donald MacKay, »Machines, Brains and Persons«, in *Zygon* 20 (1985), S. 401–412.
15 Ibid., S. 289.
16 Ibid., S. 277.
17 Zitiert ibid., S. 288.
18 Ibid.
19 Zitiert bei Craig Brod, *Technostress,* cit., S. 10.
20 Zitiert bei Turkle, op. cit., S. 288.

Jenseits von Links und Rechts

1 Für einen allgemeinen Überblick über die Literatur zur »Tiefenökologie« vgl. Bill Devall/George Sessions, *Deep Ecology: Living As If Nature Matters* (Salt Lake City, Peregrine Smith Books 1985); Michael Tobias, ed., *Deep Ecology* (San Diego, Avant Books 1985); Vgl. Erazim Kohák, *The Embers and the Stars: A Philosophical Inquiry into the Moral Sense of Nature* (Chicago, University of Chicago Press 1984); Neil Evernden, *The Natural Alien: Humankind and Environment* (University of Toronto Press 1985). Für die Position des christlichen Schöpfungsauftrags vgl. Wesley Granberg-Michaelson, *A Worldly Spirituality: The Call to Take Care of the Earth* (San Francisco, Harper & Row 1984); John Carmody, *Ecology and Religion: Toward a New Christian Theology of Nature* (New York, Paulist Press 1983); Loren Wilkinson, ed., *Earthkeeping* (Grand Rapids, Mich., William B. Eerdmans 1980); Peter Reinhart, ed., *To Be Christian Is to Be Ecologist* (San Francisco, Epiphany Press 1985).
2 Harris-Umfrage, *Washington Post,* 23. 5. 1977.

Ausgewählte Literatur

Bücher

Ayensu, Edward S., and Whitfield, Philip. *The Rhythms of Life.* New York: Crown Publishers, 1982.

Bellah, Robert N. *Tokugawa Religion.* Glencoe, Ill.: The Free Press, 1957.

Bentov, Itzhak. *Stalking the Wild Pendulum.* New York: Bantam Books, 1981.

Berger, Peter L., and Luckmann, Thomas. *The Social Construction of Reality.* New York: Anchor/Doubleday, 1967.

Bergson, Henri Louis. *Time and Free Will.* New York: The Macmillan Company, 1950.

Boden, Margaret A. *Artificial Intelligence and Natural Man.* New York: Basic Books, 1977.

Bolter, J. David. *Turing's Man: Western Civilization in the Computer Age.* Chapel Hill: The University of North Carolina Press, 1984.

Boorstin, Daniel J. *The Discoverers.* New York: Random House, 1983.

Bradley, Michael. *The Chronos Complex I.* Ontario, Canada: Nelson, Foster & Scott, 1973.

Brandon, S. G. F. *History, Time and Deity.* New York: Barnes & Noble, 1965.

Braverman, Harry. *Labor and Monopoly Capital.* New York: Monthly Review Press, 1974.

Brod, Craig. *Technostress: The Human Cost of the Computer Revolution.* Reading, Mass.: Addison-Wesley, 1984.

Brown, N. O. *Life Against Death.* New York: Vintage Books, 1959.

Burnham, David. *The Rise of the Computer State.* New York: Random House, 1980.

Campbell, Jeremy. *Grammatical Man: Information, Entropy, Language and Life.* New York: Simon & Schuster, 1982.

Capra, Fritjof, and Spretnak, Charlene. *Green Politics: The Global Promise*. New York: E. P. Dutton, 1984.
Carlstein, Tommy. *Time Resources, Society, and Ecology*. Boston: Allen & Unwin, 1982.
Carlstein, Tommy, et al. *Making Sense of Time*. London: E. Arnold, 1978.
Claugh, Mary Frances. *Time and Its Importance in Modern Thought*. New York: Russel & Russel, 1970.
Cohen, John. *Psychological Time in Health and Disease*. Springfield, Ill.: Charles C. Thomas, 1967.
Cohn, Norman. *The Pursuit of the Millennium*. London: Temple Smith, 1957.
Cottle, Thomas J., and Klineberg, Stephen. *The Present of Things Future*. New York: The Free Press/Macmillan, 1974.
Darby, Thomas. *The Feast: Meditations on Politics and Time*. Ontario, Canada: The University of Toronto Press, 1982.
De Grazia, Sebastian. *Of Time, Work, and Leisure*. New York: The Twentieth Century Fund, 1962.
Deloria, Vine Jr. *The Metaphysics of Modern Existence*. San Francisco: Harper & Row, 1979.
Devall, Bill, and Sessions, George. *Deep Ecology: Living as if Nature Matters*. Salt Lake City: Peregrine Smith, 1985.
Doob, Leonard W. *The Pattering of Time*. New Haven: Yale University Press, 1971.
Dossey, Larry. *Space, Time and Medicine*. Boulder, Colo.: Shambhala Press, 1982.
Durkheim, Emile. *The Elementary Forms of Religious Life*. New York: The Free Press, 1947.
Edlund, Matthew. *Psychological Time and Mental Illness*. New York: Gardner Press, 1986.
Eliade, Mircea. *The Myth of the Eternal Return*. Princeton, N. J.: Princeton University Press, 1954.
–. *The Sacred and the Profane*. New York: Harcourt, Brace and World, 1959.
Eliot, Jacques. *The Form of Time*. New York: Crane Russak, 1982.
Elkind, David. *The Child and Society: Essays in Applied Child Development*. New York: Oxford University Press, 1979.
Ellul, Jacques. *The Technological Society*. New York: Vintage Books, 1964.
Elvee, Richard Q., ed. *Mind in Nature*. San Francisco: Harper & Row, 1982.
Feigenbaum, Edward A., and McCorduck, Pamela. *The Fifth Gene-*

ration: Artificial Intelligence and Japan's Challenge to the World. New York: New American Library, 1984.
Fisher, Helen E. *The Sex Contract: The Evolution of Human Behavior.* New York: William Morrow, 1982.
Forester, Tom, ed. *The Information Technology Revolution.* Cambridge: MIT Press, 1985.
Fortes, Meyer. *Time and Social Structure and Other Essays.* New York: Humanities Press, 1970.
Fraisse, Paul. *The Psychology of Time.* New York: Harper & Row, 1963.
Fraser, J. T. *Of Time, Passion, and Knowledge.* New York: George Braziller, 1975.
–. *The Voices of Time.* Amherst: The University of Massachusetts Press, 1981.
Fraser, J. T., Haber, F. C., and Muller, G. H., eds. *The Study of Time.* New York: Springer-Verlag, 1972.
Fraser, J. T., and Lawrence, N., eds. *The Study of Time II.* New York: Springer-Verlag. 1975.
Fraser, J. T., Lawrence, N., and Park, D., eds. *The Study of Time III.* New York: Springer Verlag, 1978.
–. *The Study of Time IV.* New York: Springer-Verlag, 1981.
Freud, Sigmund. *Civilization and Its Discontents.* London: Hogarth Press, 1930.
Gardet, L. *Cultures and Time.* Paris: The Unesco Press, 1976.
Gimpel, Jean. *The Medieval Machine.* New York: Holt, Rinehart and Winston, 1976.
Guitton, Jean. *Man in Time.* Notre Dame, Ind.: University of Notre Dame Press, 1966.
Gunnell, Jon G. *Political Philosophy and Time.* Middletown, Conn.: Wesleyan University Press, 1968.
Gurvitch, Georges. *The Spectrum of Social Time.* Dordrecht, Holland: D. Reidel, 1964.
Hall, Edward T. *The Dance of Life: The Other Dimension of Time.* New York: Anchor/Doubleday, 1983.
Hallowell, John. *Main Currents in Modern Political Thought.* New York: Holt, Rinehart and Winston, 1950.
Hawley, Amos. *Human Ecology.* New York: Ronald Press, 1950.
Heidegger, Martin. *Being and Time.* New York: Harper & Row, 1962.
Huxley, Aldous. *The Perennial Philosophy.* San Francisco: Harper & Row, 1970.
Jantsch, Erich. *The Self-Organizing Universe.* New York: Pergamon Press, 1984.

Jonas, Hans. *The Phenomenon of Life.* Chicago: The University of Chicago Press, 1966.
Jung, Carl G. *Psychological Types.* London: Pantheon Books, 1923.
Kantor, D., and Lehr, W. *Inside the Family.* San Francisco: Jossey-Bass Publishers, 1975.
Kern, Stephen. *The Culture of Time and Space, 1880 – 1918.* Cambridge: Harvard University Press, 1983.
Kidder, Tracy. *The Soul of a New Machine.* Boston: Little, Brown, 1981.
Korzybski, A. *Time Binding: The General Theory.* Lancaster, Pa.: The International Non-Aristotelian Library, 1956.
Landes, David S. *Revolution in Time.* Cambridge: Harvard University Press, 1983.
Le Goff, Jacques. *Time, Work, and Culture in the Middle Ages.* Chicago: The University of Chicago Press, 1980.
Leonard, George B. *The Silent Pulse.* New York: E. P. Dutton, 1978.
Lipset, Seymour M. *Political Man: The Social Bases of Politics.* New York: Anchor/Doubleday, 1963.
Lovejoy, Arthur O. *The Great Chain of Being.* Cambridge, Mass.: Oxford University Press, 1936.
Lovelock, J. E. *Gaia: A New Look at Life on Earth.* Oxford: Oxford University Press, 1979.
Luce, Gay Gaer. *Biological Rhythms in Human and Animal Physiology.* New York: Dover Publications, 1971.
–. *Body Time.* London: Temple Smith, 1972.
Macey, Samuel L. *Clocks and the Cosmos.* Hamden, Conn.: Archon Books, 1980.
Marcuse, Herbert. *Eros and Civilization.* New York: Vintage Books, 1962.
Masuda, Yoneji. *The Information Society.* Washington, D. C.: World Future Society, 1980.
McLuhan, Marshall. *Understanding Media: The Extensions of Man.* New York: McGraw-Hill, 1965.
McNeill, William. *The Rise of the West: A History of the Human Community.* Chicago: The University of Chicago Press. 1963.
–. *The Pursuit of Power.* Chicago: The University of Chicago Press, 1982.
Meerloo, Joost A. M. *Along the Fourth Dimension.* New York: The John Day Co., 1970.
Melges, Frederick Towne. *Time and the Inner Future.* New York: John Wiley & Sons, 1982.
Moore, Wilbert E. *Man, Time, and Society.* New York: John Wiley & Sons, 1963.

Moore-Ede, Martin C., Sulzman, Frank M., and Fuller, Charles A. *The Clocks That Time Us*. Cambridge: Harvard University Press, 1982.

Morris, Richard. *Scientific Attitudes Toward Time*. New York: Simon & Schuster, 1984.

Mumford, Lewis. *Technics and Civilization*. New York: Harcourt Brace & Jovanovich, 1962.

–. *The Myth of the Machine: Technics and Human Development*. New York: Harcourt Brace & Jovanovich, 1967.

–. *The Culture of Cities*. New York: Harcourt Brace & Jovanovich, 1970.

Nora, Simon, and Minc, Alain. *The Computerization of Society*. Cambridge: MIT Press, 1981.

Ong, Walter J. *Orality and Literacy: The Technologizing of the Word*. New York: Methuen & Co., 1982.

Ornstein, Robert E. *On the Experience of Time*. Harmondsworth, England: Penguin Books, 1969.

–. *The Psychology of Consciousness*. New York: W. W. Freeman & Co., 1972.

Papert, Seymour. *Children, Computers, and Powerful Ideas*. New York: Basic Books, 1980.

Park, David. *The Image of Eternity: Roots of Time in the Physical World*. Amherst: The University of Massachusetts Press, 1980.

Piaget, Jean. *The Child's Conception of Time*. New York: Basic Books, 1969.

Polak, Frederick L. *The Image of the Future*. Vols. 1, 2. Leyden, Netherlands: A. W. Sijthoff, 1961.

Pollard, Sidney. *The Genesis of Modern Management*. Cambridge: Harvard University Press, 1965.

Priestley, J. B. *Man and Time*. New York: Dell Publishing Co., 1968.

Prigogine, Ilya, and Stengers, Isabelle. *Order out of Chaos: Man's New Dialogue with Nature*. New York: Bantam Books, 1984.

Quinones, Ricardo J. *The Renaissance Discovery of Time*. Cambridge: Harvard University Press, 1972.

Rawlence, Christopher, ed. *About Time*. London: Jonathan Cape, 1985.

Ricoeur, Paul. *Time and Narrative*. Vol. 1. Chicago: The University of Chicago Press, 1984.

Rifkin, Jeremy. *Declaration of a Heretic*. Boston: Routledge and Kegan Paul, 1985.

Rifkin, Jeremy, with Howard, Ted. *The Emerging Order: God in the Age of Scarcity*. New York: Ballantine Books, 1979.

–. *Entropy: A New World View*. New York: Bantam Books, 1981.

Rifkin, Jeremy, in collaboration with Perlas, Nicanor. *Algeny*. New York: Penguin Books, 1984.
Rokeach, Milton, ed. *The Open and Closed Mind*. New York: Basic Books, 1960.
Sayre, Kenneth. *Cybernetics and the Philosophy of Mind*. Highlands, N. J.: Humanities Press, 1976.
Sherover, Charles M. *The Human Experience of Time*. New York: New York University Press, 1975.
Simon, Herbert A. *The Sciences of the Artificial*. Cambridge: MIT Press, 1969.
Simons, Geoff. *Silicon Shock: The Menace of the Computer Invasion*. New York: Basil Blackwell, 1985.
Smith, Adam. *An Inquiry into the Nature and Cause of the Wealth of Nations*. Edited by Edwin Cannon. London: Methuen & Co., 1961.
Sorokin, Pitirim A. *Sociocultural Causality, Space, Time*. New York: Russell & Russell, 1964.
Stace, W. T. *Time and Eternity*. Princeton, N. J.: Princeton University Press, 1952.
Steiner, Rudolph. *The Riddles of Philosophy*. New York: The Anthroposophic Press, 1973.
Taylor, Frederick. *The Principles of Scientific Management*. New York: W. W. Norton, 1947.
Thompson, William Irving. *The Time Falling Bodies Take to Light*. New York: St. Martin's Press, 1981.
Tobias, Michael, ed. *Deep Ecology*. San Diego: Avant Books, 1985.
Trivers, Howard. *The Rhythm of Being*. New York: Philosophic Library, 1985.
Turkle, Sherry. *The Second Self: Computers and the Human Spirit*. New York: Simon & Schuster, 1984.
Walker, Charles R. *Modern Technology and Civilization*. New York: McGraw-Hill, 1962.
Ward, Ritchie R. *The Living Clocks*. New York: Alfred A. Knopf, 1971.
Weber, Max. *The Protestant Ethic and the Spirit of Capitalism*. New York: Charles Scribner's Sons, 1958.
Weizenbaum, Joseph. *Computer Power and Human Reason*. San Francisco: W. H. Freeman & Co., 1976.
Weizsäcker, von, Carl F. *The Unity of Nature*. New York: Farrar, Straus, Giroux, 1980.
Whitrow, G. J. *The Natural Philosophy of Time*. Oxford: Oxford University Press, 1980.

Wiener, Norbert. *The Human Use of Human Beings.* New York: Avon Books, 1967.
Wilson, Peter J. *Man the Promising Primate.* New Haven: Yale University Press, 1980.
Wright, Lawrence. *Clockwork Man.* New York: Horizon Press, 1969.
Yaker, Henri; Osmond, Humphrey; and Cheek, Frances, eds. *The Future of Time: Man's Temporal Environment.* New York: Anchor/Doubleday, 1972.
Zerubavel, Eviatar. *Patterns of Time in Hospital Life: The Temporal Structure of Organization.* Chicago: The University of Chicago Press, 1979.
–. *Hidden Rhythms: Schedules and Calendars in Social Life.* Chicago: The University of Chicago Press, 1981.
–. *The Seven Day Circle.* New York: The Free Press/Macmillan, 1985.
Zubin, J., and Hunt, H. F., eds. *Comparative Psychopathology.* New York: Grune & Stratton, 1967.

Zeitschriften

Ames, Louise Bates. »The Development of the Sense of Time in the Young Child.« *Journal of Genetic Psychology* 68 (1946).
Ariotti, Piero E. »The Conception of Time in Late Antiquity.« *International Philosophical Quaterly* 12 (1972).
Aschoff, Jürgen. »Circadian Rhythms in Man.« *Science* 148 (1965).
Baldwin, Robert O. »Sex Differences in the Sense of Time: Failure to Replicate a 1904 Study.« *Perceptual and Motor Skills* 22 (1966).
Banks, Robin, and Cappon, Daniel. »Effect of Reduced Sensory Input on Time Perception.« *Perceptual und Motor Skills* 14 (1962).
Barabasz, Arreed. »Time Estimation and Temporal Orientation in Delinquents and Nondelinquents: A. Re-examination.« *Journal of General Psychology* 82 (1970).
–. »Temporal Orientation and Academic Achievement in College.« *Journal of Social Psychology* 80 (1970).
Barndt, Robert J., and Johnson, Donald M. »Time Orientation in Delinquents.« *Journal of Abnormal and Social Psychology* 51 (1955).
Barton, K., an Cattel, R. B. »Changes in Psycholigical State Measures an Time of Day.« *Psychological Reports* 35 (1974).
Beilin, Harry. »The Pattern of Postponability and Its Relation to Social Class Mobility.« *The Journal of Social Psych.* 44 (1956).

Bell, Daniel. »The Clock Watchers: Americans at Work.« *Time*, 8 September 1975.
Bell, C. R., and Watts, Anne N. »Personality and Judgments of Temporal Intervals.« *British Journal of Psychology* 57 (1966).
Bell, C. R., and Provins, K. A. »Relation between Physiological Responses to Environmental Heat and Time Judgments.« *Journal of Experimental Psychology* 6 (1963).
Bell, P. M. »Sense of Time.« *New Science* 15 (1975).
Bell, Wendell, and Mau, James A. »Images of the Future: Theory and Research Strategies.« *Theoretical Sociology: Perspectives and Development.* Edited by John C. McKinney and Edward A. Tiryakian. New York: Appleton-Century-Crofts-Meredith. 1970.
Bergler, Edmund, and Roheim, Geza. »Psychology of Time Perception.« *Psychoanalytic Quaterly* 15 (1946).
Berman, Morris. »The Cybernetic Dream of the Twenty-first Century.« *Journal of Humanistic Psychology* 26 (1986).
Berndt, Thomas J., and Wood, David J. »The Development of Time Concepts through Conflict Based on a Primitive Duration Capacity.« *Child Development* 45 (1974).
Berstein, Basil. »Language an Social Class.« *British Journal of Sociology* 2 (1960).
Bettelheim, Bruno »Individual and Mass Behavior in Extreme Situations.« *Journal of Abnormal and Social Psychology* 38 (1943).
Blake, M. J. F. »Relationship Between Circadian Rhythm of Body Temperature and Introversion-Extraversion.« *Nature*, 19 August 1967.
Bonaparte, Marie. »Time and the Unconscious.« *International Journal of Psycho-Analysis* 21 (1940).
Bouwsma, William J. »Anxiety and the Formation of Early Modern Culture.« *After the Reformation.* Edited by Barbara Coralament. Philadelphia: The University of Pennsylvania Press. 1980.
Bradley, N. C. »The Growth of the Knowledge of Time in Children of School-Age.« *British Journal of Psychology* 38 (1947).
Bradley, Warren M. »The Clock Manifesto.« *New York Academy of Sciences Perspectives of Time* (1966).
Bregman, Lucy. »Growning Older Together: Temporality, Mutuality, and Performance in the Thought of Alfred Schutz and Erik Erikson.« *The Journal of Religion* 53 (April 1973).
Brock, Timothy C., and Guidice, Carolyn D. »Stealing and Temporal Orientation.« *Journal of Abnormal and Social Psychology* 66 (1963).
Brody, Jane E. »The Varied Times of Our Lives: How Chronobiology Affects Our Bodies.« *New York Times*, 15 August 1984.

Brown, D. G. »The Value of Time.« *Ethics: An International Journal of Social, Political, and Legal Philosophy* 80 (April 1970).

Brown, Frank A. »The Rhythmic Nature of Animals and Plants.« *American Scientists* 47 (June 1959).

Bull, Neil C. »Chronology: The Field of Social Time.« *Journal of Leisure Research* 10 (1978).

Burman, Rickie. »Time and Socioeconomic Change on Simbo Solomon Islands.« *Man: The Journal of the Royal Anthropological Institute* 16 (1981).

Calkins, Kathy. »Time: Perspectives, Marking and Styles of Usage.« *Social Problems* 17 (1970).

Campos, Leonard P. »Relationship Between Time Estimation and Retentive Personality Traits.« *Perceptual and Motor Skills* 23 (1966).

Chessick, Richard D. »The Sense of Reality, Time, and Creative Inspiration.« *American Imago* 14 (1957).

Condon, Willam S. »A Primary Phase in the Organization of Infant Responding Behavior.« *Studies in Mother-Infant Interaction.* Edited by H. R. Schaffer. New York: Academic Press, 1977.

–. »Neonate Movement Is Synchronized with Adult Speech: Interactional Participation an Language Acquisition.« *Science* 103 (1974).

–. »Multiple Response to Sound in Dysfunctional Children.« *Journal of Autism and Childhood Schizophrenia* 5 (1975).

Condon, W. S., and Ogston, W. D. »Sound Film Analysis of Normal and Pathological Behavior Patterns.« *The Journal of Nervous and Mental Disease* 143 (1966).

–. »A Method of Studying Animal Behavior.« *The Journal of Auditory Research* 7 (1967).

Coser, L. A., and Coser, R. L. »Time and Social Structure.« *Modern Sociology.* Edited by A. W. Gouldner and H. P. Gouldner. New York: Harcourt, Brace, and World, 1963.

Cottle, Thomas J. »Future Orientations and Avoidance: Speculations on the Time of Achievement.« *The Journal of Social Psychology* 67 (1965).

–. »The Circles Test: An Investigation of Perceptions of Temporal Relatedness and Dominance.« *Journal of Projective Techniques and Personality Assessment* 31 (1967).

Cromwell, Ronald E.; Keeney, Bradford P.; and Adams, Bert W. »Temporal Patterning in the Family.« *Family Process* 15 (1976).

Cuffaro, Harriet K. »Microcomputer in Education: Why Is Earlier Better?« *Teachers College Record* 85 (Summer 1984).

Danzger, Herbert M. »Community Power Structure: Problems and Continuities.« *American Sociological* Review 29 (1964).

Darnley, Fred. »Periodicity in the Family: What Is It and How Does It Work?« *Family Relations* (January 1981).
Davids, A., Kidder, C., and Reich, M. »Time Orientation in Male and Female Juvenile Delinquents.« *Journal of Abnormal and Social Psychology* 64 (1962).
Davids, A., and Parenti, A.W. »Time Orientation and Interpersonal Relations of Emotionally Disturbed and Normal Children.« *Journal of Abnormal and Social Psychology* 57 (1958).
Davidson, Graham R., and Klich, Leon Z. »Cultural Factors in the Development of Temporal and Spatial Ordering.« *Child Development* 51 (1980).
Davy, John. »Mindstorms in the Lamplight.« *Teachers College Record* 85 (Summer 1984).
Dossey, Larry. »Medicine Enters the Fourth Dimension.« *Science Digest* 90 (October 1982).
Douvan, Elizabeth, and Adelson, Joseph. »The Psychodynamics of Social Mobility in Adolescent Boys.« *Journal of Abnormal and Social Psychology* 56 (1958).
Dubos. René; Goodman, Paul, et al. »The Fitness of Man's Environment.« Papers delivered at the Smithsonian Institution Annual Symposium, Washington, D.C., 16.–18. February 1967.
Du Preez, P. D. »Judgment of Time and Aspects of Personality.« *Journal of Abnormal and Social Psychology* 69 (1964).
Earman, John. »An Attempt to Add a Little Direction to ›The Problem of the Direction of Time‹.« *Philosophy of Science* 41 (1974).
Ellis, Laura M., et al. »Time Orientation and Social Class. An Experimental Supplement.« *Journal of Abnormal and Social Psychology* 51 (1955).
Ellis, Robert A.; Lane, Clayton W., et al. »The Index of Class Position: An Improved Intercommunity Measure of Stratification.« *American Sociological Review* 28 (1963).
Engel-Frisch, Gladys. »Some Neglected Temporal Aspects of Human Ecology.« *Social Forces* 22 (1943).
Essman, Walter B. »Temporal Problem Solving.« *Perceptual and Motor Skills* 8 (1958).
Falk, John L., and Bindra, Dalbir. »Judgment of Time As a Function of Serial Position and Stress.« *Journal of Experimental Psychology* 47 (1954).
Farber, Maurice L. »The Armageddon Complex: Dynamics of Opinion.« *Public Opinion Quarterly* 15 (1951).
– »Time-Perspective and Feeling-Tone: A Study in the Perception of Days.« *Journal of Psychology* 35 (1953).

Floyd, Keith. »Of Time and Mind: From Paradox to Paradigm.« *Frontiers of Consciousness.* Edited by John White. New York: Julian Press, 1974.

Germain, Carel B. »Time: An Ecological Variable in Social Work Practice.« *Social Casework* 57 (1976).

Goldfarb, William. »Psychological Privation in Infancy an Subsequent Adjustment.« *American Journal of Orthopsychiatry* (1945).

Goode, William J. »A Theory of Role Strain.« *American Sociological Review* 25 (1960).

Goodin, Robert E. »Banana Time in British Politics.« *Political Studies* 30 (1982).

Goodman, Richard A. »Environmental Knowledge and Organizational Time Horizon: Some Functions and Dysfunctions.« *Human Relations* 26 (1973).

Goody, Jack. »Time: Social Organization.« *The International Encyclopedia of the Social Sciences.* Vol 16. Edited by David L. Sills,. New York: Macmillan, 1968.

Gurvitch, George. »Social Structure and the Multiplicity of Time.« *Sociological Theory, Values, and Sociocultural Change.* Edited by Edward A. Tiryakian. New York: The Free Press of Glencoe, 1963.

Gray, Charles E. »Paradoxes in Western Creativity.« *American Anthropologist* (1974).

Halberg, Franz, et al. »Reading, Riting, Rithmetic – and Rhythms: A New 'Relevant' 'R' in the Educative Process.« *Perspectives in Biology and Medicine* 17 (1973).

Hallowell, Irving A. »Temporal Orientation in Western Civilization and in a Pre-literate Society.« *American Anthropologist* 39 (1937).

Hareven, Tamara K. »Family Time and Historical Time.« *Daedalus* 106 (Spring, 1977).

Henry, Jules. »White People's Time, Colored People's Time.« *Transaction* 2 (1965).

Henry, William E. »The Business Executive: The Psychodynamics of a Social Role.« *American Journal of Sociology* 54 (1949).

Hilts, Philip. »The Clock Within.« *Science*, December 1980.

Horton, John »Time and Cool People.« *Transaction* 4 (1967).

Hough, Walter. »Time-Keeping by Light and Fire.« *American Anthropologist* 6 (1893).

Howe, Leopold. »The Social Determination of Knowledge: Maurice Bloch and Balinese Time.« *Man: The Journal of the Royal Anthropological Institute* 16 (1981).

Iutcovich, Mark; Babbitt, Charles E.; and Iutcovich, Joyce. »Time Perception: A Case Study of a Developing Nation.« *Sociological Focus* 12 (1979).

Jenson, Arthur R. »Political Ideologies and Educational Research.« *Phi Delta Kappa*, March 1984.
Kastenbaum, Robert. »The Dimensions of Future Time Perspective, An Experimental Analysis.« *Journal of General Psychology* 65 (1961).
– »This Direction of Time Perception: The Influence of Affective Set.« *Journal of General Psychology* 73 (1965).
Keller, Suzanne. »Ambition and Social Class: A Respecification.« *Social Forces* 43 (1964).
Klevana, Wanda M. »Does Labor Time Decrease with Industrialization?: A Survey of Time-Allocation Studies.« *Current Anthropology* 21 (1980).
Klineberg, S. L. »Future Time Perspective and the Preference for Delayed Reward.« *Journal of Personality and Social Psychology* 8 (1968).
Knapp, Robert H., and Garbutt, John T. »Time Imagery and the Achievement Motive.« *Journal of Personality* (1958).
– »Variation in Time Descriptions and Need Achievement.« *The Journal of Social Psychology* 67 (1965).
Laver, Robert H. »Temporality and Social Change: The Case Study of 19th Century China and Japan.« *Sociological Quarterly* 14 (Autumn 1973).
Leach, E. R. »Primitive Time-Reckoning.« *A History of Technology*. Edited by Charles Singer, E. J. Holmyard, and A. R. Hall. Oxford: Clarendon Press, 1954.
– »Two Essays Concerning the Representation of Time.« *Rethinking Anthropology*. New York: Humanities Press. 1966.
Leichter, Hope Jenson. »A Note on Time and Education.« *Teachers College Record* 81 (Spring 1980).
LeShan, Lawrence L. »Time Orientation and Social Class.« *Journal of Abnormal and Social Psychology* 47 (1957).
Leslie, John. »II: The Value of Time.« *American Philosophical Quarterly* 13 (1976).
Lessing, Elise E. »Demographic, Developmental, and Personality Corelates of Length and Future Time Perspective.« *Journal of Personality* 36 (1968).
Lewin, Kurt. »Time Perspective and Morale.« *Civilian Morale*. Edited by Goodwyn B. Watson. Cornwall, N.Y.: The Cornwall Press, 1942.
Lewis, David J., and Weigert, Andrew J. »The Structures and Meanings of Social Time.« *Social Forces* 60 (1981).
Luhmann, Nicklas. »The Future Cannot Begin: Temporal Structure in Modern Society.« *Social Research* 43 (Spring 1976).

Lyons, Oren. »An Iroquois Perspective.« *American Indian Environments: Ecological Issues in Native American History.* Edited by Christopher Vecsey and Robert W. Venables. New York: Syracuse University Press, 1980.

Mander, Jerry. »Six Grave Doubts About Computers.« *Whole Earth Review* 44 (1985)

Marks, Stephen R. »Muliple Roles and Role Strain: Some Notes on Human Energy, Time and Commitment.« *American Sociological Review* 42 (1977).

Melbin, Murray. »Behavior Rhythms in Mental Hospitals.« *American Journal of Sociology* 74 (1969).

– »Night as Frontier.« *American Sociological Review* 43 (1978).

– »Settling the Frontier of Night.« *Psychology Today*, June 1979.

Michelson, William. »Some Like It Hot: Social Participation and Environmental Use of Functions of Season.« *American Journal of Sociology* 76 (1971)

Mills, J. N. »Human Circadian Rhythms.« *Physiological Review* 46 (1966).

Mishel, Walter. »Father Absence and Delay of Gratification: Cross Cultural Comparisons.« *Journal of Abnormal and Social Psychology* 63 (1961).

Mishel, Walter, and Metzer, Ralph. »Preference for Delayed Reward as a Function of Age, Intelligence, and Length of Delay Interval.« *Journal of Abnormal and Social Psychology* 64 (1962).

Montagu, Ashley. »Time-Binding and the Concept of Culture.« *Scientific Monthly* 77 (1953).

Moore, Wilbert E. »A Reconsideration of Theories of Social Change.« *American Sociological Review* 25 (1960).

– »Time – Theory, Ultimate Scarcity.« *American Behavioral Scientist* 6 (1963).

Noble, Douglas. »Computer Literacy and Ideology.« *Teachers College Record* 85 (Summer 1984).

Noyes, Richard. »The Time Horizon of Planned Social Change.« Part I. *The American Journal of Economics and Sociology* 39 (1980).

Oberndorf, C. P. »Time – Its Relation to Reality and Purpose.« *Psychoanalytic Review* (1941).

O'Rand, Angela, and Ellis, Robert A. »Social Class and Social Time Perspective.« *Social Forces* 53 (1974).

Orme, John E. »Time: Psychological Aspects.« *Making Sense of Time.* Edited by Tommy Carlstein, Don Parks, and Nigel Thrift. New York: John Wiley & Sons, 1978.

Palmer, John D. »Biorhythm Bunkum.« *Natural History* 91 (1982).

Perry, J. A. »Land, Power, and the Lie.« *Man: The Journal of the Royal Anthropological Institute* 16 (1981).
Persson, Malin. »Time Perspectives Amongst Criminals.« *Acta Sociologica* 24 (1981).
Peterson, Richard A. »Measuring Culture, Leisure, and Time Use.« *American Academy of Political and Social Science Annuals* (January 1981).
Platt, J. J., and Taylor, R. E. »Homesickness, Future Time Perspective, and the Self Concept.« *Proceeding of the 74th Meeting of the American Psychological Association* (1966).
Pollak, Oliver B. »Efficiency Preparedness and Conservation: The Daylight Savings Time Movement.« *History Today* 31 (1981).
Pratt, Lois. »Business Temporal Norms and Bereavement Behavior.« *American Sociological Review* 46 (1981).
Price, Marjorie. »Identity through Time.« *Journal of Philosophy* 74 (1977).
Putrill, Richard L. »Foreknowledge and Fatalism.« *Religious Studies* 10 (1974).
Rabin, Albert I., and Wallace, Melvin. »Temporal Experience.« *Psychological Bulletin* 57 (1960).
Rakover, Sam S. »Effect of Discriminative Cues and Time Interval on Tolerance of Pain as a Measure of Fear.« *Psychological Reports* 38 (1976).
Rezsöházy, Rudolf. »The Concept of Social Time: Its Role in Development.« *International Social Science Journal* (1972).
Roberts, Alan H., and Herrmann, Robert S. »Dogmatism, Time Perspective, and Anomie.« *Journal of Individual Psychology* 16 (1959).
Rosen, Bernard C. »The Achievement Syndrome: A Psychocultural Dimension of Social Stratification.« *American Sociological Review* 21 (1956).
Ruiz, Rene A. »Tests of Temporal Perspective: Do They Measure the Same Construct?« *Psychological Reports* 21 (1967).
Sardello, Robert J. »The Technological Threat to Education.« *Teachers College Record* 85 (Summer 1984).
Schatzman, Leonard, and Strauss, Anselm. »Social Class and Modes of Communication.« *American Journal of Sociology* 55 (1955).
Schegloff, Emanuel. »Sequencing in Controversial Openings.« *American Anthropologist* 70 (1968).
Schneider, Louis, and Svare, Lysgaard. »The Deferred Gratification Pattern.« *American Sociological Review* 18 (1953).

Schwartz, Barra. »Waiting, Exchange, and Power: The Distribution of Time in Social Systems.« *American Journal of Sociology* 79 (1974).
–. »The Social Ecology of Time Barriers.« *Social Forces* 56 (1978).
–. »Queues, Priorities, and Social Process.« *Social Psychology* 41 (1978).
Shaffer, L. H. »Rhythm and Timing in Skill.« *Psychological Review* 89 (1982).
Sharp, Sharon. »Biological Rhythms and the Timing of Death.« *Omega* 12 (1981–82).
Sivin, N. »Chinese Alchemy and the Manipulation of Time.« *Isis* 67 (1976).
Slater, Philip E. »On Social Regression.« *American Sociological Review* 28 (1963).
Smith, Marian W. »Different Cultural Concepts of Past, Present, and Future: A Study of Ego Extension.« *Psychiatry* 15 (1952).
Smith, Michael French. »Bloody Time and Bloody Scarcity: Capitalism, Authority, and the Transformation of Temporal Experience in a Papua New Guinea Village.« *American Ethnologists* (1982).
Sorokin, Pitirim A., and Merton, Robert K. »Social Time: A Methodological and Functional Analysis.« *American Journal of Sociology* 42 (1937).
Srole, Leo. »Social Integration and Certain Corollaries: An Exploratory Study.« *American Sociological Review* 21 (1956).
Stafford, Frank P. »Women's Use of Time Converging with Men's.« *Monthly Labor Review* 103 (1980).
Szalai, Alexander. »Women's Time: Women in the Light of Contemporary Time-Budget Research.« *Futures* 7 (1975).
Teahan, John. »Future Time Perspective, Optimism, and Academic Achievement.« *Journal of Abnormal and Social Psychology* 57 (1958).
Thomas, Alexander; Chess, Stella; and Birch, Herbert. »The Origin of Personality.« *Scientific American* 223 (1970).
Thompson, E. P. »Time, Work-Discipline and Industrial Capitalism.« *Past and Present* 38 (1967).
Tickamyer, Ann R. »Wealth and Power: A Comparison of Men and Women in the Property Elite.« *The Structure and Meanings of Social Time.* Edited by J. David Lewis and Andrew J. Weigert. Chapel Hill: The University of North Carolina Press, 1981.
Tillman, Mary K. »Temporality and Role-Taking in G. H. Mead.« *Social Research* 37 (1970).
Wade, M. G.; Ellis, M. J.; and Bohrer, R. E. »Biorhythms in the Activity of Children During Free Play.« *Journal of Experimental Analysis of Behavior* 20 (1973).

Wallace, M., and Rabin, A. I. »Temporal Experience.« *Psychological Bulletin* 57 (1960).
Wax, Murray. »The Notions of Nature, Man, and Time of a Hunting People.« *Southern Folklore Quarterly* 26 (1962).
Winner, Langdon. »Mythinformation.« *Whole Earth Review* 44 (1985).
Woodcock, George. »The Tyranny of the Clock.« *Politics* 1 (1944).
Young, Michael, and Ziman, John. »Cycles in Social Behavior.« *Nature* 229 (8 January 1971).
Zajonc, Arthur G. »Computer Pedagogy?: Questions Concerning the New Educational Technology.« *Teachers College Record* 85 (Summer 1984).
Zerubavel, Eviatar. »The French Republican Calendar: A Case Study in the Sociology of Time.« *American Sociological Review* 42 (1977).
–. »Private Time and Public Time: The Temporal Structure of Social Accessibility and Professional Commitments.« *Social Forces* 58 (1979).
–. »Easter and Passover: On Calendars and Group Identity.« *American Sociological Review* 47 (1982).

Danksagung

Ich möchte Donald E. Davis für die Mitarbeit bei den Recherchen danken, die diesem Buch eine breitere Grundlage gegeben haben. Andrew Kimbrell hat eine nützliche Kritik beigesteuert und bei der Entstehung des endgültigen Manuskripts geholfen, zusammen mit Nicanor Perlas. Viele durchdachte Kommentare kamen von Morris Berman, Laine Shakeridge, Skip Stein und Donna Wulkan.

Mein Agent Michael Carlisle hat von Anbeginn an dieses Buch geglaubt, mich ermutigt und unterstützt. Und Jim half dabei, für ausländische Übersetzungen von *Time Wars* zu sorgen. Ich möchte meinem Verleger Jack Macrae III. danken; Inhalt und Erscheinungsbild von *Time Wars* sind das Ergebnis echter Gemeinschaftsarbeit. Es hat mir Freude gemacht, von ihm zu lernen.

Register